コリーン・アマーマン＋ボリス・グロイスバーグ 著
藤原朝子 訳

Glass Half-Broken

Shattering the Barriers That Still Hold Women Back at Work

Colleen Ammerman & Boris Groysberg

ガラスの天井を破る戦略人事

なぜジェンダー・ギャップは根強いのか、
克服のための3つの視点

英治出版

平等実現のために働くよう私たちを力づけてくれるコリーンの母、
そしてボリスの両親、姉、妻、そして子どもたちへ。

Glass Half-Broken

Shattering the Barriers That Still Hold Women Back at Work

by

Colleen Ammerman and Boris Groysberg

Published by arrangement with Harvard Business Review Press,

through Tuttle-Mori Agency, Inc., Tokyo

ガラスの天井を破る戦略人事　目次

はじめに　なぜ女性経営者は少ないのか　11

第1部　エリート女性がぶつかる無数のハードル

1　裏切られる「ガールパワー」　22
——就職から中間管理職まで

期待と現実の大きなギャップ　28
「女性は昇進を望んでいない」の嘘　33
好感を持たれたいという呪縛　41
case　女性政府高官を増やした先駆者　48
——バーバラ・ハックマン・フランクリン

2　女性エグゼクティブの誕生　56
——厳しい競争を勝ち抜く秘訣

突然現れるガラスの天井　59
男性にはない厳しい要求　63
それでも粘る女性たち　68
ロールモデルの大きな役割　74
case
「やります」と声を上げることが大切
――アナ・ポーラ・ペソア　79

3 最高峰に立つ女性たち
――取締役を目指せ　89

「クラブにいい奴がいる」　90
女性取締役はお飾りか　95
各国で導入が進む数値目標　101
連帯するエリート女性たち　106
case
快進撃を続ける黒人女性取締役
――ミシェル・フーパー　116

第2部 ジェンダー平等のために企業ができること

4 未活用の秘密兵器——男性アライのパワー 128

男性にも窮屈な伝統的価値観 130
「でも関わり方がわからない」 136
立ち上がるハーバードの男たち 140
男性メンターが果たす役割 145
CEOが育休をとっても会社は潰れない 151
case 報道の世界にもジェンダー平等を——ロズ・アトキンス 158

5 企業に贈る処方箋——ガラスの天井を取り除く組織的なアプローチ 171

採用候補者集め 174
採用 179
統合 184
能力開発 188
人事考課 193
報酬と昇進 198
定着 207
評価と振り返り 212
case 集団訴訟を社内改革のきっかけに 221
――クアルコム

6
変化を阻む中間管理職 226
――インクルーシブなマネジャーになるための手引き
①採用は直感の入り込む余地を最小限に 233
②女性に建設的なフィードバックを 238

③インクルーシブな文化を推進する　244
④マイノリティの意見に意識的に耳を傾ける　251
⑤ダイバーシティはビジネスにプラスになる　255

case　ウォール街を変えた男
——ジャック・リブキン　261

結論　ブレークスルーのときがきた　270

case　起業家マインドで女性をサポート
——アイリーン・H・ラング　280

エピローグ　ジェンダー・バランスシート
——ハーバード・ビジネス・スクールのケーススタディ　290

共学にはなったけれど　293
女子学生協会（ＷＳＡ）の誕生　299
セクハラスキャンダルの波紋　304

成績優秀者のジェンダー・ギャップ　310
ケースを書き直せ　313
マンバサダーと歩む新しい時代　321

case HBSから「世界を修復」する
――レジーナ・E・ハーズリンガー　328

謝辞　337

原注　381

編集部注

＊各章のタイトル・見出しについては、原著者の了解のもと、
原文の内容を踏まえつつ日本版にアレンジしている箇所がある。

＊訳注は本文中に〔　〕で示した。

はじめに　なぜ女性経営者は少ないのか

2019年、米国で初めて女性が大卒労働者の半分を超えた。全労働者では、まだ半分には及ばないが、それでも男性との数の差はこれまでになく縮まった。[1] 米国以外の先進国でも、働く女性が増えている。長い間、女性の労働参加率が非常に低かった日本でも、近年は変化が見られる。[2] 2020年は、新型コロナウイルス感染症の流行による世界経済の混乱で、やや衰えがみられたものの、企業でも社会でも女性リーダーは着実に増えている。20世紀に、教育や職業訓練や雇用における機会均等を求めて懸命な戦いが展開されたおかげで、現代の女性たちは、大学で門前払いを食らったり、特定の職業や地位から排除されたり、結婚したらクビになるのではと恐れたりせずに、キャリアを追求できるようになった。

だが、大きな権限を持つ地位となると、依然として女性は少ない。極端に少ないと言ってもいいかもしれない。どの統計を見ても、女性ＣＥＯ（最高経営責任者）の割合は10％以下で、男女の賃金格差もほとんど縮小していない。高収入のポジションは、ほとんどが男性によって占められているからだ。現在最も収入の高い業界、とりわけ金融業界とテクノロジー業界は、女性が最も少ない業界でもある。従業員の男女比がほぼ同じ業界、あるいは半分以上が女性の業界でも、相変わらず経営幹部は男性ばかりだ。ヘルスケア業界は女性が極めて多い（全労働者の77％を占める）[3]にもかかわらず、女性ＣＥＯはほとんどいない。

２０２０年、フォーチュン・グローバル５００（フォーチュン誌が毎年発表する総収益に基づく世界の企業トップ５００社）で、女性がトップにいる企業はわずか13社しかなく、しかもその全員が白人女性だった[4]（その後２０２１年にシティグループでジェーン・フレーザーがＣＥＯに就任して14社となった）。米国では１９８０年代以降、学士号（高収入職につくための必須条件だ）取得者の過半数を女性が占めてきた。[5]連邦政府の調査対象となっているすべての人種と民族でも、大学の学位保有者の半分以上が女性だ。[6]門は開かれ、女性たちはその門をくぐってきた。だが、そこで目にしたのは、昔ながらの無数のハードルだったのだ。

本書は、リーダーや権威ある地位に女性が増えていない現状と、この領域で長年進歩がない理由を探る。また、こうしたハードルを乗り越えるために、個人と組織がどのような戦略を講じてきたかと、その効果、そして、真の変革をもたらすには何が必要かを考える。

筆者たちが所属するハーバード・ビジネス・スクール（ＨＢＳ）は、１９３７年に女性を教えるようになったものの、ＭＢＡ（経営学修士）課程に正式に女性を受け入れるようになったのは、ようやく1963年だった。多くの経営大学院と同じように、HBSは当初、男女共学化は女性の統合に関する問題だと考えた。つまり、どうやって女性をHBSの規範や慣習になじませるかが問題なのであって、HBSの側が変わる必要はないと考えていた。「とりあえず女性を放り込んで混ぜろ」というアプローチだ。だが最近は、その歴史を率直に見つめて、ジェンダーや人種を問わず、あらゆるアイデンティティの学生に平等な機会とサポートを提供するという目標が達成できていない事実を再認識する動きが出てきた。本書のエピローグでは、HBSの平等実現に向けた歩み（現在も続いている）を探る。筆者2人は、HBSの学生と教職員が誰であれ活躍して、共通の目標に向けて貢献できる場にするための努力に深く関わってきた。また、多くの同僚とともにHBSのカリキュラム改善に励み、不平等とインクルージョン（包摂性）に関する研究を推進し、企業文化を変える権限を持つリーダーたちにHBSのネットワークを通じて働きかけてきた。

本書は、そこから学んだことをまとめて、教育者や経営者をはじめ、ジェンダー平等が実現しない理由を知りたいすべての人に、不平等な状態を持続させている仕組みと考え方を明らかにし、それを打ち砕く手引きを示す試みだ。その執筆にあたっては、多くの先駆者による、組織とリーダーシップにおけるジェンダー研究に大いに助けられた。本書では、組織行動学から心理学、経済学、社会学、法学の分野における多数の研究を引用している。それにはHBSの多くの同僚と筆者ら自身の研究も含まれる。本書は、こうした研究の最も重要な発見をまとめて、それが働く女性のキャリアに何を意味し、どうすれば有意義な変化を起こせるかを解き明かす。

また、筆者らは就職まもない新卒者から企業の取締役まで、組織のあらゆる段階にいる計300人以上の男女を対象にアンケートを取るとともに、聞き取り調査を行った。さらに、これとは別に、女性エグゼクティブ275人以上にも調査を行った。彼女たちの出身地は、南極以外のすべての大陸に及び、職種も営業、マーケティング、オペレーション、人事など幅広い。ほとんどは営利企業（上場・未上場）に勤務しているが、非営利団体や学術機関に勤める女性も少なくない。社会経済学的、文化的バックグラウンドも多種多様だ。彼女／彼らのストーリーは励みになると同時に、しばしば感動的でさえある。それは、ジェンダー不平等が根強く残っている理由や態様について、これまでの研究で明らかになっていることを再確認させてくれると同時に、経験談ならではの生々しさや迫力があり、長く研究されてきたバイアスや障害の影響を身近なものとして理解する助けになるだろう。

聞き取り調査は、女性たちがいかに壁を乗り越えてきたかと、その壁を取り除くための努力（男性の努力を含む）にも光を当てた。ほとんどの人は、自分だけでなく、同僚や後輩も成功できるようにする方法を深く考えていた。このうち数人については、詳しく紹介するページを設けた。それらは、女性のチャンスが増えてきたものの、実力を発揮する機会は依然として限られている現実を物語っており、社会でも、企業でも、大組織でも、大きな変革とは、断固たる決意で壁に挑んだ人たちの協同作業のたまものなのだということを、あらためて教えてくれる。これを読んだ方々が、ご自分も変化の担い手になるパワーがあることに気づいていただけたらと思う。

本書は2部構成になっている。第1部では、企業のイニシアティブと社会政策、そして草の根運動にもかかわらず、ジェンダーに基づく不公平が依然として女性のキャリアを妨げ、リーダーの地位は男性によって占められている現状を明らかにする。第2部では、組織におけるジェンダー・ギャップを解消する試みに焦点を当て、どうすれば男性が女性のアライ（味方）となれるか、企業がシステム全体の変化を起こすためには組織レベルで何をする必要があるか、そして公平な職場をつくるためには管理職に何ができるかを説く。

第1章では、女性が就職まもない時期から直面するハードルと、成績優秀な女性さえ経営幹部に昇進できない原因を探る。特に若い女性たちの声を紹介する。大学卒業間近の女性や、経営大学院に在学中の女性、そして就職して数年たった女性たちだ。みな競争的な環境にいるエリートであり、すでにかなりの成功を収めている。小さい頃から大きな野心を持つよう励まされ、ハードワークは報われると言われて育った。社会に出てまもない彼女たちは、総じて、成功への道のりははっきりしていると思っている。ところが数年もたつと（大学を卒業して1年しかたっていない場合もある）、競争の土俵が平らではないことがわかってくる。

さらにキャリアを積むと、現代の職場に特徴的な障害に苦しむようになる。それは働く母親に対する懐疑的な見方と偏見であり、女性ロールモデルの欠如（非白人女性の場合は一段と深刻だ）であり、女性として好感を持たれたいか、仕事人としてリスペクトされたいか選択を強いる環境だ（どちらを選んでもキャリアに痛手となる）。第2章では、こうした段階を乗り越えて経営幹部になった世界の女性たちを紹介し、そのカギとなった要因、とりわけ、ごく少数でも女性ロールモデルがいることが、特大のインパクトを与えられることを理解する。また、昇進するにつれて、ジェンダーに基づく障害が、薬に耐性を獲得した痛みのように進化して、女性リーダーに新たに不利な環境をつくりだすことも明らかにする。女性エグゼクティブは、経営幹部または同期でたった一人の女性として、一段と大きな注目を浴び、引き続き難しいジレンマに直面することが多い。どんなに大きな権限を得ても、男性同僚の目に映る自分のイメージを管理することに多くの時間を費やすことになり、それが実務における大きな負担となる。同期のほとんどの女性よりも高い地位についたものの、周囲の男性と対等の関係にはなれない。

第3章は、企業のヒエラルキーのさらに上のほう、すなわち取締役会に注目する。ここでは女性の数は一段と少ない。近年は取締役会のジェンダー・ダイバーシティ（またはその欠如）に大きな注目が集まってきたが、それと同じペースでの女性の増加はみられない。政府から投資家、そして女性取締役までさまざまなアクターが取締役会に圧力をかけているけれど、経済と社会に巨大な影響を与えるコーポレートガバナンス（企業統治）は、依然として白人男性の独壇場である理由を探る。

本書で取り上げる人たちが、名門大学の卒業生や有名企業の従業員、高給取りのエグゼクティブなどエリートばかりであることは確かだ。もっと低賃金の仕事や商売、家庭内労働、そして非公式経済に従事する女性たちは、生活賃金や基本的な雇用保護、そして安全な労働環境といった、より基本的なニーズを満たすために、エリートたちとは非常に異なる戦いをしている。ジェンダーや仕事について議論するとき、プロフェッショナル職につく女性たちが直面する問題だけに注目するべきではないが、この特権的なグループでさえも、ジェンダー不平等によって挫折を強いられている事実は、この不平等が今も組織とキャリアに蔓延している証拠だ。どんなに教育レベルや所得レベルが高くても、ジェンダーの壁は消えない。それが根こそぎ打ち砕かれない限り、すべての女性の機会が制限されるのだ。

第2部では、アクションに注目する。第4章は、ジェンダー不平等との戦いで最も活用されていない武器、すなわち男性に注目する。ジェンダー・ステレオタイプとの戦いは男性にも恩恵をもたらすし、男性は政策と文化に大きな影響を与えられる立場にある。それなのに、ジェンダー不平等に関する会話で男性の声は不在であることが多い。この章では、男性が総じて傍観者の立場に居続ける理由と、男性が擁護してくれれば大きな可能性が開けること、そしてリーダーだけでなくあらゆる職層の男性が有意義な変化を起こせることを説明する。

第5章では、個人から組織へと視点を移し、女性のキャリアを妨げるハードルを取り除いたり、阻止したり、小さくしたりするために企業がとれる措置を考える。採用から評価や定着まで、人材管理のさまざまな側面に関する研究に基づき、組織がすぐに実践できる枠組みを示す。行動科学、組織構造や組織文化の研究、そして数十社で働く男女への聞き取り調査から得られたインサイトを、日常の人材管理のプロセスに応用する。

最後の第6章では、人材管理に携わる人が誰でも実践できる手引きを示す。システムと構造を整えることも重要だが、それで職場経験のすべてが決まるわけではない。どんなに厳正な勤務評価プロセスがあっても、女性が重要プロジェクトを担当する機会を与えられず、目覚ましい貢献をすることが不可能なチーム文化があっては意味がない。この章では、積み重なると大きな問題となる日常的な慣行や、ささいな出来事に注目する。公平かつインクルーシブなリーダーになるためには、学習し、ときには居心地の悪い思いをし、自分の視点を批判的に検討する意欲が必要だ。これは管理職の任務というより資質の問題だ。

読者の皆さんが本書から学びを得て、インスピレーションを受け、モチベーションを得ることを願っている。近年、職場におけるジェンダー・ギャップは大いに話題になってきたが、それが解消されない理由は誤解されているか、十分検討されていないことが多い。女性は、組織の壁にぶつかると、自分の実力不足のせいだと誤解することがあまりにも多い。自分の昇進を妨げるさりげない偏見を表現する言葉がないため、会社や業界の問題を自分の問題だと考えて、ますますリーダーとしての能力を発揮しなくなる。男性たちも、同じ組織の女性たちが男性とは非常に異なる環境で奮闘していることに気がつかず、男女の賃金格差や地位の格差は実力を反映しているのであって、構造的な問題ではないと誤解しがちだ。

読者の皆さんが、リーダーを目指す女性たちと女性リーダーが置かれた不利なシステムへの理解を深め、自分のチームや部門や会社にも目を向けてくださることを願っている。ただ、本書の狙いは、これまでいかに大きな進歩が成し遂げられてきたかを思い起こすことでもある。なにげない、しかし、根深い障害は、依然としてジェンダー平等の実現を妨げているけれど、ガラスの天井には、たくさんのヒビが入っているのだ。

第１部

エリート女性がぶつかる無数のハードル

1 裏切られる「ガールパワー」
——就職から中間管理職まで

現代の女子学生は、企業などの組織の幹部に女性がいないのを見ると、昔の名残だなと思う。フォーチュン500企業で女性がCEOを務める会社は数十社しかないけれど、自分がその年齢になる頃には、経営幹部の男女比も、大学の同期と同じくらいになっているだろう、と。この世代は、女性に活躍の道を開いた先輩たちの話を聞いて育った。ひょっとすると、バーバラ・フランクリン元米商務長官のように、女性も政治の世界で重要な地位につけることを身をもって示し、後世の女性たちにその道を開いた人物について読んだことがあるかもしれない（フランクリンについては、本章の終わりに詳しく紹介する）。

本書のために大学4年生約25人に聞き取り調査をしたところ、彼女たちは（男性もだが）「女性のエンパワメント」という言葉を聞いて育ち、教室などの活動の場を男女で共有することは当たり前で、将来は女性リーダーがありふれた存在になると思っていた。大学の学位という強力な武器を手にした彼女たちが、ジェンダー不平等が自分のキャリアを邪魔する可能性などゼロに近いと考えるのは、無理もないのかもしれない。差別的な慣行や偏見が根深く残っていることを知識としては知っていても、企業の経営幹部に女性が少ない状況は「変わりつつある」(ある卒業生の言葉)し、もっと重要なことに、「どちらにしろ、私はそんなものを吹き飛ばすから関係ない」と思っている。

やる気満々で楽観的なのはこの学生だけではない。ミレニアル世代(おおむね1980〜1996年生まれ)の女性を対象にした2015年の調査によると、社会人になって3年以下(平均年齢は25歳)の女性の約半分が、現在の勤務先の幹部レベルに昇進できると思っていたほか[1]、勤務先の最大の魅力として「昇進の可能性」を挙げた。MBA保有者を対象とした別の調査(筆者たちも関わっている)では、ミレニアル世代の女性にとって最大の関心事は、第1位が「人間関係の質」で、第2位が「昇進の可能性」だった。同世代の男性とまったく同じだ。[2]ホワイトカラーの仕事につこうとしている若い女性たちが、仕事での成功を熱望しているだけでなく、当然に手に入るものだと考えていることは何ら驚きではない。彼女たちは、女性が労働者のほぼ50%を占める時代、「ガールパワー」というう輝かしいフレーズが幼児本からTシャツやヒット曲までポップカルチャーに深く浸透している時代に育ったのだ。[3]

もちろん彼女たちも、根深いジェンダー不平等を知らないわけではない。「両方を手に入れる」ことをめぐる議論と落胆を見てきたし、家庭がキャリアを妨げるという一般的な認識を共有しており、子育てと仕事を両立する難しさは社会全体の問題だと考えている。「ワークライフバランスを実現するには、産休と託児、それにプレスクールの義務教育化が不可欠だと思う」と、ある女性は語った。2015年に子どものいない18~32歳の未婚の男女について行われた調査は、女性たちがこの種のサポートを、自分の将来を左右する要因だと考えていることを浮き彫りにした。勤め先に有給の育児休暇と託児費用補助があって、柔軟な働き方を選べるなら、未来の配偶者と対等な関係（稼ぐ役割と家事の完全な分担）を築きたいと答える女性が増えてきたのだ。[4] 若い女性も（男性もだが）、職場における構造的なジェンダー差別を知らないわけではない。むしろ知らないでいるほうが難しいだろう。2000~2016年に職場におけるジェンダー・ギャップやバイアス、差別を取り上げた新聞や雑誌の記事をデータベース（ABI/ProQues）で検索すると、5000件以上がヒットした。#MeToo 運動の高まりによって、こうした報道が急増する前のことだ

筆者らは、社会人になりたての時期の女性の職場経験を知るために、男女約25人に、大学卒業直前と卒業1年後に話を聞いた。一部には、キャリアがある程度確立される卒業5年後にも話を聞いた。まず、大学4年生のとき、自分のジェンダーがキャリアに影響を及ぼすと思うかと聞くと、男女とも職場における不平等の存在に言及した。男性は、就職先では男性のほうが昇進に有利になる見通しを認めた。「職場に多くの性差別があることは知っているし、私が白人男性だというだけで、（女性よりも）大きな権限があると思われやすいことは予見できる」と、ある男性は語った。法科大学院に進む予定のある女子学生は、「法律などの分野は、今も男性のほうが圧倒的に多い」と語った。「統計を見ていないが、いろいろな企業で、特に年配の層には男性が多く、20年前に入社

した女性はあまり多くないことは知っている」。ヘルスケア系のコンサルティング会社に就職が決まっている女性も同じような見方を示した。「私が就職する会社に女性がいるのは間違いないけれど、パートナーレベルでは少ないことは知っている。でも、それは当時がそういう時代だったからかもしれない」

根深い不平等に対して、若い女性たちは「そんなものを吹き飛ば」せるという主体的な態度でのぞむよう育てられてきた。別の学生は、「私の態度を見れば、私が本気であることをわかってもらえると思う。私という人間を知ってもらえれば、ジェンダーはさほど大きな意味を持たなくなるはずだ」と語った。自分のポテンシャルに自信を持とうというメッセージを長年刷り込まれてきた結果、現代の女子学生たちは、上の世代の女性たちはチャンスが乏しかっただけでなく、本人のやる気も乏しかったと考える傾向がある。「（コンサルティング）会社のパートナーなどの経営幹部を見ると、女性がとても少ない。これは本人たちの選択の結果でもあるのではないかと思う」と、ある女子学生は語った。同期の男女比が半々という環境では、ジェンダーがキャリアに大きな影を落とすことになるとは想像できない。「少なくとも、（会社の）同期には多くの女性がいる。将来（ジェンダーが）問題になるとは思えない」

だが、この考えは、筆者たちのジェンダー・バリア研究によって、そして本人たちの職場経験によって裏切られる。ある国際的なマーケティング会社で、権威あるフェローに選ばれた大学4年生のカーラ[5]がいい例だ。彼女が「面接のために飛行機でロンドンに行くと、世界中からエグゼクティブが集まっていた。ただ、（面接の）テーブルの向こう側にいたのは全員男性で、奇妙な感じだった」。カーラはこうも言った。「それは興味深い光景でもあった。フェローシップに応募したのは男性が8人で女性は22人。だから20年後の学生にとって、テーブルの向こう側の風景は今とは違うものになっているはずだ」。つまり20年後のエグゼクティブにはもっと女性がいて、カーラ自身もそこにいる可能性があるというのだ。だが、わずか1年後には、彼女の自信は揺らいでいた。「フェローシップの終わりに、全フェローがニューヨークでCEOに会うことになった。そのときCEOは、男性フェローのことは名前を全員覚えていたのに、女性フェローの名前は一人も覚えていなかった。……（CEO以外の経営幹部で）最も高いポジションの人は女性だったし、シニアフェローも女性だったのに、CEOは女性の名前は覚えていなくて、入社1年目の男性の名前は覚えていた」

会社の経営幹部の目に、女性フェローがほとんど入っていないらしいことは、なにも珍しいエピソードではない。多くの研究によれば、女性は、上司からも同僚からも部下からも、実際の地位より低く見られがちだ。勤務評価で女性が高い評価を得るのは、周囲を進んでサポートするなど、伝統的に女性の資質とされる観点においてであって、評価点そのものは低く、昇進につながるような「ワンランク上」のタスクを任されることも男性より少ない。[6] チームの成功に対する貢献は十分評価されず、認識もされない。その功績が明示的に指摘されないため、女性は男性よりもコンピテンシーが低く、リーダーシップが乏しいとみなされる。[7] また、女性は補助的な業務を引き受けないと批判される。イベントの企画や議事録の作成などは、勤務評価のプラスにつながらず、昇進や報酬にも関連しないが、それを避けると批判されるのだ。[8]

カーラの野心と、女性にはリーダーとしての適性が乏しいというCEOの思い込み（女性たちの名前を覚えていないエピソードに示されている）のギャップは、ホワイトカラーの女性の入社時の展望と最終的な昇進レベルの隔たりが拡大している原因のひとつだ。多くの女性がプロフェッショナル職につくようになって以来生じてきたこのパターンは、今後も繰り返されていくだろう。1980〜1990年代にハーバード・ビジネス・スクール（HBS）でMBAを取得したベビーブーム世代とX世代について筆者たちが行った調査は、まさにそれを物語っている。この世代の価値観は男女ともほぼ同じで、「有意義で満足できる仕事」「プロフェッショナルな実績」「昇進とスキルアップの機会」を極めて重要と答えた。つまりHBSのMBAという最強の資格を持つ卒業生は、男女とも実績と昇進を伴う充実したキャリアを求めていた。これは驚きの発見ではまったくない。ところが、結果はジェンダーによって違った。女性たちは同期の男性よりも経営幹部に抜擢されにくく、管理職につく可能性さえ低かった。それは、彼女たちが権限の乏しいポジションを自ら選んだ結果だとは言いきれないのではないか。実際、女性のMBA保有者たちは、複数の面で同期の男性よりも、キャリアに対する満足度が低い。[9]

期待と現実の大きなギャップ

前述の法科大学院に進学予定の大学4年生は、卒業から6年後には弁護士資格を取得して、大手法律事務所で働いていた。だが、彼女の自信は低下していた。

特に1年目は、自分が最年少で唯一の女性だと思い知らされることが多かった。……この法律事務所には女性も多いけれど、たとえば12人の電話会議で、そのうち10人が事務所の同じ部屋から参加していると、誰かが水を用意しないと、という雰囲気になる。その誰かは私だった、という具合だ。……そういうことが一度でなく何度にもなると、精神的にこたえてくる。……私という人間にも、私の時間にも、私の努力にもまったく敬意を払わない話し方を何十回もされるのだから。それが重なると、これは偶然ではないと確信する。たとえば私が昼食会をアレンジすると、直前に5人のうち2人が行けないと言ってくる。土壇場の（仕事を）引き受けるのは、たいてい非白人の女性であることもわかってきた。しかもそれは雑用であることが多い。……そうしたパターンが見えてくると、つらくなる。

わずか数年で、期待と現実の大きなギャップに気づいたのは彼女だけではない。別の女性は金融業界で5年働いてみて、経営幹部に女性がいないのは、昔の規範の名残ではないことに気がついた。「同僚たちから孤立して、自分は異質な存在なのだと感じた。ロールモデルもいなかった。……もともと女性が少ない職場だったけれど、ポジションが高くなるほど少なくなった。自分が少数派であることを実感し、手本になる人もいなかった」。前述のミレニアル世代の女性たちへの調査では、自分は経営幹部になれると思う女性の割合は、30代前半になると10ポイント下がって39%になる。[10] このように将来への見通しが悪化するのは、職場での経験が原因である可能性が高い。マッキンゼーとNGOのリーン・インが毎年行っている「職場における女性」調査によると、新人レベルの女性がマネジャーに昇進する可能性は、男性同僚よりも18%低い。[11] 多くの研究でも同様の結果が示されている。リーダーシップ研究者のアリス・イーグリー（ノースウエスタン大学名誉教授）とリンダ・カーリ（ウェルズリー大学専任教員）は共著で、「職歴などを考慮しても、総じて男性は昇進において優遇されている」と述べている。[12] 不利な状況を完全に克服できる女性はごくわずかだ。よく知られるように、S&P500企業のうち女性がCEOを務める企業は5%にすぎない。[13] 世界的に見ても、公共部門でも民間部門でも、経営幹部に占める女性の割合は、「（男性と）対等なレベルには向かっていない」と世界経済フォーラムは指摘している。[14]

ある女性MBA保有者（2013年卒）は次のように語った。「少なくとも私の（コンサルティング）会社では、新卒者の男女比は50%ずつだった。だから、自分のことを女性というより一人の人間だと認識していた。誰もが私を対等に扱ってくれた。人事評価も一番上のランクだったから、いつも私は成績優秀者だと思っていた」。だが、数の均衡は長続きしないことが多い。この女性は、ＭＢＡ取得後に管理職に抜擢されて以来、「その場で唯一の女性」になることが増えたという。２０１４年にＭＢＡを取得した別の会社の女性も、同様の経験を打ち明けた。

新人でも良い仕事をして、優れた問題解決をすると、……男性も女性も、対等に扱ってもらえると思う。もちろん無意識のバイアスはあるだろうけれど、新人レベルでは総じて待遇の違いは感じなかった。でも、管理職になった今は違う。……今でも、地道に懸命に努力すれば昇進できると思っているし、実際そうだと思う。私の会社はとても実力主義だとも思う。でも、男性はとてもスマートに立ち回って、自分の存在を認めてもらったり、人間関係を構築したり、手柄を挙げていることをアピールしたりする。女性はけっしてしないことだ。経営幹部のほとんどは男性だから、部下との関わり方や、部下に求めるものも似ている。

男性は、重要な社内ネットワークや、カギとなる人物にアクセスしやすいという彼女の指摘は、ベンチャーキャピタル[15]から投資銀行[16]や法律事務所[17]まで、極めて報酬の高い業界の研究で事実として確認されている。こうした業界では、いわば徒弟システムが確立されていて、人間関係が昇進に決定的な役割を果たす。この女性コンサルタントがさらに説明するように、彼女のコンサルティング会社では、シニアポジションにある人物がメンターやスポンサー〔後ろだてとなって支援してくれる人〕になってくれる機会が公平に与えられていない。

もし私がパートナーに昇進するための人間関係の基盤を築きたいと思ったら、誰が助けてくれるだろう。私が悩んでいるのはそこだ。……最近、同じ職層の女性たちと話をしたが、みんな「私はパートナーになりたい。仕事も好きだ。でも、誰が助けになってくれるのかわからない」と言っていた。「あの人は頼りになるとか、このグループの人たちが昇進の基盤づくりを助けてくれるといった感覚を、誰一人持つことができないってどういうこと？　男性同僚にはあるのに」と思った。

これでは、上に行くほど女性が少なくなるのも不思議ではない。２０１７年のある研究によると、新人レベルでは女性の割合は48％だが、バイスプレジデントになると30％に下がり、さらに上のレベルになると25％に低下する。[18] こうした現実は悪循環を助長する。管理職に昇進した女性が周囲を見回したとき、もはやジェンダー・バランスが存在しないことに気がつくと、自分もいつまでとどまれるだろうと不安になる。あからさまなバイアスや差別を経験しなくても、男性と女性とではキャリアパスが違うことがわかってくる。さらに、自分には能力開発の機会が与えられていないことに気がつくと、自分はトップにつながる昇進ルートにいないのだという思いが強くなる。たとえば多国籍企業では、海外拠点への異動がシニアレベルに昇進するカギとなる。だが、ミレニアル世代の女性の18％は、国際的なプロジェクトを担当する機会が平等に与えられていないと感じている。また、この点で会社が公平だと思う女性は、男性よりも少ない。[19]

全体として、30歳以下の女性は、組織のトップレベルに昇進できるという自信が男性同僚よりも低い。[20]その感覚は現実と一致している。HBS卒業生の間でさえ、キャリアの最終地点には根深いジェンダー・ギャップがあるのだ。キャリアの中盤から終盤にいる女性で、直属の部下がいたり、損益責任があったり、最高レベルのリーダー職（経営幹部または取締役）についている割合は、男性よりも低い。[21]入社して数年（ジェンダーが自分の昇進に影響を与えることはないと考えている時期）を過ぎて、組織のピラミッドの上に行くほど、女性は減っていく。

責任と権限が大きくなるにしたがい、女性が少なくなることはわかったが、それがなぜ、どのように起こるのか、そしてそれを防ぐためにはどうすればいいかについて、一致した見解は乏しい。よく聞かれるのは、ジェンダー・ギャップの本当の原因は、年次が上がるにつれて女性は野心が小さくなるため、当初の目標と実際のポジションのギャップが大きくなるという説だ。経営幹部に女性が少ないのは、本人の意欲の問題であって、組織にはどうしようもないか、少なくとも組織に問題があるわけではないというのだ。この考え方は、成績優秀な女性の間にさえ蔓延している。筆者たちの研究では、HBSの女性卒業生の85％が、女性が昇進しにくい最大の原因は、「仕事よりも家庭を優先するから」だと考えており、男性も同じくらいの割合でこのように考えている。[22]

2001~2009年のジェンダーと仕事に関する報道を調べると、仕事と家庭の両立がテーマになっている記事が圧倒的に多いことや、[23] 現在もそれが女性のキャリアに関する話題で大きな位置を占めていることがわかる。そうだとすれば、「女性が管理職に少ないのは、女性が家庭を優先するからだ」という思い込みが蔓延しているのは無理もないのかもしれない。プリンストン大学名誉教授のアン＝マリー・スローターが2012年にアトランティック誌に寄稿した記事「なぜ女性はまだすべてを手に入れられないのか」と、2015年の著書『仕事と家庭は両立できない？——「女性が輝く社会」のウソとホント』（NTT出版）をきっかけに起きた議論もそうだった。だが、このナラティブは説得力を欠く。HBS卒業生の話を聞いたところでは、経営幹部に女性が少ないのは、女性が家庭のためにキャリアを後回しにする（中断、昇進辞退、柔軟性の高い仕事の選択など）からではなさそうだった。家庭での責任と年齢、子どもの数、業界、企業の規模といった要因を考慮しても、経営幹部におけるジェンダー・ギャップの説明はつかなかった。[24] また、家庭での役割が、女性たちが仕事を辞める理由だと決めつけることもできない。7万人以上を対象としたアンケート調査では、現在の仕事を辞める予定の女性のうち、家庭を理由に挙げた人は2％しかいなかったのだ。[25]

「女性は昇進を望んでいない」の嘘

きちんとした裏づけがないにもかかわらず、「女性のキャリアを妨げるのは、女性自身の昇進意欲の低下だ」という説明は、組織が女性リーダーの不足を認識して是正する取り組みに影響を与え、自社のジェンダー・ギャップの真の原因を解決することと、ひどければ直視することさえも妨げる。ある大手コンサルティング会社は、シニアレベルに女性がいない原因を究明し、より多くの女性が昇進できるような改革を勧告してほしいと、社外の研究チームに依頼した。すると予想外の結果が示された。そのコンサルティング会社は、仕事がきついために多くの女性が辞めていくことが最大の原因だと考えていたが、実のところ離職率は男女ともほぼ同じだった。休みなく働き続ける企業文化（同僚に差をつけるためにクライアントに過剰な成果を示そうとする慣習が原因だった）に疲労困憊しているのも、男女とも同じだった。幅広い聞き取り調査によると、この企業文化のために、親としての役割を含め生活のあらゆる側面がおろそかになっていると、男女どちらも打ち明けた。ところがその会社のリーダーたちは、この調査結果を受け入れなかった。男女を問わず従業員を離職させ、不幸にし、不健康にする企業文化を是正するのではなく、女性は高い地位に伴う責任の重さに耐えられないと決めつけたのだ。

そして、離職を減らすためには、女性従業員にフレックスワーク制や時短勤務などの家庭支援制度をもっと利用させるべきだと判断した（同じように過剰労働に苦しむ男性は利用できない）。ところが、実際にこうした制度を利用した女性は、「やはり最高レベルの職務の要求にこたえられない」と誤解されて、経営幹部への昇進ルートから外されてしまった。こうして、女性幹部の不足という、まさに解決したかった問題が永続化することになった。[26] 女性のキャリアを「サポートする」という善意から、重要度が低く低報酬の業務を女性に押し付ける慣行は、女性の最大の仕事は家庭にあるという考えを一段と固定化する。また、家庭におけるジェンダー不平等も、男性を有給の仕事に、女性を家族の世話に結びつける文化的規範を補強する。夫婦ともにキャリア職につくカップルでさえ、女性は家事や子育ての大部分を担っている。家事の大部分を外注できる裕福な夫婦でさえ、それを管理したり調整したりする役割は女性が担っていることが多い。[27]

ＨＢＳの卒業生（つまり高学歴で成績優秀な女性労働者）に限定すると、ミレニアル世代の女性で、子育てのためにキャリアを中断しようと考える人の割合は、ベビーブーム世代（17％）の2倍以上（37％）にもなり、Ｘ世代（28％）さえも上回る。ベビーブーム世代よりも若いミレニアル世代が、家事の平等な分担を期待していないということは、ジェンダー平等の実現が、職場だけでなく家庭でも停滞していることを意味する。これには上の世代の女性たちの経験が影響している。ベビーブーム世代とＸ世代では、卒業時の本人たちの予想をはるかに上回る割合が、伝統的な結婚をして、子育てのほとんどを引き受け、キャリアを二の次にした。[28]最近も、新型コロナウイルス感染症のパンデミックで、母親たちが相変わらず、仕事か家庭か選ぶよう迫られていることが明らかになった。学校や託児所が突然閉鎖され、ベビーシッターや親戚に子どもを預けることも感染リスクを高めるとされたため、小さな子どもがいる女性は、同じ立場の男性の4～5倍も労働時間を減らした。[29]コロナ禍が女性の雇用全般に与える長期的な影響はまだ明らかになっていないが、多くの家庭で子育ての負担が大きくなり、それが伝統的なジェンダー役割分担を復活させて、女性のキャリアを妨げたようだ。

女性の野心を抑え込んでいるのは外からのプレッシャーだという明確な証拠があるにもかかわらず、女性はトップを目指す意欲がないのだという決めつけは根深く残っている。最近の新卒者たちでさえ、自分の会社またはチームに女性が少ないのは、女性のキャリア志向が弱いからだと考えていることが多い。米国の大手コンサルティング会社の欧州支店に勤務するあるＨＢＳ卒業生は、「コンサルティング業界では、極端な長時間労働をいとわない有能な女性を見つけるのは難しい」と語った。「家族と有意義な時間を持てなくなるため、キャリアか家庭かという難しい選択を迫られる。多くの女性にとって難しい選択だ」。それは暗黙のうちに取られる選択でもある。男性の場合は違う。もちろん前述のコンサルティング会社の委託調査で明らかになったように（会社側は結果を信じなかったが）、男性も家族との時間を犠牲にすることを期待されて苦しんでいる。だが、男性は女性とは違う戦略を講じる傾向がある。会社の時短制度などを利用せずに、こっそり実働時間を減らすなどして、やる気がないというレッテルを貼られないようにするのだ。[30] これに対して女性は、キャリアと家庭の両立は不可能だというメッセージを大量に浴びる。女性エグゼクティブが昇進面接を受けると、仕事と家庭をどう両立しているかを必ず聞かれる（とても信じられないというニュアンスが込められていることも多い）。懐疑的というレベルを超えた反応をされることもある。ある研究では、専業主婦を妻に持つ男性は、働く女性同僚にネガティブな印象を抱き、女性の昇進を阻む可能性が高いことがわかった。[31]

こうしたメッセージは、とりわけ若い女性たちには耳障りな雑音として聞こえる。それまで女性のパワーとポテンシャルをこれでもかと称えられてきたのに、女性は母親とリーダーを両立できないと言われるのだから、無理もない。ある大学4年生は、就職先で自分が男性と異なる扱いを受けるとは思わないとしつつ、「どんな業界でも、女性と子どものことは問題になるだろう」と語った。この学生が、「女性と子どものこと」が、自分にも難しい状況をもたらすかもしれないと思っていたかどうかはわからない。だが、仕事と家庭の両立を、男女共通の課題ではなく、「女性のキャリアを妨げる問題」と理解していたことは確かだ。

若手のビジネスパーソンは総じて、家庭は仕事の邪魔になるとみなす傾向がある。ミレニアル世代を対象にしたある調査では、女性の44％と男性の49％が、自分の組織では、柔軟な働き方やワークライフバランスの制度を利用すると、昇進のマイナスになると思うと答えた[32]。その予想は間違っていないと、専門家は言う。こうした制度を利用することと、昇給の遅れや昇進機会の減少との間には関連性があると考えられているのだ[33]。この現象には名前もついている。「フレキシビリティ・スティグマ（柔軟な働き方に対する偏見）」だ。女性のキャリアアップを妨げているのは、子どもではなく、雇用主がつくる仕組みなのだ。社会学者のパメラ・ストーンは、働くことをやめた高学歴女性に関する画期的な研究で、たとえトップの成績を挙げていた女性でも「離職を選ぶ」のは、本人のやる気がなくなったからではなく、昇進の機会減少と、メンターやスポンサーの消滅、そして母親の地位を低くみなす組織文化に「追い出された」結果であることを発見した[34]。自分に対する扱いの変化に驚く女性もいるだろう。かつては出世ルートにいたならなおさらだ。有能な弁護士や金融専門職、テクノロジーワーカー、そしてコンサルタントならば、子どもを持ったあとも、頑張りと戦略的な計画（彼女たちを成功に導いてきた資質だ）によってキャリアを維持できると思ったとしても不思議はない。自分を取り巻く環境が変わって、自分の仕事が過小評価され、昇進を妨げる障害に相次ぎ直面するようになるとは思っていなかっただろう。

たとえば、あなたが大手専門サービス会社の中間管理職だったとしよう。大学卒業後に入社し、さらにMBAを取得して、4年前に復帰した。目指すはパートナーだ。仕事に対する評価は極めて高く、主要エグゼクティブとのパイプもあり、実力を発揮できるワンランク上のプロジェクトを引き受ける意欲もあると、上司に知らせてある。さて、あなたと配偶者は子どもを持つことにして、あなたは出産とともに標準的な育児休暇をとることにする。仕事に復帰すると、さっそく上司とミーティングを持ち、1年ほどは出張の必要がない地元のクライアントを担当させてほしいこと、そして息子を託児所に迎えに行くため、午後4時頃に退社する柔軟な働き方をしたいことを伝える（あなたの部署では通常、会社かクライアントのところで少なくとも夜7時まで働くのが一般的だ）。家庭の用事が終わったら、オンラインで仕事に戻るから、仕事量はこれまでと変わらない。自宅での作業時間が増えるだけだと説明する。入社当初、会社はこうしたアレンジや育児休暇を、福利厚生の一部としてアピールしていた。経営幹部が女性従業員のイベントに出席して、こうした制度は女性従業員を維持・昇進させる努力の中核をなすと力説したこともあった。あなたは会社のイントラネットで人事部の資料をチェックし、自分の提案が会社の制度に沿っていることも確認していた。

あなたは上司とのミーティングで、かつて上司が、あなたのキャリアにとって非常に重要だと言っていた節目が近づいていることをリマインドする。また、ある有名クライアントの大型プロジェクトが、あなたの地元を舞台としており、あなたはそのリーダーを務める十分な資格があることをアピールする。ところが、その会社に8年近くいて、会社もあなたの仕事に感心しているにもかかわらず、ミーティングは期待どおりに進まなかった。上司はあなたのリクエストを承諾したが、ミーティングを早めに打ち切った。それからの数カ月、上司はあなたの仕事に満足していないように見えた。あなたが地元のプロジェクトで、出産前と同等またはそれを上回る結果を出しているのに、だ。さらに上司は、あなたの得意分野の重要プロジェクトを、年下の男性同僚に任せることにした。あなたはがっかりだ。そのプロジェクトに加えてほしいと頼んでも、上司は、同僚のほうが「向いている」と言うばかり。その同僚は、彼女ほどその分野に詳しくないことは明白だ。やがて、昇進につながるような重要プロジェクトが、ことごとく自分以外の誰かに任されることに、あなたは気づく。以前は年上の同僚から、専門的な知識やサポートを求められることもあったが、それもなくなった。

どうやら働き方を変えたいというあなたのリクエストは、知らないうちに、フレキシビリティー・スティグマを生み出していたようだ。このスティグマは、その人の「評判と仕事内容の両方」に影響を与えると、研究者らは言う。

子育てによる制約が職場で目に付くようになると、任されるタスクの重要度が下がる。昇進は、実務を通じて得られる極めて専門的な能力の有無に大きく左右されるから、タスクのレベルが下がるだけで昇進に致命的な打撃となりかねない。ほかにも、エリート職のキャリアアップには決定的に重要な、メンターやスポンサーがみつかりにくくなるというペナルティがある。[35]

自分の評判が低下して、任されるタスクの重要度も下がると、かつて大きな意義と満足感を与えてくれた仕事に対して意欲がわかなくなる。フラストレーションから、あなたは女性パートナーが多い同業他社への転職を考える。採用担当者から面接の連絡が入り、ようやく元気が出てきた。ところが面接は完璧だったと思ったのに、一向に採用の連絡がない。きっと違う経験を持つ人材を求めていたに違いないと自分に言い聞かせるが、小さな子どもがいることが影響したのだろうかと思わずにいられない。面接で家族のことは聞かれなかったが、その会社には元同僚や友達がいて、採用担当者とも親しいことは知っている。結局、大学時代の友達（子どもが2人いる男性で、妻は専業主婦）が採用されたと聞き、自分よりも彼のほうが安全とみなされたのだろうかと考え込んでしまう。こんなの不公平だというあなたの思いに、社会学者は「母親ペナルティ」という名前をつけている。子どもがいる女性は、男性や子どもがいない女性よりも採用されにくい。母親は、仕事への熱意が低く、適性も低いとみなされるからだ。[36] このペナルティを背負うのは女性だけで、男性は子どもがいると、逆に「父親ボーナス」を与えられる。とりわけ白人で大卒のプロフェッショナルで、家庭では伝統的なジェンダーに基づく役割を担う男性は、諸条件を調整しても、子どものいない男性より大きな報酬を得ている。[37]

キャリアが行き詰まったあなたは、経済的に可能なら、働くことそのものをやめようと決断するかもしれない。仕事が嫌だからではなく、仕事にとどまっていてもやりがいを感じられないからだ。エリートの学歴と輝かしい職歴を持つ野心的な女性が、キャリアを中断あるいは捨てることを決めるなんて、意外だと思うだろうか。だが、仕事で学び、成長し、リードする機会から締め出されれば、仕事に深い満足感を得るのは難しくなる。本来ならやる気に満ちた女性MBA保有者たちが、働くことそのものをやめるのは、実力を発揮することを妨げられ、継続的なフラストレーションにさらされた末の究極の決断なのだ。

好感を持たれたいという呪縛

20世紀半ばに、トップクラスの法科大学院と医科大学院、そして経営大学院が女性に門戸を開いて以来、専門職の学位を取得して、就職や昇進における構造的な不利を克服しようとする女性は増えてきた。1980年代にMBAを取得したある女性は、経営大学院に行くことにした理由を次のように語っている。「女性は物事を管理したり、自分の意見に耳を傾けてもらったりするための権威が乏しい気がした。自分がビジネスを始めたり、誰かのアイデアの売り込みや資金集めをしたり、銀行で融資を求めたりすることになったとき、MBAがあれば、物言わぬパートナーとして、私の信頼性を高める助けになってくれると思った」[38]。現在も、MBAなどの専門的な学位は、その人の学歴だけでなく、野心とキャリア志向を示すサインとなる。こうした先駆者に続く女性は増えている。現在、経営大学院の出願者の45%は女性だ。[39]

MBAとりわけトップスクールのMBAは、理論的には、機会の不平等がもたらす影響を緩和するとともに、女性の信頼性を低下させるジェンダー・ステレオタイプを打ち砕く役割を果たす。経営大学院の側も、現在は女性がほとんどいない職層への昇進が可能になることを、提供価値のひとつとして位置づけている。女性の経営学教育を推進するフォルテ財団は、公式サイト「女性にとってのMBAの価値」というページで、「MBAを持つ女性は、そうでない女性と比べて仕事への自信と満足感が高く、収入も高い」とうたっている。「MBAは取締役への道のりに不可欠の停留所だ」ともある。そしてMBAを持つ著名な女性リーダーとして、ペプシコのインドラ・ヌーイ元CEOや、メタ（旧名フェイスブック）のシェリル・サンドバーグ元COO（最高執行責任者）、そしてデュポンのエレン・クルマン元CEOの3人を挙げている。[40] 経営学教育は、野心的な女性たちに、男性の世界で成功するための基盤を与えるのだ。

だが、経営大学院に入った女性たちは、そこでも女性の存在感が薄いことを痛感する。女性教員は少ないし、ケース（経営学の教材として使われる事例）の主人公は、たいてい男性（特に異性愛者の白人男性）だ。２０１５年卒のある女性は、ケースに女性がいないことを「恥ずかしく思った」と語る。「クラスメートは40％が女性だったのに。これまでの人生で、ジェンダーがマイナスの要素になったことはないけれど、大学院での経験は男性寄りだったと思う」。研究によると、教育の場で女性の割合が低いことは、女子学生の成績と進路に対する考え方に影響を与える。[41] ＨＢＳのカリキュラムを調べてみると、全学生が同じ科目を履修する1年次は、ケースの75％以上が男性リーダーを主人公としていた。これでは女性が疎外感を覚える場合があるのも無理はない。ジェンダーや人種などの社会的アイデンティティがカリキュラムでどのくらい考慮されていたか聞くと、ある２０１３年卒生は「私が知る限りゼロだ」と答えた。「まったく話題にならなかったし、ほとんど考慮されていなかったと思う」。ジェンダー・ダイバーシティに関するディスカッションが欠如していることに気づいているのは女性だけではない。ある男性の２０１５年卒生は、「ジェンダーが5分以上話題になったことはないと思う。『今日はジェンダーを扱うけど、明日は忘れてもいい』という態度ではなく、（カリキュラム）全体に織り込まれていてほしい」と語った。

経営学を学ぶ女子学生たちに、自分は「場違いだ」と感じさせるのは、教材だけではない。別の２０１５年卒生は、クラスのジェンダー・ダイナミクスが、女性たちに疎外感を与えたという。「女性は教室で発言するのが（男性よりも）難しいと思う。女性の発言は男性よりも厳しい目でみられるという潜在的な不安があるからだろう。……実際そうだった。それが女性（の発言意欲）に影響を与える」。ＭＢＡ課程で学ぶ女性たちは、教室の外でも自分のジェンダーを意識させられる。

ある女性は「男性がプールゴルフ〔ビリヤードとゴルフをミックスした遊び〕や何かのスポーツのイベントを企画するとき、女性に声をかけることはないし、そうするべきだとも思っていない」と語った。「そういう話を聞くと、いつも笑ってしまった。だって私はゴルフが好きだから！　私は男友達とゴルフをやるけど、彼らにとってゴルフは男の遊びなのだ」。別の女性も「社交面では、まだ対等とは感じられないこともあった」と語る。「たとえば、女性は金融関係の男性とは絶対友達になれなかった。たとえ金融業界で働いた経験があったり、将来働きたいと思っていたりしても、だ。そういう腹立たしいステレオタイプはあったけれど、わざわざそれと戦うことはしなかった」

経営大学院の教材や雰囲気は、教室での女性たちの振る舞いだけでなく、野心の表現方法にも影響を与えた。ある名門経営大学院の学生を対象とした2017年の調査で、未婚の女子学生に将来の野心や目標を聞いたところ、クラスメートの前では希望する報酬額を1万8000ドル少なく、引き受けてもいい出張期間を月に7日、労働時間は1日4時間少なく答えたことがわかった。希望する仕事の内容や昇進レベルも、クラスメートの前では控えめな回答をした。[42] これは女性たちが相反する期待に直面していることを示している。MBAの教室という、誰もが間違いなくキャリアアップと報酬アップを望んでいる場においてでさえ、女性は自分が野心的「すぎる」とみなされて、人生のパートナーを見つけるのが難しくなることを恐れているのだ。

彼女たちはキャリアを積むにつれ、一段と複雑な選択を迫られる。それは職場で女性たちが直面する問題だけでなく、女性に対して抱かれているイメージも浮き彫りにする。一般にリーダーと関連づけられる資質は、女性らしさと関連づけられる資質と相反するため、権威あるポジションについた女性たちは、適切な能力はあるが冷淡か、好感はもてるが仕事はできないとみなされる傾向があるのだ。[43]経営幹部についた女性が居心地の悪さを感じるのは、「良い女性」と「良いリーダー」は相容れないと考えられているからなのだ。[44]これは公然の秘密であり、組織行動学かリーダーシップの授業で学ぶ女性もいるだろう。このジレンマを乗り切る方法を指南する本や教室や支援グループも大量に存在する。エグゼクティブのポジションにいる女性なら誰でも、難しいバランスをとってきた経験があるだろう。

社会に出たばかりの若い女性たちは、「良い女性」と「良いリーダー」を両立して、「人を押しのける」とか「支配的」といったレッテルを貼られることなく、やりがいのあるポジションにつく自分の姿をイメージしているようだ。つまり女性たちは、適切な能力があると同時に、好ましい人物と見られたくて、もがいているのだ。温かくて心のこもった人間関係を築くことができる、尊敬すべきリーダーだ。事実、大学4年の最終学期の学生たちに、成功を象徴する女性像を聞くと、セレブや大学教授、業界リーダー、自身の家族まで幅広いながらも、専門分野で大きな功績をあげつつ、妻や母親業もこなしている女性の名前ばかりがあがる（サマンサ・パワー元国連大使のように、「学界で高く評価され、その研究を国の政策に生かしているだけでなく、法学教授と結婚している」といった具合だ）。尊敬する女性の資質として家庭での役割があがっていない場合でも、女性リーダーに質問したいことを聞くと、多くの学生は、ワークライフバランスをどう実現しているか聞きたいと言う。コンサルティング会社への就職が決まっていて、いずれMBAを取得する計画だという4年生は、女性に求められる2つの要素を次のように語った。

両親の友人のある女性は、子どもが2人いて、コンサルティング会社のパートナーでもある。彼女のように両方の領域で成功できること、それが私の夢だ。つまり家庭を持ち、家族と一緒に過ごす時間を持つ良き母であると同時に、キャリアを築いていること。そういう人を本当に尊敬する。

この学生が、子どもがいるだけでなく、「良き母である」と同時に、「キャリアを築いている」女性パートナーを絶賛するのは、母親業が女性のキャリアの最大の障害であるという支配的ナラティブに染まっている証拠だ。彼女が憧れる女性パートナーは、そのナラティブの例外だというわけだ。なにしろ良き女性（母親としての献身が示している）と、良きリーダー（パートナーに昇格したことが証明している）を両立する人物なのだから。だが、この女性パートナーはまさに例外にすぎない。大手専門サービス会社のマネジングディレクターとパートナーに女性が占める割合は20％以下だ。

女性が経営幹部につくと何が起こるのか。彼女たちの経験は、経営幹部レベルに女性が少ない唯一の理由が子育てでは断じてないことを物語っている。ポジションが上昇するにしたがい、女性の存在は目立つようになる。女性の同僚たちが辞めていけばなおさらだ。職層が変われば、バイアスの形も変わるため、女性たちは重責を担う一方で、新しい形のさりげない差別に気づき、それを克服しなければならない。もっぱら仕事に集中して、ジェンダー格差は考えないのが長年の成功戦略だったかもしれないが、昇進の階段を上がるにしたがい、それは困難になることが多い。ただ、ポジションが高い方が、自律的で柔軟な働き方をしやすくなるから、家庭の役割を果たしやすくなるのも事実だ。

女性に求められる資質と、リーダーに求められる資質の完璧なバランスをとることは、とうてい不可能だ。それなのにリーダーのポジションにある女性たちは、実務に加えて、ほど良いレベルの好ましいイメージを維持することに膨大な時間と労力を注ぐ。ある営業担当バイスプレジデントは、「大変なのは仕事ではない」と語る。「問題は、いつだって仕事ではない。仕事なら私は結果を出せる」。ポジションが上がり、仕事の範囲や責任も大きくなる一方で、女性は、例外的な存在とみなされるがゆえのチャレンジにも対処しなければならないのだ。女性は昇進するほど、自分が男性的な規範にあてはまらないことに気づく。それは会議室などで自分が唯一の女性であることに気がついたときに実感することが多い。そこで筆者たちは、数十人の女性エグゼクティブの話を聞いた。その多くは、調査当時、経営幹部への昇進を目指していた。次章では、彼女たちの経験と、絶えず変わる障害物競走を走り切るために、彼女たちがとってきた戦術を探る。

case

女性政府高官を増やした先駆者
――バーバラ・ハックマン・フランクリン

1950年代、大卒の女性が専門職のキャリアを築こうにも選択肢は非常に限られていた。実際に専門職についた女性も、結婚をしたら仕事を辞めるものと考えられていた。だが、バーバラ・フランクリンは違う人生を思い描いていた。「成功がどんなものか自分でもわかっていなかった。でも、キャリアを築きたいということはわかっていた」。形ははっきりしないが、大きな野心を持って、フランクリンはペンシルベニア州立大学に進んだ。日頃から「何をしてもいいが、きちんとやりなさい」と言う父親に背中を押されて（「母は心の底では賛成していなかったと思う」と彼女は書いている）。

こうして伝統的には男性の領域に次々と進出するフランクリンの人生が始まった。大学4年生になった1962年、大学の女性担当学長がフランクリンに声をかけてきた。それまでハーバード・ビジネス・スクール（HBS）は、提携する女子大ラドクリフ・カレッジで、「ハーバード＝ラドクリフ経営学課程」を開いていたが、その修了者が、ＨＢＳのＭＢＡ課程の2年次に編入できるようになったというのだ。１９０８年のＨＢＳ創設以来で初めて、女性がハーバードのＭＢＡを取得できるようになった。フランクリンは政治学と法学の大学院進学を考えていたが、ハーバードのＭＢＡがあれば、当時のほとんどの女性には手の届かないチャンスにアクセスできるようになることに気づいていた。

フランクリンは、自分の野心がとり立てて目覚ましいものだとは思っていなかった。ただ、自分が異例の存在であることはわかっていた。実際、ＨＢＳでは女性であることが最大の注目理由になった。「大変だったのは、とにかく周囲が男性ばかりだったこと。６００人くらいの学生のなかで、女性はごくわずかだった。１９６４年生では14人だったと思う」。女性の存在に嫌な顔をする男性クラスメートもいたが、ほとんどは中立的だったし、公然とサポートしてくれる男性もいた。だが、女性がいつも対等に扱われたわけではなかった。

授業中に女性が当てられてケースを解説しても、誰も何も言ってくれなかった。ところがディスカッションが始まって、男性が同じことを同じ表現で発言すると、鋭い指摘だとほめられた。「さっき私が言ったのに！」と言いたくなった。

もっとあからさまな障害もあった。ある人気科目を担当していたベテラン教授が、フランクリンら女性の履修を拒否したのだ。HBSの事務局が説得しようとしたが、話を聞くことさえ拒否した。「その教授は絶対に女性を入れなかった。その方針をとても明確にしていた」とフランクリンは振り返る。

HBSを卒業後、フランクリンは上を目指し続け、ミシンメーカーとして知られるシンガー社のニューヨーク支社に、MBAを持つ女性として初めて採用された。採用された部門で初の女性従業員でもあった。やがて彼女は、経営幹部を目指すことを心に決めた。「どんな組織でも私はトップを目指した。それが私の野心だった」。当時の職場は圧倒的に男性が多かったけれど、フランクリンはトップにつながる出世ルートにいるようだった。「(シンガー社のあとに勤務したシティバンクの前身企業には) 女性のバイスプレジデント補佐が3人いた。私はその1人だった。3人のなかで一番若く、いわばファストトラックをたどってバイスプレジデントになった」。その銀行には女性ロールモデルがいなかったこと、まして やメンターになってくれる女性もいなかったことを考えると、フランクリンが上級管理職につながる出世ルートに乗ったことは一段と特筆に値する。「バイスプレジデントに女性はいなかった」と、彼女は振り返る。それどころか、「女性は秘書以外ほとんどいなかった」。

当時女性は、企業幹部に昇進するものと思われていなかったことは、フランクリンも承知していた。

結婚した相手は、私がキャリアを積むことをさほど熱心に支持していたわけではなかった。私の目標やキャリアについて「結構だね」と言ってくれたけれど、本音は違った。そういうコミュニケーションの行き違いは今もあると思う。同じトピックについて、同じ言葉で話しているけれど、お互い意味しているところが違う。女性の野心に関する場合は特にそうだ。

最初の結婚はすぐに終わりを迎え、フランクリンは再婚した。それから30年にわたり、お互いにキャリアを築きながら維持してきた「素晴らしく協力的」な夫との関係は、彼女の成功のカギとなったと彼女は言う。

やがて偶然にも、女性の活躍をサポートすることがフランクリンの仕事になった。1970年代初め、ホワイトハウスが連邦政府機関の専門職や政策関連職に女性を増やすイニシアティブを打ち出し、そのトップに抜擢されたのだ。彼女が任期を終えるときまでに、これらのポジションにいる女性職員の数は3倍以上増えた。HBSのクラスメートだった著名投資家のエド・ハジムに言わせれば、フランクリンの成功はなんら驚きではない。「公共部門であれ民間部門であれ、何の担当であれ、(フランクリンが)やればなんでも改善する」と、ハジムは学生新聞ハーバード・クリムゾンに語っている。[45]
政府にはもっと女性が必要だと主張したのは、リチャード・ニクソン大統領だ。

それは経営管理的な仕事だった。大統領は閣僚をはじめとする省庁のトップに、女性を抜擢する行動計画の提出を求めた。私の仕事は、その計画の実施状況をモニタリングして、報告書を作成することだった。報告書は最終的に大統領の手にわたる。閣僚がやるべきことをやり、目標を達成したら、彼ら（当時は全員男性だった）は大統領から「よくやった」という一筆をもらう。これが閣僚たちをやる気にさせた。目標を達成できなければ、違う内容の手紙をもらう。なぜそれを知っているかというと、私が草稿を書いていたからだ。

大統領の明確な支持を後ろ盾にしていたこともあり、そのイニシアティブは女性の社会進出について世論を動かす助けになった。当時の「アメリカの社会には、女性（の位置づけ）とキャリアについてコンセンサスが存在しなかった」とフランクリンは言う。ニクソンがこのイニシアティブを命じたのは、1969年の記者会見で、ある記者に問いただされたことがきっかけだったとされるが、政治的な理由だけではなかったのではないかと、フランクリンは考えている。[46]たしかに女性運動の高まりが、ニクソンを動かした側面もあるだろう。特に「（保守的な）共和党の女性支持者たちが声をあげていた」という。「民主党だけではなかった」。だが、ファーストレディーのパット・ニクソンが「本当に自立した女性だった」ことも大きいのではないかと、フランクリンは言う。パット夫人は、１９３０年代に自分で働いて得た資金で大学に通い、ニクソンと結婚した当初はアメリカ赤十字社と連邦物価管理局（ＯＰＡ）で働いていた。「彼女の影響があったと思う。ニクソン夫妻には娘が２人いたから、夫の耳に何事かをささやいていたのではないか」

フランクリンのキャリアは、すでに異例のものだったが、さらに画期的な軌道を描き続けた。女性の企業取締役はほぼゼロだった１９８０年代に、７つの上場企業の取締役を務めたのだ。１９９０年代前半には、ジョージ・Ｈ・Ｗ・ブッシュ大統領の商務長官に指名され、政権最高位の女性閣僚となった。政府関係では、ほかにも１９８０年代と１９９０年代に計４期にわたり貿易政策交渉諮問委員会の委員を務めたほか、第44回国連総会でアメリカの代表代行も務めた。ブッシュは１９９２年、１９８９年の天安門事件以降ストップしていた中国との通商関係を正常化するよう、商務長官のフランクリンに指示した。民主化を求める市民を弾圧した国の政府と友好関係を築くことについては、米国内でも多くの議論があった。一部の共和党議員は、商務長官が中国を訪問すれば、暗に共産主義を承認することになると反対していたし、民主党議員らは中国の人権侵害を非難していた。

メディアも否定的な報道をするなか、フランクリンは北京を訪問して中国政府高官らと協議を持ち、新たな貿易合意の締結を促した。その結果、数日後に彼女が帰国の途につくときまでに、米企業にとって計10億ドル相当の商談がまとまり、現在にいたる活発な通商関係の基礎ができた。今でこそ女性閣僚が重要な国際ミッションを率いることは珍しくないが、1992年にフランクリンが中国を訪問したときは前例がなかった。

フランクリンはこれまでに約20社の取締役を務め、2009～2013年には全米取締役協会（NACD）の会長を務めた。その間、社会規範や法律や政策が変わって、「取り除かれた」障害もあれば、「より目に見えない障害が生まれる」こともあったと語る。「相手が偏見や先入観を抱いていると物事は難しくなる」と彼女は言う。多くの男性取締役は彼女を歓迎してくれたが、「仲間として受け入れられ、リスペクトされるためには、少しばかり慎重に立ち回らなければならないこともあった」と認める。彼女が働きはじめた頃とは多くのことが変わったが、今も女性経営幹部に対する反発は存在するという。「これはもう仕方がない」

こうした根深いハードルはあるが、フランクリンは未来を楽観している。たしかに今も取締役会をはじめ企業の経営幹部に女性は少ないが、「女性のクラスターは増えている。（幹部レベルに）加わっても、昔の私ほど用心深く立ち回る必要はなくなった。自動的に一定のリスペクトを得られる。そのリスペクトにもレベルがあるけれど、30年前と比べると全体としてずっとよくなった」。現代の女性リーダーは、同じような立場の女性を増やすことに貢献できると、フランクリンは言う。「私の場合、取締役などを退任するとき、後任選びに関与できる場合は、次も女性を選ぶよう注文をつけている」

フランクリンが女性の活躍を応援する場所は企業だけではない。「ＨＢＳの歴代学長に会いに行った」と彼女は言う。「ＨＢＳが考えるべきことや、変わる必要があることについて、事細かに説明したこともある。ＨＢＳの文化の一部になっているハードルを取り除くためには、何人もの学長の努力が必要だった。現在のＨＢＳを誇りに思っているけれど、これからも変わり続ける必要があるだろう」

2 女性エグゼクティブの誕生
――厳しい競争を勝ち抜く秘訣

前章で紹介した大学生の声を思い出してほしい。彼女たちは、就職する業界や企業の上層部に女性がいないことに気がついていた。「法曹界は今も圧倒的に男性が多い」と、ある法学部の学生は言った。「パートナークラスに女性は多くない」と、コンサルティング会社に就職予定の学生は言った。「テーブルの向こう側のエグゼクティブは全員男性だった」と、採用面接について語った学生もいた。彼女たちが、こうした光景は昔の名残であって、今は違うと思っていたことも思い出してほしい。自分のキャリアに「ジェンダーはさほど大きな意味をもたない」と自信を持っていたことも。

それはある意味で正しかった。かつてと比べると、ジェンダーの影響はずっと小さくなっている。もはや女性は、アシスタント職に限定されることなく、より大きなチャンスに手が届くようになり、法的な意味における差別は間違いなく減った。だが、不平等は残っている。ガラスの天井を破って、経営幹部にまでなった女性もいるが、その割合は労働力人口に占める女性の割合と比べるとはるかに小さい。２０１７年の米国では、プロフェッショナル職の52％を女性が占めたが、Ｓ＆Ｐ５００企業のエグゼクティブとシニアレベルの管理職に占める女性の割合は26・５％だった。[1] 企業の最高レベルになると、女性の割合はもっと小さくなる。２０２０年5月、フォーチュン５００企業のうち女性がＣＥＯを務める会社は7・4％しかなかった。それでもこの数字は史上最高だ。[2] また、これまでにフォーチュン５００企業のＣＥＯを務めた女性は、87人しかいない。[3] ニューヨーク・タイムズ紙のある記事は２０１８年、フォーチュン５００企業には、女性ＣＥＯの数よりも、ジェームズという名前のＣＥＯのほうが多いと皮肉って話題になった。[4] 黒人女性ＣＥＯともなるとたった2人で、ゼロックスのアーシュラ・バーンズＣＥＯ（２００９〜２０１７年）と、ベッド・バス・アンド・ビヨンドのメアリー・ウィンストンＣＥＯ（２０１９年に半年間）だけだ。[5] ２０１８年にペプシコのインドラ・ヌーイが退任すると、２０１９年にはフォーチュン５００企業で非白人女性ＣＥＯがいる企業は1％にも満たなくなった。[6]

データは明確なトレンドを示している。企業のピラミッドの上に行くにしたがい、女性は消えていく。トップ付近まで到達した女性の多くも、ガラスの天井を破って、ＣＥＯなどの最高幹部にはなれない。そのかたわらで、白人男性は最高のポジションにつき、大きな利益をもたらすプロジェクトや事業を担当し続ける。大手コンサルティング会社プライスウォーターハウスクーパース（ＰｗＣ）は２０２０年、「帰属の文化を足掛かりに」と題されたダイバーシティ＆インクルージョン報告書で、監査部門の大手顧客の75％は、白人男性パートナーのチームが担当していることを明らかにした。また、この年、ＰｗＣはフォーチュン５００企業の90％以上と仕事をしたが、女性または非白人男性が率いるチームが担当した大型案件は全体の19％だったという。[7]

◆

そこでシニアレベルに達した女性たちの経験を研究するために、筆者らは世界26カ国の女性エグゼクティブ計75人に詳しい聞き取り調査を行った。いずれも多国籍企業など大手企業のパートナーか、バイスプレジデント、事業本部長、または経営幹部だ。その全員に、自分のキャリアパスにジェンダーが与えた影響と、自分の成功に貢献したと思う環境や戦略を聞いた。そこから見えてくるのは、大きな成功を遂げた女性リーダーさえも直面するしぶとい障害と、それを乗り越える上での一般的な戦略の強みと限界だ。筆者らが話を聞いた女性たちは勝ち組だ。決定的な成功と、味方になってくれる上司、そして重要プロジェクトを担当する機会に恵まれた。その成功の裏には、彼女たちと同じくらい高いスキルと野心を持ちながら、エグゼクティブになれなかった女性が大勢いたはずだ。成功した女性リーダーが、山あり谷ありの道のりをどうやって乗り越えてきたかがわかれば、より多くの女性が成功するためには何が必要かを知る助けになるに違いない。

突然現れるガラスの天井

75人の女性エグゼクティブはみな、ジェンダーゆえに自分がよくも悪くも目立っていることをはっきり理解していた。エネルギー業界のあるCOOは、「職場も業界も男性が圧倒的に多かった」と語った。「早い段階で学んだことのひとつは、この環境では女性は目立つこと、そしてそれは諸刃の剣だということだ。ヘマをすれば、誰でもするミスでもとても目立つし、みんなに知られてしまう。成功すれば、やはりとても目立つ」。多くの女性エグゼクティブは、少数派ならではのプラス面を口にした。あるCEOは、「（女性であることは）自分の存在を覚えてもらう上でとてつもなく有利に働いた。まさかミーティングに女性がいるとは、みんな思っていなかった」と語った。その一方で、マイナス面もあると認める。「社交の場面では、いつも場違いな思いをした。仕事をしていく上では、取引をまとめることだけでなく、環境や、一緒に仕事をする人たちとの関係も重要になる」。ある大手保険会社のエグゼクティブは、非白人女性は一段と大きなチャレンジに直面すると語った。

白人だらけの環境で、私は非白人で、しかも女性だった。みんな私とどう関わっていいかわからないという感じだった。腫れ物に触るように慎重になっていた。彼らの信頼を得たり、人間関係を構築したりするのは、通常よりもずっと時間がかかる。

なにしろ私は異質で、彼らにとってなじみがない存在だったから。男性でもないし、白人でもない。親しくなったり、仕事で信頼関係を築いたりするのには、とても長い時間がかかった。

高いポジションにいる女性が目立つのは、数が少ないからだけでなく、一般にリーダーの資質は男性らしいとみなされる資質と一致するからでもある。長年の研究はこれを証明しており、筆者らが話を聞いた女性エグゼクティブたちは、それを肌身に感じていた。ある金融エグゼクティブは、「いわば男性的な規範が存在する」と語った。「必ずしも悪質な規範だとか、ネガティブな規範だというわけではないけれど、『君は違う』と明言している。『異端だ』とね」。伝統的な女性観、つまり和を大切にし、細かな心配りができて、協調的といった資質は、リーダーの特徴とされる威圧的で独立心が強く合理的といった資質と対照的だ。[8] ジェンダーの役割は時代とともに進化してきたとはいえ、典型的なリーダーというと相変わらず男性が思い浮かぶ。プロフェッショナル職につく人たちに「有能なリーダー像」を聞くと、「彼」についてのイメージや説明ばかり出てくると、企業でワークショップを開いたある経営学教授は語る。[9] 権威あるポジションにいる女性たちは、女性としてもリーダーとしても一般のイメージと大きく異なるため、権力を行使したくないのだと誤解されることさえある。あるバイオ企業の女性ＣＦＯ（最高財務責任者）は、自分がエグゼクティブになって長い時間がたつのに、同僚たちがほとんど反射的に若手男性を昇進候補に挙げるのを見てきた。「そういうときは『女性候補は検討したの？』と聞くことにしている。彼らは、『たぶん彼女は昇進に興味がない』と勝手に思い込んでいる」

女性エグゼクティブたちにとって、男性的な規範に照らして評価されるのは日常茶飯事であり、それを乗り越えるにはプラスアルファの努力が必要だったという。ある娯楽企業の女性シニアバイスプレジデントは、これが大きな負担だったと振り返る。「いわゆる男性だけのクラブで昇進するために、本当に懸命に努力した。ただでさえアジアで働く女性にとって、私の地位につくのは本当に珍しい」。あるマーケティング・エグゼクティブは、「男性専用のクラブに足を踏み入れてしまって、きっぱり拒絶された気分だった」と語る。「信頼を勝ち取るためには、ものすごく努力しなければいけなかった」。コンサルティング業界のように、クライアント中心で仕事が進む業界では、女性たちは男性クライアントと良好な関係を築くことに苦労したと口を揃える。「障害が大きすぎる」文化を避けるために、最初から特定の業界や企業の案件を引き受けるのを避ける女性もいると、あるコンサルティング会社の女性パートナーは語る。[10]

そんななか、多くの女性エグゼクティブが言及した現象がひとつある。それは、経営幹部レベルに近づくと、突然、リーダーとしての適性を疑問視する声が出てくるというのだ。通常、仕事の成績は問題にはならない。ある銀行エグゼクティブは、男性は女性と仕事をすることに前向きでも、本当に自分たちの仲間に入れることは嫌がると語る。「男性たちは、30代の女性は結婚して、子どもをもち、会社に戻ってこないことを願っている。だが40代の女性については、自分の競争相手だと思っている」。男性が明らかに女性の野心をなえさせようとすることもある。ある女性は、「君はトップの仕事に向いていない」から絶対にCEOにはなれないと言われたことがあるという（のちに彼女はCEOに選ばれた）[11]。もっとさりげないメッセージを投げかけられることもあると、ある営業担当エグゼクティブは言う。

最初の15年間は、自分のことを女性リーダーだと特に意識したことはなかった。男性の同僚と同じように、たんなるビジネスエグゼクティブだとか、ビジネスマネジャーだという認識だ。ところがここ2年ほどは違う。私の存在に不安を感じている男性や上司がいる気がする。以前はそんなこと考えたこともなかった。

女性がいわゆるガラスの天井にぶつかるのは、珍しいことではない。2018年にオーストラリアのジュリー・ビショップ下院議員が、女性として初めて自由党の党首に立候補したときに起きたことは、優秀な女性リーダーが昇進に待ったをかけられる典型例だろう。ビショップは10年以上にわたり副党首を務め、一般党員の支持も2人の男性候補より高かったのに、議員投票では13ポイントもの差をつけられて敗北した[12]。ビショップは外相を務めるなど申し分のない経歴を持ち、有権者の人気も高いのに、党内トップの座は得られなかった。民間では2020年、画像検索・共有サービスのピンタレスト元COOのフランソワーズ・ブルゲールが、意思決定から排除され、男性同僚よりも報酬を抑えられたことについて、ジェンダー差別だと抗議したところ解雇されたとして裁判を起こしている。ブルゲールは、決済サービス大手スクエアやグーグルで活躍した引く手あまたのテクノロジーエグゼクティブで、ピンタレストのＣＥＯからの直接の招きで移ってきたのに、こうした壁にぶつかって愕然としたという。「50代になって初めてガラスの天井に、激しくぶつかった」と、ブルゲールはニューヨーク・タイムズ紙に語っている。「それまでまったく見えなかった壁が、突然立ちはだかった」[13]

男性にはない厳しい要求

筆者らが話を聞いた女性エグゼクティブの多くも、ブルゲールと同じように、キャリア後半で壁に直面するとは思っていなかった。１９８０年代や１９９０年代に社会に出た女性の多くは（特に女性従業員が多い業界では）、ジェンダーに大した意味はないと思っていたのに、突然それが決定的な意味を持つようになった経験をしている。ある大手メディア企業のバイスプレジデントは次のように語った。

「ウェブ・ガールズ」とか「ウーマン・イン・ニューメディア」といった女性の親睦団体はたくさんあったけれど、加わりたいと思ったことはなかった。とにかく忙しくて、「そんな時間はない」と思っていた。「だいたいどうしてそんなグループをつくるわけ？　そんな時間があるなら仕事をしたらいいのに。懸命に働けば何事もうまくいく」とね。実際、一定の段階まではそうだった。ところが最上層に食い込もうとするときは違った。まさに今私はその段階にあるのだけれど。（組織が）複雑になっている最近は特にそうだ。初めてその壁に直面したのは、この前までいた大手テレコム企業だ。男性が圧倒的に多い会社で、経営幹部にダイバーシティをもたらすことがとても嫌がられていた。彼らの思い描く経営幹部は全員男性なのだと思う。どうすればそこに女性を加えられるかと、頭を抱えていた。

男性たちの抵抗により、女性の昇進スピードは急激に落ち込む。ある金融エグゼクティブは、そのせいで自分の昇進は10年遅れたと思うと語った。

私が男だったら、もっと昇進のスピードは速かったはずだという確信がある。現在のポジションに不満だとは言えないけれど、50代後半ではなく、40代のときなれていたらよかったと思う。絶対にジェンダーが影響していると思う。

筆者たちは研究の一環として、幹部クラスの男性たちの話も聞いたのだが、昇進のために自分のイメージを管理する必要があったと語った男性はほぼいなかった。ところが女性たちは、自分の印象を管理することにかなりのエネルギーと努力を費やしていた。先ほど、男性同僚が自分の存在に不安を感じないように気を配ったり、彼らが女性エグゼクティブをどう扱っていいかわからないことに理解を示した女性たちを紹介したが、同じような経験を語った女性エグゼクティブは他にもいる。男性が自分に脅威を感じないようにしつつ、ジェンダー・バイアスが自分の昇進を妨げている場合は対策を講じるという、難しいバランスをとっているというのだ。その難しさは「綱渡り的」と表現されることが多いが、「目に見えない重荷」という表現のほうが的確かもしれない。筆者らが話を聞いた女性たちにとって、自分の印象や周囲の反応を管理することは、仕事の重責にプラスアルファの精神的・現実的な負担をもたらした。たとえばコンサルティング業界では、得意分野などの「パーソナルブランド」を構築することが重要と考えられているが、女性の場合は、もっと複雑で厄介な作業になる。優れたパーソナルブランドを築くためには、専門性を磨き、際立つ存在になるために努力し、長期的なビジョンを持つことが不可欠だが、女性の場合はさらに、適切なリーダーシップのスタイルを見つけるとともに、物事を毅然と伝える訓練をする必要があった。また、コンサルティング業界の女性たちは、積極的にフィードバックを求めて、自分が伸ばしたり改善したりしなければならない部分を知る必要があると語っていた。これに対して男性たちが口にしたのは、自分の欠点を改善する必要性だけだった。[14] このギャップは、女性は男性よりも実践的なフィードバックをもらいにくいという調査結果とも一致する。女性は漠然とほめられるばかりで、具体的なアクションにつながる助言をされることがほとんどなく、建設的な批判がまったく含まれていないフィードバックを受け取ることさえある。[15]

ポジションが高くなるほど、その職層で唯一の女性になる可能性は高くなり、自分のイメージを管理し、信頼を得る必要が出てくる。ある銀行エグゼクティブは次のように語った。「女性が高いポジションにつくと、能力を称賛されるよりも、『ああ、彼女は誰それと親しいから』と言われがちだ。それが事実か否かは関係なくね」。ジェンダーに基づく根深いステレオタイプは、こうした反応を助長する。エネルギー業界のあるバイスプレジデントは、同僚たちが「数字に強い女性に会ったことがない」と思っていたと語る（2017年のある研究でも、採用の現場では、たとえ男女とも同等の成績でも、女性は数字に弱いという思い込みから、女性が採用される可能性は低くなることがわかった）。[16]2018年のある研究では、職場で紅一点になることが多い女性は、自分の判断を疑問視されたり、自分に適切な能力があることを示す証拠を求められたり、実際よりも低いポジションだと間違われたりすることが特に多かった。[17]ある多国籍食品会社の女性エグゼクティブは、次のように語った。「（女性は）真面目に受け止めてもらうのがとても難しいから、男性同僚よりも念入りに準備を整える必要があった。自分の発言を真剣にあるいは信頼に足ると受け止めてもらうためには、発言内容に人並み以上に自信を持つ必要があった」。銀行業界の女性も、同じ考えだった。「私の職場は男性が圧倒的に多かった。女性が幹部クラスになるには、男性同僚よりも懸命かつ賢明に働く必要があった」。また、非白人女性は自分の能力について一段と重い「立証責任」を課され、その仕事には一段と厳しいチェックを受けた。[18]

女性エグゼクティブが男性同僚よりも厳しいチェックの目を向けられることは、筆者たちの調査でも何度も指摘された。あるグローバルコンサルティング会社のトップエグゼクティブは、「女性として、そして黒人女性として、自分の（能力に）気づいてもらうために普通の人の5倍の努力が必要だった」と語る。ある大手保険会社のエグゼクティブも、「ジェンダーの影響は大きい」と語った。「私の場合、チャンスを逃しはしなかったけれど、誰よりも努力しなければならないと感じた」。この要求の厳しさは、女性が認められるためにはより大きな努力が必要なだけでなく、ミスをすればより厳しく受け止められるリスクも意味した。「女性には調子の悪い日なんてあってはならない」と、梱包会社のバイスプレジデントは言う。「さもないと感情的だと言われたり、（仕事が）できないと思われたりする」。ある銀行エグゼクティブは、最悪のダブルスタンダードについて語った。「女性は男性よりも、その振る舞いについて批判されやすい。女性がキレると感情的だと言われるが、男性がキレるのは普通のこととみなされる。強いリーダーだとかなんとかね。だから女性は、いつもとても慎重に振る舞う必要がある」

これはたんなる逸話ではない。研究によると、職場で怒りなどの感情を示した女性は、同じ態度を示した男性よりも適切な能力が不足しているとみなされる。[19] 黒人女性はもっと大変だ。黒人女性リーダーは組織に問題が生じたとき、白人男性や黒人男性、あるいは白人女性よりも厳しい目を向けられることが研究でわかっている。[20] 非白人女性の場合、適切な能力の持ち主だという評判を築きにくいだけでなく、たとえ築いても、あっというまに崩れやすい。トップクラスの女性でさえ、その脅威を感じ、自分を守らなくてはと考える。最近のエグゼクティブの報酬に関する研究では、女性CEOは男性CEOよりも高い解雇手当を求めることがわかった。これは、高いポジションについた女性たちが、「男性同僚よりも更迭されやすい」ことを認識している証拠だ。[21]

それでも粘る女性たち

たしかに多くの企業が、昇進におけるジェンダー不平等に気づき、それを是正する努力をしている。だが、往々にしてその努力は、女性に対する偏見を取り除くことではなく、家庭との両立をサポートすることに向けられがちだ。ところが、女性たちが実際に柔軟な勤務時間など、「家庭を持つ人にやさしい」ポリシーを利用すると、昇進面でネガティブな扱いを受けやすい。[22]筆者たちが話を聞いた女性シニアエグゼクティブたちは、仕事と家庭を両立するという課題を総じて克服してきたが、依然としてキャリア目標を達成するのに苦しんでいた。社内での地位が上昇すると、裁量が大きくなって柔軟な働き方をしやすくなり、家庭との両立は楽になる。それなのに、経営幹部に女性が少ないのは、家庭との両立が難しいからだと決めつけることによって、男性のバイアスのかかった態度や行動を見えにくくし、本当はもっと差し迫った問題である差別の縮小に十分な努力が費やされないことにつながる。[23]運輸業界のあるCEOは、この現象を何度も見てきた。

能力のある女性がどんどん辞めていっている。それも本当の理由を偽って。表向きの理由は、「過度の長時間勤務、過度にきつい仕事、家族を持てないこと、ワークライフバランス」などだ。でも、本当の理由は、自分が認められていないと感じるからだ。同じレベルに昇進するのでも、女性は男性よりも時間がかかる。また、自分の言葉に耳を傾けてもらえないことに辟易している。

女性エグゼクティブたちが出世ルートにとどまる一番の助けになったのが、会社の子育て支援策でないなら、何が彼女たちの成功のカギとなったのか。筆者らが話を聞いた女性の多くは、同期で唯一残っている女性だった。ある不動産投資グループの女性シニアバイスプレジデントは、数字を引用して自分の歩みを教えてくれた。

私が（投資銀行に）入ったとき、同期のアナリストは20人いた。それがアソシエイトレベルになると約15人になり、バイスプレジデントレベルでは10人に減った。全体としては定着率は約50%だが、女性は私1人になっていた。女性の割合は入社当初は40%だったが、バイスプレジデントレベルでは10%ということになる。マネジングディレクターレベルになると、もっと低い。

同僚たちが辞めていったり、低い職層で足踏みしたりするなか、彼女たちはどうやって上昇軌道を維持したのか。もちろん本人の能力と、先述の女性リーダーに求められる難しいバランスをとるガッツが果たした役割も大きいだろう。ただ、自分の昇進意欲を周囲に知らせることはマイナスに働く場合もある。あるバイオテクノロジー企業のCFOは、「女性が『昇給を希望している』といった要望を口にすると、押しが強いとみなされることがある」と語った。「でも、男性が『私は（昇給に）ふさわしい』と言うことは、当然のこととして期待されている」。だが、女性は高いポジションに「おそらく興味がないだろう」と思われているため、自分の野心を明確にしないと絶対に昇進できないと、このCFOは気がついたという。本章の最後に紹介するアナ・ポーラ・ペソアは、著名メディア・エグゼクティブであり、テクノロジー投資家で、多くの企業の取締役を務めてきたが、新しいチャンスを引き受ける意欲（たとえそれが引っ越しを伴うとしても）を明確にしていなかったら、どのポジションも得られなかった可能性がある。実際、あるマネジャーは当初、彼女が昇進に興味がないと思っていた。

女性は極小の針の穴を通って、経営幹部の座につく。そのためには野心をストレートに示すことで、トップを目指していないとか、能力が足りないといった周囲の思い込みを一蹴しつつ、アグレッシブすぎて不快と思われないようにする必要がある。だが、男性の規範が期待を形成する環境で、経営幹部になりたいという意欲をどう表明すればいいのか。ある農業系企業の元女性リーダーは、この難しいバランスについて次のように語った。

自分の希望を誰かに勝手に決めつけられるのは不快なものだ。「彼女はCEOに興味があるなんて言ったことがない。たぶん向いていないんだろう。中間管理職が希望だろう。営業が希望かもしれない」などなどだ。そんなふうに周囲に勝手に思い込ませてはいけない。ただし、あからさますぎてもいけない。「あなたのポジションがほしい。CEOになりたい。CEOになってやる」といったストレートな言い方はダメ。「この会社で引き続き成長する機会をいただきたい。究極的にはCEOなど経営幹部の一員になれたらと思う」と言わないといけない。

能力を発揮しつつ、好感度を維持しようとするのは、精神的に大きな負担になる。目標をあまりにも「ストレートに」示して同僚や上司（昇進するためには彼らの支持が不可欠だ）にそっぽを向かれないようにしつつ、きちんとした能力があるとアピールしなければいけない。筆者らの聞き取り調査によれば、この作業を根気よくこなすために、女性エグゼクティブたちが意識的かつ意図的にやっていたのは、レジリエンス（再起力）を身につけることだった。「（女性リーダーが）ほとんどいないと、自分の可能性も疑いそうになる」と、あるコンサルティング会社のエグゼクティブは言い、経営幹部になりたいという意欲を自分で育む必要があると語った。少数派だったことをバネにした女性エグゼクティブもいた。あるCFOは、「私の職場はいつも、女性より男性にやさしい環境だった」と語る。「それが私を強い人間にしたと思う。こんな環境でも成功してやる、という意志をしっかり持たなくてはいけなかったから」。別の金融エグゼクティブは、自分に示された敵意をモチベーションに変えた。

私に敵意をむき出しにする男性が1人いた。あるとき私が待ち望んでいた昇進の機会が訪れた。私は自分がふさわしいと思ったけれど、上司は、その男性が反対しているから、君は昇進させられないと言う。私を昇進させれば、その男性が辞めてしまうと思ったのだ。私は言葉を失った。とても腹が立った。だって論理的におかしいでしょう？　組織の中のたった1人の人間のために、次善の人事をするなんて。そんな会社に居続けるべきか気持ちが揺らいだ。でも、その男性が間違っていると証明してやる、と決意した。そして実際そうしてやった。最終的にその男性は私の部下になったのだ。それから3カ月くらいして辞めていったけれど。私自身は彼をほかのみんなと同じように扱ったつもりだ。

周囲の偏見を無視したり、どうでもいいことだと思おうとしたりするのは、女性エグゼクティブたちがよくとる対処術だ。ある人事エグゼクティブは、「私は無視する。そんなことに自分のエネルギーを使わない」と語った。食品サービス会社の女性エグゼクティブは、昇進を目指すなかで不安を抑える秘訣を語った。「あれこれ考えるのをやめた。身を引いたほうがいいのか、とか、誰かが声をかけてくれるのを待ったほうがいいのか、などだ。自分がやりたいと思ったら、ただ前に出てやればいい」。外野の声を気にしないことは、非常に有効なビジネススキルだ。多くの女性エグゼクティブは、「最後に笑う人間になる」という表現どおりの経験を話してくれた。ある化学会社のプレジデントは、キャリア初期に、地元の企業の会合に招かれたときのことを語った。

会場をのぞくと、女性が一人もいなかった。場所を間違ったのかと思ったが、自分のネームプレートが見えて、ああ、ここでいいんだと思った。そこで着席して、同じテーブルの人たちに挨拶をした。でも、知っている人はゼロ。それでも私は彼らに話しかけた。すると私のことを完全に無視する男性がいた。その約10年後、（同じようなイベントで）私は彼を見かけた。「こんにちは、〇〇さん」と、声をかけた。「ずっと前のことですが、初めてお目にかかったときのことをご記憶ですか」と聞いてみた。そして彼が私のことを無視した話をした。すると彼は、「そんなこと私がしましたか？」と言う。したでしょう！

無視され、ないがしろにされ、軽視されても、彼女たちの内面は燃えている。「自分はその会社に貢献できるのだから、とどまるべきだと、自分を信じなくてはいけない。そうでないと考えるべき理由は存在しないのだから。私はいつも『私にはできる。だからここで粘る。面倒な人だと思われたり、レッテルを貼られたりしてもいい』と思う努力をしてきた」と、ある女性は語った。彼女たちはパーパスを強く持ち、必要ならタフな態度を示した。あるCEOは、普通にしていたら、女性の意見は聞いてもらえないと思ったほうがいいと語った。「話し合いや議論のとき、みずから強く出て、疑問を投げかけ、熱意を示さないと、長時間黙って座っていることになると気がついた」。非白人女性の場合、障害を乗り越えて、自分のキャリアをナビゲートしてやるという意欲は一段と重要になる。彼女たちは、人種的マイノリティというプラスアルファの困難に直面するからだ。経営幹部などの高い地位についた黒人女性の研究によると、その成功のカギとなったのは、多くの場合、転職して業界や職種を変えることで、昇進が見込めない組織を脱出するなど、障害をナビゲートするアジリティー（敏捷性）であることがわかった。[24]

ロールモデルの大きな役割

女性エグゼクティブのレジリエンスについて研究すると、それが彼女たちが持って生まれた資質であると同時に、環境との相互作用の産物であることがわかってきた。レジリエンスが育つか、潰されるかは、環境がものを言う。あるエネルギー会社のシニアバイスプレジデントは、「ここで踏ん張らなくてはいけないと思った。ただ、自分がその部屋で一番下っ端だとつらい。しかも唯一の女性だ」と語った。複数の企業の取締役を務めるある女性エグゼクティブは、仕事でも人間関係でも「自分のレジリエンスを高める方法を見つける必要がある」と語った。ある金融エグゼクティブは、正しい環境に身を置くことを優先するべきだと熱弁した。女性が成功できる環境は、自分と文化的に一致しているだけでなく、女性の自信を高められる環境でなければならない。

自分をへこませるような人たちに囲まれていてはいけない。私が最初の銀行を辞めたのも、それが理由だった。人生は短い。自信は最も重要なリソースなのだから、それを育てて、守らなくてはいけない。それを潰すような場所にいることに気づいたら、そこから抜け出すこと。自分にはどうにもならない環境で、改善の気配もないなら、リスクをとって転職したほうがいい。今は雇用市場が厳しいから、辞めるのは難しいし怖いかもしれない。でも、自分が成長できる場所をみつけることが重要だ。自分の足を引っ張る人たちではなく、成功を助けてくれる人たちのいる環境に身を置いたほうが絶対にいい。

女性ロールモデルがいることは、レジリエンスを育む環境の決定的な特徴のようだ。会社や業界の幹部に一人でも女性がいると、自分の将来も楽観できるようになる。組織でリスペクトされ、評価されている女性リーダーがいると、自分も優れた成績を上げれば報われるのだと安心できる。

「私の上司は女性だった。なんでもテキパキこなして、うちの銀行で最も手際のいいマネジャーの一人として知られていた。彼女はとても若いうちに昇進したから、私にとってのロールモデルだった」と、大手銀行の事業部長である女性は語った。「私も彼女のように効率的に結果を出せば、同じように昇進できるのだと思った」。あるエネルギー会社エグゼクティブは、自分の業界で女性トップが成功しているのを見たときのインパクトを語った。

私が5年いた会社は、女性がCEOだった。あれは私にとって計り知れないほど重要な時期だった。本当に最高の経験だった。女性CEOがいただけでなく、取締役会が彼女をとてもサポートしていたのだ。女性が経営幹部にいるだけでなく、それを全面的にサポートする男性リーダーがいることもとても重要なのだと学んだ。

女性が上級管理職にいるのを見て、自分にもその可能性があると気づいたと語る女性エグゼクティブは多かった。ある多国籍石油ガス会社のバイスプレジデントは、自分のポテンシャルを信じてくれた女性上司から、人生を変えるような影響を受けたという。「私を最もやる気にさせてくれた管理職の一人は女性だった。彼女が、『あなたにはすごく能力がある。いつか私の上司になるか、私をはるかに追い抜くでしょう』と言ってくれた。彼女自身とても優秀で、かなりの野心家でもあった。そんな彼女が私の能力を信じてくれたことは、とてつもなく大きな励みになった」。別のエグゼクティブは、女性スポンサーのおかげで重要なネットワークにアクセスできたという。

彼女は、「これをやれ」と命令するタイプのメンターではなく、いつも最高のチャンスに触れさせてくれるタイプのメンターだった。たとえば、「（私のことを）取締役会に連れて行って、議事録をとらせてもいいですか」と会長に聞いてくれた。スキルを与えてくれるだけでなくて、組織内のさまざまな職層の人たちに臆さず接触する機会をくれたのだ。

個人的なメンターであれ、直接の上司であれ、ロールモデルの存在は、女性エグゼクティブたちが若手時代に自分が経営幹部になることをイメージしたり、ここは女性がトップにつける会社なのだと信じたりできるようにした。それと同じくらい重要なのは、優秀な女性にチャンスを与えて、その貢献をきちんと認める男性たちの存在だ。あるエグゼクティブは次のように振り返った。

（現在の会社での）最初の仕事のひとつは、ＣＩＯ（最高情報責任者）と一緒にやるものだった。彼は事実上、私にタスクを任せて、「君は最高の資質の持ち主だ」と言い、私を抜擢して成功させてくれると言った。重要なときに私をサポートしてくれた。「君ならできるとわかっている」と言って、見守ってくれたのだ。

女性リーダーはロールモデルとして決定的に重要な役割を果たすが、筆者たちが話を聞いた女性エグゼクティブのほとんどにとって、最初の上司は男性だった。男性のメンターとサポーターがいなければ、彼女たちのキャリアは頓挫していただろう。管理職の男性支配は、女性たちの職場環境の重要な特徴であり、男性上司のつくる環境が、女性の成長を可能にするか阻むかを決める。第4章では、経営幹部における女性不足に対処する上で、男性が果たす役割を詳しく探るが、そのインパクトが大きいことは、女性エグゼクティブたちの話からもわかる。現在も男性が、管理職や意思決定ポジションの過半数を握っていることを考えると、経営陣のダイバーシティを拡大するためには、女性の昇進を妨げる障害を取り除く試みに、男性が全面的に関与する必要がある。筆者らが話を聞いた女性たちが極めて異例であること（多くは金融、エネルギー、金属など男性が支配的な業界のシニアエグゼクティブだ）は、システム全体としての取り組みが足りないことを示している。彼女たち「生き残り組」は、少数派ゆえの重荷を引き受ける意欲と、カギのかかった扉を開く権限を持つ男性（と一部女性）の助けによって、ピラミッドの頂点にたどりついた。本書の第5章では、より体系的な昇進ルートを構築する上で、組織の役割にも目を向ける。だが、その前に、企業のトップ機構すなわち取締役会に目を向け、女性たちがそこに加わるために声を上げ、戦略を講じていることを明らかにする。

case

「やります」と声を上げることが大切
――アナ・ポーラ・ペソア

アナ・ポーラ・ペソアが育った1970年代のブラジルは、軍事独裁政権によってメディアが厳しい検閲を受けていた。その体制が崩壊したのは、ペソアが米国のスタンフォード大学に進学した1980年代半ばのこと。彼女がやがて、南米最大のメディア企業のエグゼクティブに就任したのは、起こるべくして起こったことなのかもしれない。

「私は民主主義にとって本当に重要なもの、つまり強くて自由なメディアの世界で仕事をすることになった」と、ペソアはリオデジャネイロにあるグロボグループ本社での18年間を振り返った。だが、よりよい社会を築きたいという情熱と、数学と経済学への愛を生かして人々の暮らしを改善したいという思いは、グロボに入る前からずっと抱いていたものだ。

スタンフォードで学士号を取得した彼女は、国連と世界銀行でプロジェクトを管理するかたわら、大学院で開発経済学を研究した。博士号の取得も考えたが、１９９０年代前半の急速なテクノロジーの進歩を間近に見て、そちらに関心が向かいはじめた。パソコンなどのイノベーションは、「日常生活にとてつもないインパクト」を与えていた。「それがもたらすディープな変化に心を奪われた。企業や国家だけでなく、個人にとってもテクノロジーは重要になると直感した」

１９９３年、ペソアは約10年ぶりにブラジルに戻り、グロボのテレコミュニケーションマネジャーに就任した。急速に進化するメディア業界に入っていくことは、テクノロジー分野の知識を駆使して、母国ブラジルの社会経済の変化にインパクトを与えるための自然な選択だった。グロボの中で昇進していくとき、ペソアは一種の使命感に突き動かされていたという。

私は大胆かつ猛烈に働いた。オープンな姿勢を維持しつつ、自分がやっていることは自分の利益だけでなく、重要な大義のためだと確信していた。昇進できたのは、究極的には、その仕事がとても楽しかったから。そして、いつも「私がやってもいいですか」と尋ねることを恐れなかったからだと思う。いつも思い切って手を挙げていた。

このパーパス意識と可能性への情熱が、さもなければ彼女の昇進を遅らせていたかもしれない周囲の思い込みを防いだ。キャリア初期、ある上司がサンパウロ支社に異動するチャンスを別の人にあげてしまったことがあった。リオから車で6時間もかかるから、ペソアは興味がないだろうと考えたのだ。だが、彼女はすぐに誤解を正した。

サンパウロ支社に空きが出たとき、私が検討対象にあがったのに選ばれなかったことを知って、（マネジャーのところに）行って、「私は異動してもよかったのに」と伝えた。上司はびっくりしていた。私は結婚したばかりだったからだ。「え！　それは思いもしなかった。サンパウロに引っ越すのは嫌だろうと思っていた」と。そんなことは問題ではないと、私は説明した。飛行機なら1時間で行ける。月曜日にサンパウロに行って、金曜日にリオに戻ってくれば、週末は夫と過ごせる。それに、それが何年か続いたら、夫のほうがサンパウロへ異動になるかもしれない。結局、そのときはダメだったけれど、その1年後くらいにサンパウロの別のポジションに空きが出た。今回は、私にやる気があると人事部がすでに知っていたから、すぐに決まった。同じようなことが多くの女性に起こっていると思う。人事の世界では、女性は（昇進の）チャンスがあっても異動したがらないか、異動できないと思われている。だから、「私が行きます!」と自分が声をあげなくてはいけない。

ペソアはグロボに約20年勤め、経営部門で着々と昇進を果たし、最終的に活字メディアを統括するインフォグロボのCFOに就任した。そして2011年、再び大きなキャリアチェンジを果たした。メディア業界を離れて、ベンチャーキャピタルとしてテクノロジースタートアップに投資することにしたのだ。シリコンバレーの大学時代から抱いてきたイノベーションへの関心を、財務分野の知識や経験と結びつける転進だ。「スタートアップや、ビジネスとテクノロジーを統合することには、昔から関心があった」とペソアは振り返る。「ずっと企業財務の仕事をしてきたけれど、テクノロジーが決定的に重要になり、あらゆる分野に浸透すると確信していた」。こうしてeコマースソフトのスタートアップであるネエム(Neemu)に投資し、のちに売却した後、2016年リオデジャネイロ夏季五輪実行委員会のCFOを1年半ほど務めた。このときも「私がやる!」という会話がチャンスをものにするきっかけになったと、ペソアは明かす。

まだ、五輪実行委がCFOを募集していなかったときから、是非やりたいと友達に話をしていた。実際に募集の話が持ち上がったときは、ちょうど私の人生でぴったりの時期だったから、面接を受けた。仕事でもなんでも、自分の希望を表明しておかなければ、誰もそれをわかってくれない。

リオ五輪後、ペソアはテクノロジー業界に戻り、人工知能関連企業のクヌミＡＩ（Kunumi AI）の取締役を務めた。女性だからといって不利な扱いを受けたことはないが、周囲の信用を得たり、結果を出すために懸命に努力したと彼女は言う。「男性よりもよく働いたかって？　たぶんイエス。おそらく女性のほうがよく働く。ただ、私の場合は仕事中毒のレベルだった」と語る。また、自分の目標を明言すると同時に、チームと会社にとってベストだと思うことを自分の中にとどめず、はっきり指摘するようにした。「ここで踏ん張るためには、もっとタフな態度をとらなければと思うときもあった。若手時代は特に、周囲のリスペクトを得るためにはタフにならなければと思っていた」

自分の道を自分で切り開く決意も重要だったが、先輩たち（多くは男性だった）も、ペソアのキャリアで重要な役割を果たした。上司たちが、女性にも経営幹部になる能力があると考えていたことは、ペソアに活躍のチャンスをもたらした。

自分が学ぶことのできる上司、私の学習意欲をサポートしてくれる上司の下につくようにした。全員男性だったけれど、彼らから多くのことを学んだし、みな私のスキルや得意なことを認めてくれた。私をＣＦＯに選んでくれた上司はジェンダーなんて気にしなかった。アシスタントも男性だった。通常だったら女性がやる仕事だ。そういう小さな采配が、彼の姿勢を象徴していた。こうして私は、唯一の女性で、最年少の取締役になった。

ペソアはCFO就任直後に第二子を出産したが、CEOのサポートを得て財務部門のトップを務め続けた。育児休暇から復帰したとき、会社は大規模なリストラの真っ最中だったが、持ち前の強い決意で仕事とプライベートの両方で重要な局面を乗り切った。

まだ授乳期間中だったから、それが続けられるなら、育休から早く復帰してもいいと会社と交渉した。リストラは3年かかった。1年目は、搾乳をしながら仕事をしたものだ。弁護士や銀行とのミーティングや取締役会など、あらゆる会議の最中に電動搾乳機のスイッチを入れた。あれから何年もたったけれど、みんなあの音を覚えていた。

子どもが生まれても仕事を続けることは重要だと、ペソアは思っていた。リストラを成功させたかっただけでなく、職場で母親の務めを果たすことで、グロボの（そして社会全体の）女性たちのロールモデルになれると思ったのだ。「私は理解があって、私のことをサポートしてくれる上司に恵まれた。そのことにはいつも感謝している」と彼女は語る。「私も娘たちに同じことをした。彼女たちが社会に出たとき、（仕事と子育ての両立が）楽になることを祈っている」

ペソアは地位が上がるにつれて、社外のネットワークづくりにも力を入れるようになった。メディア業界の世界的なトレンドを知るために、全米の主要新聞社を訪問したこともある。何年も後、この旅で知り合った編集者が、ブラジルで開かれたジャーナリスト会議に講演者としてやってきた。ペソアは彼に会いに行った。

彼のところに行って、私のことを覚えているかと聞くと、彼は覚えていないと言う。そこで私が訪問したときの話をして、夫と夕食に招待したいと申し出た。彼はその会議に妻を連れて来ていたので、私たちは2人を街に案内して、すばらしい午後を一緒に過ごした。たしか2007年のことだったと思う。こうして彼らと連絡を取り合うようになった。何年も後、この編集者がCEOになったとき連絡をくれて、「君はこの業界のことをよく知っている。うちの取締役になる面接を受けてみないか」と声をかけてくれた。私はもうグロボを離れていたので、利益相反の心配もない。この種の人間関係を維持することは、とてつもなく重要だ。ただし、本物の、誠実なつながりでなくてはいけない。男性とも、女性とも、あらゆる人とネットワークをつくる必要がある。2007年当時は、彼がニュース部門で進めているデジタル改革に関心があったけれど、その交流が将来のコラボレーションにつながるとは思っていなかった。あるつながりが何をもたらすかは、そのときは予想できないものだ。だからいつも思い切って行動するべきだ。あれは300人以上が集まる大きな会議だったけれど、その編集者にアプローチしたのは私だけだった。誰でもできたのにね。

こうしてペソアが面接を受けて初の取締役に就任すると、多くの会社から取締役のオファーが舞い込んできた。現在ペソアは、ニューズ・コーポレーションや、フランスの建設会社ヴァンシ、クレディ・スイス、そしてブラジル最大の製紙会社スザノの取締役を務める。また、スタンフォード大学のグローバル・アドバイザリー・カウンシルの委員と、世界的な自然保護団体ザ・ネイチャー・コンサーバンシー（TNC）のブラジル諮問委員を務める。コーポレートガバナンスの仕事が増えるにしたがい、取締役会のダイバーシティが高まると、多くの利点があることを実感するようになった。その一方で、女性たちが依然として、取締役の候補になるのに不可欠な上級管理職のポジションを得られずにいることもわかってきた。取締役会が有効な決定を下すためには、ダイバーシティを活用する必要があると、ペソアは主張する。「取締役が企業財務の専門家ばかりだったら意味がない。取締役会はさまざまな問題に直面するのだから、ダイバーシティがあるほうがいい。グローバル企業なら、地理やスキルやジェンダー面での多様性が欲しいはずだ。法律や経営やテクノロジーの専門知識も役に立つ。こうした多様な視点をカバーする取締役会は優れた働きができる」

多くの業種や業界で、経営幹部につながる昇進コースにいる女性は増えているが、最終的には経営幹部にはなれないことが多い。「格好の例がコミュニケーション分野だ」とペソアは語る。「どの会社も広報部門には女性が大勢いる。それなのにトップは男性ばかりだ」と指摘する。「報道機関もそうだ。女性がたくさん働いている。たいていの編集部は50％以上が女性だろう。それなのに女性編集者は何人いる？　編集主幹は？　編集長は？（女性は）ほとんどいない。法律事務所もそうだ。女性パートナーは大勢いるかもしれないが、トップのポジション、つまりマネジングパートナーに選ばれる女性はどれだけいるだろう」

ペソアは、あとに続く女性たちの働く環境を大きく変えたワーキングウーマンの第一世代だ。そして、現代の女性たちが置かれた環境に喜ぶと同時に、依然として不満も抱いている。「私たちの世代の女性の多くは、いつも本当にタフでなければならなかった」と彼女は語る。「現代の若い女性たちは、多様な視点を、もっと自信を持って表明している」。

女性たちは今も多くの場面で、実力を証明するよう求められる。だが、ペソアの成功は、女性は経営幹部に向いていないとか、仕事と家庭は両立できないといった偏見を吹き飛ばす。彼女は今、女の子や女性に野心を持たせる活動に情熱を注いでいる。「中学生がターニングポイントだと思う」と彼女は言う。「宇宙飛行士であれ、なんであれ、女の子たちが夢を見るのをやめるのが中学生のときだ。少女たちが夢を持ち、持ち続け、夢をかなえるために頑張り続けられるように、私たちが尽力する必要がある」

今は変化を加速して、女性トップの誕生を妨げる壁を打ち砕くチャンスだと、ペソアは考えている。「#MeToo運動と、それ以降のすべての運動は素晴らしいと思う」と彼女は言う。「問題は、次は何が起きるか、それをどうやって乗り越えるかだ。システム全体に目を向ける必要があると思う。企業に入った女性たちに何が起きるのか、いつ落とし穴にはまりそうになるのか。女性をトップまで押し上げる必要がある。それによって文化全体を変えるのだ」

3 最高峰に立つ女性たち
——取締役を目指せ

「変化はトップからもたらされる」と、よく言われる。リーダーの重視することが組織の優先順位を決め、リソースの配分を決定し、従業員をはじめとするステークホルダーに会社の価値観を示す。では、トップの変化はどこからもたらされるのか。前章で見てきたように、業界を問わず、企業のシニアレベルになると女性の数は今も少ない。筆者らが調査した女性エグゼクティブたちは、ポジションが上がるにつれて、ますます不安定になる昇進のはしごから転落しないように、さまざまな戦略を講じていた。彼女たちの存在は、男性だらけの経営幹部にチャレンジを突きつけている。それでも、ピラミッドの頂点におけるジェンダー不均衡に劇的な変化は起きていない。

世界の企業の取締役会は、白人男性がメンバーの圧倒的多数を占める。MSCI ACWI指数（先進国と新興国をカバーする株価指数）を構成する企業の98％以上で、取締役の過半数は男性だ。[1]また、2019年1月から2020年前半までに、新規株式公開（IPO）を果たしたか、その計画を発表した欧米企業304社の半数以上で、女性取締役はゼロだった。[2] フォーチュン500企業の取締役会に女性が占める割合は22・5％で、非白人女性となると4・6％だった。総じて、白人の取締役の割合が大きすぎるのだ。同じ調査では、非白人男性の取締役は12％未満であることもわかった。[3] また、英国のFTSE100企業（ロンドン証券取引所の時価総額上位100社）の3分の1以上で、人種的・民族的マイノリティの取締役はゼロだった。[4] 非白人女性は、これまでに実現した、ささやかなジェンダー・ダイバーシティからも取り残されている。

「クラブにいい奴がいる」

2019年5月、翌月からゼネラル・モーターズ（GM）の取締役会は過半数が女性になる（女性が6人、男性5人）という記事がフォーチュン誌に掲載された。フォーチュン500企業で、女性が取締役会の半分以上を占めるのは、GMを含む11社だけ。あまりにも例外的なことゆえに、ニュースとして扱うべきトレンドとみなされたのだ。[5] 近年、取締役会の構成に関する関心は高まっている。過去10年間にニューヨーク・タイムズ紙、ウォール・ストリート・ジャーナル紙、そしてフィナンシャル・タイムズ紙に掲載された取締役会のダイバーシティに関する記事は計260件を超える。学界の関心（研究論文の数から推測される）も、2000年代半ば以降着実に高まっている。その中核にあるのが経営学教育の現場だ。[6] ハーバード・ビジネス・スクール（HBS）などの経営大学院は今、取締役を目指す女性のためにエグゼクティブ教育課程を提供している。取締役会のジェンダー・ダイバーシティを拡大する取り組みに関するケーススタディも急増しており、調査会社やコンサルティング会社が報告書や提言を次々と発表している。

では、当の取締役会はそれに耳を傾けているのか。誰もがダイバーシティの必要性を認めているわけではない。上場企業700社以上を対象とした2019年の調査によると、取締役会のジェンダー・ダイバーシティが重要だと考える取締役は半分以下（38％）だった。人種と民族のダイバーシティを支持する声はさらに少なく、わずか25％だった。[7] この数字は翌2020年には改善し、ジェンダー・ダイバーシティについては47％、人種のダイバーシティについては34％の取締役が、非常に重要だと思うと答えた。この年の夏に起きた人種的不正義に対する世界的な抗議運動が影響していることは、ほぼ間違いないだろう。[8] だが、ダイバーシティの重要性に気づいた（らしい）取締役たちが、非白人取締役の登用にどのくらい力を注ぐかは、まだわからない。これまでのところ、取締役会の人種的ダイバーシティの欠如を扱った研究やニュースは少なく、ジェンダー・ダイバーシティの恩恵を受けるのも白人女性に偏っている。ただ、2020年9月と10月には、2019年の1年間を上回る20人以上の黒人取締役が誕生した。[9] 取締役会における人種的ダイバーシティの急激な高まり（黒人女性取締役の増加につながる可能性がある）が、一過性の現象なのか、それとも幅広いトレンドの始まりなのかは、あと数年たたなければわからないだろう。

ジェンダー・ダイバーシティであれ、人種的ダイバーシティであれ、経営幹部の考え方が変わらなければ、大きな進展は見込めないだろう。先述の調査によると、約25％の取締役は、ダイバーシティを重視するあまり、不要あるいは不適格な人物が選任されていると考えていた。[10] 女性取締役の選任は、株主利益を犠牲にする社会的パフォーマンスだと考えられていることを示す調査結果もある。[11] だが、ジェンダー・クオータ（割り当て）を導入した国を見ると、こうした認識が正しいことを示す証拠はない。ノルウェーでは、女性取締役の割合を40％以上にすることを義務づける法律の施行後に選任された女性取締役は、むしろ、それ以前に選任された女性取締役よりも学歴や職歴が高かった。[12] ダイバーシティの重要性を疑問視する態度は、どんなに社会の注目が集まっても、現場に大きな変化が起きていない理由のひとつだろう。新興企業でさえ、古い考え方にとらわれている。ベンチャーキャピタルの投資に支えられている未上場企業200社の取締役会で、女性の割合はわずか7％だった。また、こうした企業の60％で、女性取締役はゼロだった。[13]

この領域で進歩のペースが遅く、限定的である理由を問われると、多くの企業の取締役会は、候補になる資格がある女性が少ないことを挙げる。英国の大手上場企業の経営幹部におけるジェンダー・ダイバーシティの調査報告書「ハンプトン・アレクサンダー・レビュー」は、複数の取締役会議長からこうした声を聞いたという。よくあるのは、取締役の空席を埋める「女性上級管理職がいない」という主張だ。[14] だが、むしろ問題なのは、取締役会が同じような経歴の白人男性にばかり目を向けていることだ。2018年に新しい役員を迎えた取締役会の75％が、上場企業の取締役経験者を登用していた。[15] また、女性取締役が誕生するようになっても、形だけであったり、戦略的に人数が抑えられていたりして、依然として男性が大多数を占める。2019年のオーストラリアの大手200社の調査によると、取締役会のジェンダー・ダイバーシティが全体として高まったのは、わずか8人の女性が複数の企業の取締役を掛け持ちしていたからであることがわかった。[16] S&P500企業の調査では、女性役員が2人いる取締役会が圧倒的に多いこともわかった。2人まで確保すると、それ以上は女性を登用しなくなる企業が多いのだ。専門家は、この見えない上限を「トゥーケニズム（twokenism）」と呼ぶ。[17]

取締役になる資格のある女性エグゼクティブがどれだけいても、取締役会が閉鎖的なままでは、まとまった数の女性役員が誕生するのは難しい。ゴールドマン・サックスやエクソンモービル、ターゲットなどの取締役を務めたビル・ジョージは、「女性が取締役には向いていないという言い訳を並べるのは簡単だ」と語る。ジョージは、取締役のポジションが一握りのエグゼクティブの間でまわされている現実をじかに見てきた。「『ああ、クラブにいい奴がいる』という会話を何度も耳にした。取締役は、幅広い層から時間をかけてプロフェッショナルな観点から選ぶべきだ。大勢の女性や非白人も検討候補に含めてね。同じようなことしか言わないお仲間ばかりでは、会社のためにならない」。米監査品質センター（CAQ）の初代エグゼクティブディレクターを務めたシンディ・フォーネリは、企業が「いつものメンツ」にばかりあたっていては、取締役候補の多様化を図ることはできないと語る。「そもそも多様な候補者がいないという声をよく聞く。でも、多様な候補者を見つけたいなら、自分のネットワークの外を探す必要がある。特に中小企業は、経営陣の友達しか登用してこなかったところも多いだろう。そういう会社は、女性取締役財団（ＷＣＤ）のイベントなどに出向く必要がある。『そもそも女性や非白人がいないから』という声をよく聞くが、自分の行きつけの場所しか見ていなければ当然だろう」

取締役会の運営についてももっと秩序だったルールがある大企業でさえ、候補者のダイバーシティを確保する努力を本気でしなければ、同じような悪循環に陥りかねない。新しい役員探しは、取締役会内の指名委員会が担当していることが多く、この委員会が女性候補者を推薦しなければ、新取締役に女性が就任する可能性は一気に低下する。[18] ゼネラル・ミルズなど上場企業の取締役を務めてきたヘンリエッタ・ホルズマン・フォアは、既存の取締役のネットワークを壊すことが、新しいタイプの取締役を迎え入れるカギだと語る。

指名委員会は、取締役会の内部組織だが、もともと取締役会自体が大きくない。これでは女性を次々リストアップしていくのは不可能だ。取締役会のダイバーシティが拡大すれば、インフォーマルなネットワークも充実していく。また、指名委員会のダイバーシティが拡大すれば、非公式なネットワークはずっと大きくなり、より多くの候補が目に触れ、評価されるようになる。

女性取締役はお飾りか

女性取締役が少ないことを、なぜ取締役会（あるいは、株主や消費者や政治家、さらには一般市民）が気にかけるべきなのか。著名投資家のウォーレン・バフェットは、2020年の株主宛書簡で、女性取締役が依然として少ないことを厳しく批判した。その年は、「アメリカの女性が投票によって意見を表明する権利を保障する」合衆国憲法修正第19条の施行から100周年にあたるのに、「取締役会では、女性はまだそのような地位を獲得できていない」というのだ。さらにバフェットは、取締役会は独立しているはずなのに、CEOの決定を追認するばかりで、集団思考により会社の方針が決まりがちだと指摘した。では、取締役会の均質性を崩せば、コーポレートガバナンスの質も上がるのか。その答えは、ほぼ確実にイエスだと、ロザベス・モス・カンター（HBS教授）は言う。「ダイバーシティが欠けていると、インサイダーが他のインサイダーを優遇し、同じような見た目や考え方の人たちで周囲を固め、異なる視点がほとんど入ってこない縁故資本主義のようなものが生まれる」と、彼女は2020年のある寄稿で指摘している。[19] 取締役は強い探究心と独立性を持ち、厳しい質問をする意欲がなければいけないが、全員が似た者同士の仲良しグループでは、そのいずれもが難しくなりがちだ（ただしバフェットは自分の会社で、取締役やCEOを探すときは人種やジェンダーによって候補者を多様化すること、というルールを導入するよう求める株主提案がなされたとき、その目標を支持しつつ、反対票を投じている）。[20]

もちろん取締役は、その会社の株式を保有し、それによって利益を得ようとするすべての人のために行動する責任がある。では、取締役会のジェンダー・ダイバーシティが高まれば、ずさんな経営を防ぐだけでなく、業績アップにもつながるのか。いわゆるダイバーシティのビジネスケースでは、答えは「イエス」とされるが、その因果関係を示す決定的な証拠があるわけではない。女性取締役が多いと業績にプラスの影響を与えるとする研究もあれば、業績にマイナスになるとか、業績には全く影響しないとする研究もある。そもそも、取締役会の人種や民族的なダイバーシティが業績に与える影響は、あまり研究されていない上に、その結果は一致していない。[21] また、こうした研究はどれも、取締役会の構成や業績に影響を与える要因は、測定不可能あるいは未知のものが多いという批判を受けており、その関係を見定めるのは非常に困難になっている。

それに、業績アップのために女性取締役を増やすという考え方は、取締役会のダイバーシティとインクルージョンの拡大にはつながらないと、筆者らは考えている。むしろそれは、ダイバーシティがもたらす真の恩恵や、ダイバーシティが依然として進まない原因に関する有意義なディスカッションを妨げている。「ダイバーシティの価値」をむやみに称えても広範な変革にはつながらないし、なぜそれが必要なのかという部分は置き去りにされがちだ。取締役会におけるジェンダーと人種について役員たちに意見を聞くと、みな一様にダイバーシティの概念を支持するものの、なぜ支持するのかという理由を問われると、明確に答えられないことが多い。最近の調査でも、取締役たちは、白人女性や非白人が貢献したエピソードを挙げるが、いずれもハイレベルな戦略や取締役会の意思決定とは無関係のエピソードだった。[22] 業績にプラスになるという説は、取締役会のダイバーシティに注目を集めるきっかけにはなったが、取締役会はダイバーシティをどのように活用するべきかの理解にはつながっていないようだ。取締役会は、もっと高度な問いを自らに突きつけるべきだ。すなわち、ダイバーシティを育んだり、それを最大限に活用したりすることを妨げている原因は何かを考えるべきだ。

コーポレートガバナンスが密接に関連する場面では、確かにダイバーシティの恩恵がみられる。たとえば、グループで複雑なタスクや決定に取り組んだり、集合知を活用して問題解決やアイデア創出を図ろうとするときは、ジェンダー・ダイバーシティが役に立つ。[23] また、企業がイノベーションを重視する戦略を取るとき、経営幹部に女性がいると業績改善につながることがわかっている。[24] 人種的ダイバーシティとジェンダー・ダイバーシティは、クリエイティブな思考に拍車をかけ、さまざまな見方を考慮に入れ、集団思考に陥りにくくするという有力な証拠もある。[25] だが、こうしたプラス効果は絶対的ではない。共通のパーパスを課されたグループや個人と同じように、取締役会は多様な意見がもたらす恩恵を活用する方法を知る必要がある。話し方が異なる（言葉遣いそのものと、比喩的な意味での話し方を含む）人の貢献は、見落とされたり、そのインパクトや重要性が低くみられたりすることが非常に多い。ダイバーシティを表面的な追加要素ではなく、主要なリソースとみなすと、真の学びが可能になる。違いが深い知識とインサイトをもたらす源泉とされ、多数派の人も少数派の人も自分の見解がリスペクトされ、貴重なものとみなされていると感じられるようになるのだ。[26] これとは逆に、ダイバーシティがしぶしぶ受け入れられていたり、道徳的には正しいけれど、「本当の仕事」とは無関係とみなされていたりすると、グループの問題解決や創造性や意思決定にプラスの効果は得られない。ダイバーシティの概念を支持はするけれど、実際の活用方法がわからないという取締役たちは、ダイバーシティは利益につながるという解釈をしているのかもしれない。もっと問題なことに、この種の表面的なダイバーシティ擁護は、究極的には人種的平等やジェンダー平等のためにならず、むしろマイナスになるようなステレオタイプを助長する恐れがある。フランスの高級品ブランド大手LVMHモエヘネシー・ルイヴィトンは2010年、ジェンダー・クオータ制の導入提案を受けて、ベルナデット・シラク元大統領夫人を取締役に起用した。ファッションショーの常連だからというのが起用の理由だった。[27]

取締役会が既存のダイバーシティをきちんと受け入れていないと、マイノリティ出身の取締役は周囲に十分なじめず、取締役会にさほど大きなインパクトを与えることができない。議長や筆頭取締役など、取締役会の重要ポジションにつける可能性も低い。女性取締役の割合が総じて上昇傾向にあるといっても、こうした取締役会の重要ポジションに女性が占める割合にほとんど変化はない。2019年の分析では、議長の大多数は男性だ。[28] 2019年の米国の上場企業の総収益トップ500社の筆頭取締役や取締役会議長かCEO兼会長に占める女性の割合は7・5%で、2015年からの伸びは1%にも満たない。[29]

資格や経験がほかの取締役と同等または優れている場合でも、白人女性や非白人の取締役が、議長や筆頭取締役や小委員会の委員長など重要ポジションにつく可能性は乏しい。[30] しかし女性がこうした重要ポジションにつけば、パワフルな変化を起こすことができる。カナダの銀行エグゼクティブであるモニーク・ルルーがいい例だ。ルルーは２００８年に、ケベック州の大手銀行デジャルダン・グループの社長兼取締役会議長に選任されたのを機に、経営幹部に女性が不足している問題に取り組んだ。「ダイバーシティを社内のアジェンダとして強力に打ち出すことにした。（デジャルダンには）ダイバーシティが全くなかったからだ。上級管理職における女性の割合は20％未満だった。こんな状態は許されないと私は断言して、目標を設定した。取締役会として（女性の割合を）30％以上にすることに決めたのだ。最終目標は40％。そして真の進歩を確実にもたらすべく、この目標を周知徹底した」

白人女性や非白人が取締役に選任されても、事実上脇に追いやられれば、むしろダイバーシティの進捗を妨げかねない。重要ポジションへの昇進を見送られた女性取締役やマイノリティの取締役は、取締役を辞任する可能性が高いのだ。[31] こうした疎外感を与えるような扱いが、もっと見えにくい形をとる場合もある。筆者らが話を聞いた女性取締役たちは、部外者のように扱われた経験を語ったが、男性取締役たちはそのことに気づいていないようだった。調査対象となった男性取締役の半分以上は、女性取締役がジェンダーに基づく壁に直面しているなどと思ってもいなかったのだ。だが、女性たちは取締役会で自分の貢献が無視されたり、非公式の集まりやイベントに招かれなかったり、自分の専門性を疑問視されたり、自分の意見が押しつけがましいとみなされたりした経験があった。[32]悲しいかな、このインサイトは新しいものではない。コーポレートガバナンスに女性の声を反映させるために、ウィルマ・ソスが女性株主連盟（The Federation of Women Shareholders）を設立したのは70年以上前のことだ。1954年当時、彼女はニューヨーカー誌に、「大企業の取締役会に女性が1人いるだけでは足りない。男性30人に対して女性1人では何ができるだろう」と語っている。[33]

現代の企業の取締役会は、ソスの時代より小規模になっているものの、男女比は変わっていない。アラスカ航空グループのフィリス・キャンベル取締役は、さまざまな企業の取締役を務めた経験を振り返り、女性の貢献は矮小化されやすいと語った。「女性取締役が私を含め2人だけだと、女性の声はかき消されることが多かった」。実際、集団で紅一点の女性は、男女のバランスの取れた集団にいる女性よりも発言回数が少ない一方で、女性が少なくとも2人以上いる職場では、女性の存在が好意的に受け止められることが調査でわかっている。[34]女性取締役の数が3人以上になると、取締役会のダイナミクスが明らかに変わることもわかっている。女性が1人か2人しかいない取締役会では、女性はステレオタイプ的な扱いを受けたり、排除されていると感じたりするが、女性が3人以上の取締役会では、もっとインパクトを与えることができ、安心して疑問を口にすることができる。取締役会のこうしたダイナミクスは、女性取締役自身だけでなくＣＥＯも気づいている。[35]先ほども述べた暗黙の「トゥーケニズム」は、取締役に就任した女性の前に立ちはだかる新たな壁と言えそうだ。

カナダの上場企業トランスコンチネンタルのイザベル・マルクー取締役会議長は、クリティカルマスを確保する重要性を指摘する。「女性が3人になれば、もはやひとつのグループであり、『女性の声』というタグ付けはされなくなる。だから数は重要だと強く思っている。私に言わせれば、3人は最低限の数だ。取締役会には女性役員が少なくとも3人いるべきだ。4人や5人ならなお良い。もっと多様な女性グループになるのだから」。女性の数が多いほど、取締役会はジェンダー平等に向けて前進する。女性取締役がたった1人でも、取締役会の議長や指名委員会の委員長を務めているなら、ダイバーシティ拡大に向けてインパクトを与えられる可能性があるが、女性取締役が複数いて、声を合わせれば、もっと無視しにくくなると、クリーンエネルギー投資会社の創業者で、欧州の複数の大手企業の取締役を務めるヘルタ・ボン・スティーゲルは指摘する。「私は議長や指名委員会の委員として、取締役会に直接影響を与えられるようになったとき、ダイバーシティを強く推進した。ジェンダー・ダイバーシティだけでなく、民族や文化、人種のダイバーシティも進めた。ジェンダー以外はあまり成果を得られなかったけれど。私の経験では、女性取締役の割合が40%を超えると、真にダイバーシティのある健全な環境になった」

各国で導入が進む数値目標

世界経済の複雑性が増すなか、取締役会の有意義な議論や取締役会そのものから女性が排除されて、その能力とインサイトが無駄にされることは、企業の戦略的優位にプラスにならないのは間違いない。また、取締役会の均質性は、潜在的なハンディであるだけでなく、制度的に維持できないものにもなりつつある。たとえば、ステークホルダーがコーポレートガバナンスの白人男性支配を問題視して、立法や世論の圧力を通じてダイバーシティ拡大を迫るようになった。

ここ15年ほどで、女性の代表拡大を義務づける国も増えてきた。こうした取り組みのほとんどはヨーロッパに集中しているが、イスラエルやマレーシア、インドでも大手企業や上場企業の取締役会に女性を含めることが義務づけられ、カナダのケベック州、ケニア、アラブ首長国連邦では、国有企業に女性取締役を置くことが義務づけられた。２０１８年にはカリフォルニア州が、同州に本社を置く企業の取締役に女性を含めることを義務づける州法を可決し、２０２０年にはワシントン州も同様の措置に踏み切った。[36] また、欧州連合（ＥＵ）は２０２０年、加盟国の企業に取締役の40％を女性にすることを義務づけた２０１２年の指令案を、改めて検討すると発表した。[37]

この種の法的な数値目標は、種類も効果もさまざまだ。なかには違反した場合、営業停止を命じる「ハードな」法律もある。ノルウェーでは、40％の目標を達成していない企業は上場廃止になる可能性がある。他のヨーロッパ諸国でも、女性が40％に満たない場合、取締役の選任が無効となり、法令遵守違反を理由に罰金が科せられる可能性がある。一方、拘束力のない数値目標もある。未達成企業は、名前をさらされるかもしれないが、処罰は受けないといったものだ。スペインでは、40％の数値目標を達成した企業は公共事業の入札で優遇されるが、達成できなくても罰金などを科されることはない。[38] オーストラリアや米国の縛りはさらに緩く、企業や政府機関のリーダーからなるコンソーシアムが、女性取締役の割合について数値目標の導入を呼びかける程度だ（それでも一定の成功を収めている）。

英国では2011年、政府の委託を受けたデービス・レビュー委員会が、英国企業の取締役会におけるジェンダー・バランスを調査して、2015年までにFTSE100企業における女性取締役の割合を、当時の2倍の25％に引き上げる努力目標を提案した。同委員会は規制当局と、エグゼクティブ紹介会社、そして企業に賛同を呼びかけて、それぞれ女性の登用を阻む壁を取り除くよう促した。同時に、女性エグゼクティブたちが「30％クラブ」を結成し、女性の割合を増やすことを訴えた。30％クラブとデービス・レビュー委員会は、メディアを利用して企業の努力（または怠慢）に注目が集まるようにするとともに、取締役会の議長などの有力ステークホルダーに直接働きかけた。その結果、2015年までの目標達成はならなかったが、翌2016年にはFTSE100企業における女性取締役の割合は平均26％となった。[39] さらに2020年には33％に達した。[40]

米国の連邦政府や自治体は、こうした数値目標の導入に、ほとんど意欲を示していない。唯一の例外は、カリフォルニア州とワシントン州だ。イリノイ州では2019年に、州内に本社を置く企業の取締役会に女性、アフリカ系アメリカ人、中南米系をそれぞれ1人以上含めるよう義務づける州法が可決された。ただ、最終的にこの規制は廃止され、かわりに、同州の企業は取締役会と経営陣の人種およびジェンダーの構成を自社のウェブサイトで公表することが義務づけられた。[41] 連邦レベルでも情報の開示は進みつつある。米証券取引委員会（ＳＥＣ）の規則により、２０１０年以降、上場企業が新たに取締役を選任するときは、指名委員会がダイバーシティを考慮したか、そして、どのように考慮したかを説明することが義務づけられた。１９９６〜２０１５年のフォーチュン５００企業の分析では、２０１０年以降、女性取締役の割合は上昇する傾向にあるが、ほとんどの企業ではＳＥＣ規則の導入前から上昇が始まっており、この規則のインパクトそのものは明らかではない。ただ、複数の国の調査から、情報開示義務よりも数値目標や数値義務のほうが効果は高いことがわかっている。[42]

ＳＥＣの規則では、企業はそれぞれ独自に「ダイバーシティ」を定義し、その拡大方法を決めることができる。このため企業は、ダイバーシティのさまざまな側面を一緒くたにして検討するようになった。前述のように、取締役会は人種に関しては非常に均質だ。非白人男性は白人女性よりも少ないし、非白人女性の取締役はごくわずかだ。取締役会のダイバーシティは、長い間、ジェンダーばかりに焦点が当てられてきたため、非白人女性が直面する問題は見えにくくなったり、見過ごされたりする。また、ダイバーシティの解釈を企業に任せると、その定義は過度に広くなりやすい。その結果、米国の企業はジェンダーや人種よりも、経歴や専門性のダイバーシティを拡大している。これでは取締役会の人口動態に大きな変化がないのは無理もない。[43]英国でも、ＦＴＳＥ２５０企業のうち、取締役会のダイバーシティ方針で、人種や民族のダイバーシティに明確に言及している企業は約半分で、大多数は測定可能な目標を設定していない。[44]

米国では、連邦政府がリーダーシップをとらないことから、他のステークホルダーが企業に圧力をかけてきた。大手投資会社や年金基金は、投資先企業に対して、取締役会のジェンダー構成や人種構成を開示し、ダイバーシティ推進戦略を説明するよう求めてきた。資産運用会社のブラックロックやステート・ストリート・グローバル・アドバイザーズ、そしてカリフォルニア公務員退職年金基金など複数の機関投資家は、投資先の取締役会のダイバーシティに進捗がないことに抗議するため、新取締役を選任する決議で投票を差し控えたり、反対票を投じたりしてきた。[45] ゴールドマン・サックスは2020年、男性取締役しかいない米国企業および欧州企業の新規株式公開（IPO）を引き受けないと発表した。[46] ナスダック（米店頭株式市場）は2020年12月、女性取締役を少なくとも1人と、人種的マイノリティまたはLGBTQ+の取締役を1人以上置くことを義務づける規則案をSECに提出した。[47]

株主が人種とジェンダーのダイバーシティ拡大を求めるケースも増えている。投資会社トリリウム・アセット・マネジメントは、2016年から2019年初めまでに、のべ50社以上でダイバーシティ関連の株主提案を行っている。[48] 実際、1997年から2018年のS&P1500企業の株主提案のうち、ダイバーシティに関するものは330件を超えた。さらに、ダイバーシティ拡大を求める提案は、他の株主提案と比べて平均8%多くの賛成票を獲得していることもわかった。株主の高い関心を受けて、企業情報の開示書類でも、ダイバーシティが頻繁に取り上げられるようになった。SECに提出された株主総会招集通知書を分析したところ、2009〜2010年にダイバーシティに言及したものは10％以上も増えて、それ以降の10年間も着実に増えたことがわかった。2018年には、株主総会招集通知書の20％以上にダイバーシティが言及されていた。このトレンドは、経済メディアや経営幹部以外からも広く注目を集めている。アマゾンは2018年、取締役候補に女性やマイノリティを含めることを義務づける「ルーニー・ルール」の策定を求める株主提案を拒否して、従業員から大きな反発を受けた。このことがメディアで報じられると、同社は方針を転換して、指名委員会でこのルールを採用すると発表した。[49]

こうした注目が、近年の女性取締役の増加を後押ししてきたのかもしれない。2017年には、フォーチュン500企業の新取締役に占める女性の割合は38％となり、過去最大の伸びとなった（2016年は27％だった）。2018年もやや割合が増えて40％に達した。[50]カリフォルニア州で導入された数値目標は、全米のメディアで大きく取り上げられ、同州に本社を置く企業で511人の女性取締役が誕生することにつながった。多くはそれまで女性取締役が一人もいなかった企業だ。ただし、このジェンダー・ダイバーシティ拡大の中核をなしたのは白人女性で、新取締役の78％を占めたことを、改めて指摘しておきたい[51]（カリフォルニア州は2020年、取締役会におけるダイバーシティ拡大の数値目標に、人種と民族を加えた）。[52]

連帯するエリート女性たち

ダイバーシティは世間一般で大きな話題になってきたが、投資家や世論からの圧力に、現職の取締役、とりわけ多数派の取締役が危機感を覚えているようには見えない。世界60カ国以上の企業の取締役5000人以上を対象にした筆者らの調査では、男性取締役は、女性取締役が少ないのは有能な女性がいないからだと考える傾向がある。これに対して、同様の見方をする女性取締役はずっと少ない（男性取締役は30％以上であるのに対して、女性取締役では7％）。かわりに女性取締役が挙げた理由は、候補者探しが男性だらけのネットワークに偏っていることだった。そして、どんなにダイバーシティが話題になっていても、新取締役を選任するときにダイバーシティが重点事項になることはないと語った。[53] また、主に米国に住む男女の取締役を対象とする筆者らの調査では、女性取締役の誕生を妨げる要因として、女性の経験と知識の不足を挙げる男性取締役は30％近かったが、女性取締役ではわずか4％だった。[54] 理想の取締役はCEO経験者だという伝統的な考え方も、女性取締役の誕生を著しく難しくしている。2018年にフォーチュン500企業で新たに選任された取締役のうち、現CEOまたは元CEOは過去最高の60％を占めた。「企業が一貫して広く網を張っていないことは明らかだ」と、ある人材紹介会社は指摘する。[55] ダイバーシティをどのように考え、活用し、評価するかについて、まだ取締役会にパラダイムシフトは起きていないのだ。

本章の最後に紹介するミシェル・フーパーは、取締役会のダイバーシティ拡大が進まないのは、適切な候補者がいないせいだという考えにイラだちを隠さない。「優秀な候補者がいないなんて、でたらめもいいところだ。市場も、顧客も、従業員も、一段と多様化している。取締役にふさわしい多様な人材は存在する。ただ、そうした人たちを探す範囲を広げなくてはいけない。ジェンダーや民族に関係なく、スキルや経験のある人を探す必要があるのだ」。アラブ首長国連邦に本社を置く複数の企業の取締役を務めるファティマ・アル・ジャベールは、アブダビ商工会議所初の女性理事に選出された。世界の多くの地域と比べて働く女性が少ないペルシャ湾岸諸国でも、「私たち（女性）には資質がある。経験もある。適切な候補者もいる。必要なのは、閉ざされたドアが開かれることだ」と、アル・ジャベールは語る。女性エグゼクティブは、今ある小さなチャンスをつかもうと奮闘している。多くの学術機関や非営利団体は、研修やメンタリングの機会を提供しているし、ヘッドハンティング会社を紹介する支援もしている。どれも、女性が有効なスキルを身につけて、取締役の条件を満たして、取締役の座につけるようにすることが狙いだ。女性候補者が企業や人材紹介会社の目につきやすくする取り組みも盛んになっている。30％クラブや2020ウィメン・オン・ボードなどのイニシアティブは、取締役会に女性が少ないことについて注目と対話を促し、変化の加速を訴えている。

ＨＢＳの女性エグゼクティブ教育課程のひとつであるウィメン・オン・ボードは熱狂的な人気を博しており、これまでの参加者が自分の取締役就任だけでなく、仲間の成功にも尽力するネットワークを生み出している。２０１６年にこの課程がスタートしたとき、ＨＢＳのエグゼクティブ教育課程としては異例のスピードで満席になり、その後も強い要請がある。これまでに世界中から４００人以上の女性が受講し、毎年定員を上回る応募がある。１期生以降、修了者は毎月オンライン会議を開き、ポジションの紹介やアドバイスやコネクションなどの情報交換を続けている。ソーシャルメディアにおける活発な交流は、一段と戦略的なサポートの場になっており、修了者がグローバルな女性リーダーコミュニティにとどまることを可能にしている。取締役に就任した女性たちは、仲間に「恩送り」をして、修了後も長く続くムーブメントを生み出しているのだ。[56]

このHBS発のネットワークは、20年以上前に始まった女性取締役を増やす取り組み「ウィメン・コーポレート・ディレクターズ（WCD）」に連なるものだ。WCDの進化は、こうしたグループの必要性を示す一種のケーススタディになると同時に、その効果を楽観させてくれる。2001年に組織された当初、WCDはすでに取締役となっている女性たちの集まりにすぎなかった。彼女たちが自分と同じ立場の女性に出会うことは滅多になかった。[57] 創設者のスーザン・スタウトバーグは、WCDのようなグループの必要性を実感した経緯を語っている。

私は取締役だったけれど、女性取締役を増やすことの難しさを目の当たりにしていた。また、女性たちが非公式に集まって、どうすれば取締役会で有効な働きができるか意見交換をしたいと思っていることも知っていた。難しい質問をどうぶつければいいか。あるトピックについてもっと情報を得たいときは、誰に聞けばいいのか。また、ジェンダーの問題が出てきたら、どう対処すればいいか。CEOが膝に手を置いてきたらどうするか。当時の女性取締役たちは、こうした問いに答えをみつける場所がなかった。

スタウトバーグの友人のイディ・ワイナーもその一人だった。彼女は、自分の専門知識を疑問視され、意見を無視されたため、取締役を辞任したところだった。「男性取締役に話を聞いてもらえなかった」と、現在は戦略コンサルティング会社を経営するワイナーは語る。「CEOは私の言うことに一切興味を示さなかった」。よその会社の取締役会でかなり優れた仕事をした経験があった彼女は、もう21世紀だというのに前時代的な偏見に直面して、がっかりすると同時に腹が立った。

「そこでスーザンに電話して、女性取締役が情報交換できる場所が必要だと言ったのだ」

スタウトバーグのニューヨークのアパートに一握りの女性取締役が集まることから始まったWCDは、その後の20年で世界40カ国以上に支部を持つ数百人の女性グループへと成長した。それが女性取締役の情報交換の場から、女性取締役を増やす戦略を練る場に発展するのに、さほど時間はかからなかったと、設立時からのメンバーであるエレーン・アイゼンマンは語る。

WCDは夕食会として始まり、それぞれの会社で唯一の女性取締役であるメンバーが、お互いをサポートしたり、知識をつけたり、どうすれば取締役会にもっと貢献できるかについて経験を共有する場になった。私たちはいわば、取締役会という異国の地を踏破する方法について、情報を交換し合う旅人だった。それが、女性取締役をもっと増やすべきだという政治的なグループに成長していった。時間がたって、ゆっくりだが着実に女性取締役が増えるにつれて、取締役どうしのサポートや情報交換だけでなく、なぜもっと女性取締役が増えないのかという問いが生まれたのだ。並外れて有能な女性は存在するし、現在のように市場が動揺しているときは特に、ダイバーシティが重要になる。会社が成長してインパクトを与えるためのビジョンが、たった1種類であるはずはない。

やはり設立時から参加する金融エグゼクティブのアリソン・ウィンターが、シカゴに引っ越したとき地方支部を立ち上げたのを機に、ボストン、アトランタ、そしてワシントンにもWCDの支部ができた。2004年までに、その需要は疑いようがないものになった。女性取締役たちはネットワークをつくり、スキルを磨き、女性取締役をもっと増やすチャンスを貪欲に求めていた。そこでスタウトバーグは大手コンサルティング会社KPMGにスポンサーになってもらい、定期的に会合を開くようになった。WCDのイベントは、女性たちが取締役になるためのスキルを磨くと同時に、取締役に空席ができたとき従来の閉鎖的なネットワークを打破する助けになると、シカゴ在住のメンバーであるジョーン・スティールは語った。

WCDは世界中の上場および未上場企業の取締役会のガバナンスについて、最先端かつ最高レベルのプラクティスを学んでいる。これは女性取締役の教育と成長にとって重要だ。WCDには現職の取締役や、取締役会の拡大や刷新を目指す最高経営幹部、そして（高いポジションの）空席情報を知る女性たちとネットワークをつくる機会もある。WCDの価値を際立たせているのは、取締役になるチャンスや、ネットワークづくりのリソース、教育リソース、そして友達をつくる機会があることだ。WCDは、女性取締役の登用拡大を現実的に可能にした。有能な女性取締役が見つからないという企業や、候補者の幅を広げたい人材紹介会社にとって、WCDは優秀で実力があって経験豊かな女性取締役の宝庫なのだ。人材紹介のプロや企業CEO、指名・ガバナンス委員会のトップが、どのような条件の候補者を探しているのであっても、WCDはベスト&ブライテストな女性メンバーを紹介できる。

WCDを設立したスタウトバーグの表現を借りれば、もっとたくさんの女性をコーポレートガバナンスに加える「流れに乗せる」ためには、考えうる限りの方法を活用する必要がある。「たとえばWCDでは、プライベートエクイティ企業（未上場企業に投資する会社）を招き、女性と引き合わせるイベントを増やしている」とスタウトバーグは語る。「この業界の取締役会は男性ばかりだから」。少しばかり強引な戦術を取ることもある。2016年にWCDが南米チリで会議を開催する準備をしていたとき、サンティアゴ証券取引所のエグゼクティブ・バイスプレジデントがスタウトバーグに電話をしてきた。ＷＣＤの幹部を同取引所の取引開始のベルを鳴らすイベントに招待したいというのだ。女性がベルを鳴らすのは初めてだという。だが、スタウトバーグは、同取引所の取締役に女性が一人もいない以上、そんなイベントは虚しいポーズにすぎないと考えた。そこで「無理です」と答えたという。「そちらの取引所の取締役は11人とも白人男性ですから。でも、女性取締役を選任するなら、ベルを鳴らしに行きます」。すると翌日、エグゼクティブ・バイスプレジデントが再び電話をしてきて、女性取締役を選ぶことを約束したという。２０１７年、ＷＣＤはチリで会議を開き、地元のメンバーがサンティアゴ証券取引所初の女性取締役に選ばれた[58]。

ＷＣＤが設立15周年を迎えたとき、スタウトバーグはＣＥＯの座をスーザン・キーティングに譲ることにした。そしてキーティングの正式なＣＥＯ就任が２０１７年秋に迫っていたとき、#MeToo 運動が起こった。キーティングは、この文化的シフトはＷＣＤにとって大きなチャンスだと考えた。「これは多くの企業にとって反省のときだ。ＷＣＤは解決策の一部になれると確信している。こうした問題がシステムに巣くい続け、何度も繰り返されるのを防ぐことができる。その解決策は優れたコーポレートガバナンスにあり、取締役会のダイバーシティはその一部をなす。企業に正しい文化とプロセス、手続き、報告、監督を確保する必要がある」。実際、根深いジェンダー不平等を是正するためには、トップリーダー（相変わらずほとんどは男性だ）が、自らの監督する組織の構造や文化にジェンダー不平等が存在し続ける原因を見つけ出し、対処する必要があることを、#MeToo 運動は明らかにした。

WCDは設立初期から、男性が問題解決に参加することが重要だと明言してきた。それまでに実現したインパクトにも、男性の参加が不可欠だったとスタウトバーグは語る。

我が家のダイニングテーブルに集まっていた頃は、よく男性CEOや男性取締役を招き、取締役会のいろいろな問題についてざっくばらんに話し、女性取締役が改善できる点を聞いたりしていた。女性取締役をもっと増やすためには、女性には何ができるのか、と。リラックスして、アイデアを出してもらうのだ。すると、男性たちは競うように、「今度取締役の空席ができたら知らせるよ」と言う。彼らは（世の中の流れに）取り残されたくないのだ。もちろん、女性取締役と時間を過ごしてもらって、女性にも適切な能力があることを、男性にわかってもらうという意図もあった。WCDは今、これを支部レベルでやっている。たとえばサンフランシスコ支部では、年に1度カクテルパーティーを開いており、出席する女性取締役は男性取締役を招待しなければならないことになっている。指名委員会のメンバーであることが理想だ。一方、支部では全メンバーの経歴入りリストを作成して出席者全員に配る。パーティーは基本的に、お互いと知り合うことが目的だ。男性取締役もちゃんとやってくる。ほかの男性が来ていると知っているから。こうしたパーティーの後は、必ず新しい女性取締役が誕生する。パーティーに来た男性たちが、メンバーが本当に優秀であることを理解するからだ。しかもすぐに経歴をチェックできる。とても有効な方法だ。

ＷＣＤのネットワークを通じて、何百人もの女性たちが取締役のポジションを得た。だが、まだやるべきことはたくさんあると、キーティングは考えている。

先駆的な試みをしている企業もある。取締役会のダイバーシティの重要性に気づきつつある企業もある。でも、まだＷＣＤにはやるべきことがたくさんある。抵抗も存在する。制度的・文化的な規範に反することは抵抗にあうものだ。それをどうやって打破するか。ＷＣＤはダイバーシティを支持して取締役会に働きかけてくれるリーダーをみつけることで、ダイバーシティを推進するプラットフォームを提供する。

どんなことでも、現状を変えるのは容易ではない。だが、権力のある立場にいる人が味方になって擁護してくれると、変化を加速することができる。次章では、取締役会の内外で男性がジェンダー平等を推進するために果たせる役割を見ていく。

case

快進撃を続ける黒人女性取締役
――ミシェル・フーパー

ミシェル・フーパーは、ペンシルベニア州の小さな町の大家族に育った。主婦の母親と、地元の炭鉱で働く父親の間に生まれた勉強熱心な子どもだった。「父に言わせれば、いつも本に頭をうずめているような子どもだった本を読んで学ぶことが大好きだった」と彼女は振り返る。「両親の影響だ。母は専業主婦だったけれど、とてもクリエイティブな人だった。料理をし、服を縫い、絵を描いていた。教育にも強い関心があった。私は小学6年生のときロシア語を学ぶ生徒に選ばれたのだが、いつも帰宅すると、その日習ったロシア語を母に教えたものだ。父は時事問題について、私の知識を試した。仕事から帰ると、私に新聞を読み上げさせて、その内容について質問をした。学ぶことが好きな性格と好奇心は、物心ついたときから私の一部になっている」

フーパーは優秀な生徒だったけれど、世の中にどんな仕事があるのか知らなかった。

「家族は誰も高等教育を受けていなかった。貧しかったので（当時はそう思っていなかったけれど）、経営なんて知らなかったし、専門職についているロールモデルもいなかった」。ペンシルベニア大学が地方の優秀な学生を積極的に受け入れる取り組みをしていなければ、彼女の人生の目標はずっと低いものになっていたかもしれないと、フーパーは言う。「高校生のとき、アドバンスト・プレイスメント（AP、高校の段階で大学の入門レベルの授業が受けられる仕組み）で履修できる大学の授業は全部とったけれど、進路指導の先生は、看護師か教師になることを勧めた。当時、成績優秀な黒人の子はみんなそうアドバイスされていた」。幸運にも、優秀なのに大学進学を勧められることのない若者を探すペンシルベニア大学の「スモール・コミュニティズ・タレント・サーチ」に発掘されたフーパーは、すぐに同大学への入学を認められ、経済学と会社法の授業に夢中になった。卒業後はシカゴ大学のビジネススクールに進んだ。「多額の奨学金と助成金」をもらえたから、「借金はほとんどせずに」済んだという。

MBAを取得したフーパーは、ヘルスケア大手バクスター・インターナショナルにフィナンシャル・アナリストとして就職して、戦略立案や業界分析を担当するようになった。1988年にはカナダ支社のトップに抜擢された。「間接部門から事業部門の上級管理職に抜擢された最初の女性の一人だった」と、フーパーは語る。バクスター・カナダは「会社の縮図だった。私は製造、流通、労働組合のある工場など、すべてを監督した。38歳のアフリカ系アメリカ人女性がそのポジションについたことで、少し有名になった」。おかげでさまざまな企業の取締役の誘いが舞い込むようになったが、最初はそうしたチャンスを求めていたわけではないと、彼女自身は言う。

1980年代は女性取締役がほとんどいなかった。今、女性たちのメンターをしていると、「どうすれば取締役になれますか」と聞かれる。時代は本当に変わったなと思う。私の場合、取締役になることを目指していたわけではなかったけれど、引き受けるよう勧められた。私のメンターは、企業トップとしてよその会社の社外取締役を引き受けることはとても役に立つと思っていた。というのも、取締役になると、そこで得た知識や専門性を自社に持ち帰れるからだ。

フーパーのメンターは、当時のバクスターのCEOで、どの会社の取締役を引き受けるべきか決める手伝いもしてくれた。だが、それよりも重要なのは、彼が積極的にフーパーの昇進のスポンサー（後見人）になってくれたことだ。これは女性とりわけ非白人女性には、なかなか得られない機会であることは、研究が示している。「カナダ事業に私を抜擢してくれたのも彼だ。会社の白人男性シニアエグゼクティブたちは否定的だったけれど、私にはそれを尻目に前に突き進む能力があると信じてくれた。彼が扉を開いてくれた。その扉をくぐって成功するかどうかは私の努力次第だが、その扉を開けておいてくれたのは彼だ」

1989年、フーパーはデイトン・ハドソン（現ターゲット）の取締役に就任した。今振り返ると、コーポレートガバナンスを経験する上で理想のスタートだったと、彼女は言う。

当時は気がつかなかったけれど、デイトン・ハドソンはガバナンスに関して非常に先進的な取り組みをしていた。米企業改革法（サーベンス＝オクスリー法）が定めるガバナンス関連規則の多くは、デイトンが何年も前からやっていたことだった。つまりデイトンで、強力なガバナンスの基礎となる取り組みを経験できた。しかも、ほかの取締役は経験豊かなCEOばかりだったから、取締役会での問題分析は、もうひとつ学位を取得するような感覚だった。エグゼクティブとして成長する素晴らしい機会だった。

フーパーは、デイトンの取締役会で唯一の女性で、唯一の非白人で、最年少だったが、ひるまなかった。「小学生のときからずっと『唯一の』という立場だったから」と彼女は言う。「とても小さな炭鉱の町で育ったけれど、学校では優秀なほうだったから、いつも変わり者として扱われてきた。物事への対処法を自分で見つけないといけない。私は取締役会でも、A＋の成績をあげることに集中した。彼らが私を取締役に選んだのだから、彼らと対等なはずだ」。この信念が成功に導いてくれたと、フーパーは考えている。

私はみんなと同じように優秀だと信じるように育てられた。自分はそこにふさわしい存在だという態度でのぞみ、バリバリやるだけだ。自分が疎外された経験なんて思い出せない。ただ、女性はいつも自分の意見を聞いてもらうのに苦労する。話の途中に男性が割り込んできたりね。そういうことは今もある。そういうときは、自分の主張を明確にするしかない。もし私がすでに指摘したことを誰かが言ったら、「さっき私が言いましたよね?」と指摘して放置しない。それが黒人女性として、自分の声をきちんと聞いてもらう唯一の方法だ。地位が役に立つこともある。監査委員会の委員長だったり、CEO引き継ぎ委員会のメンバーだったりすると、真面目に意見を聞いてもらえた。ただ、それだけではなく、私は彼らと対等な存在であり、貢献できるという態度と自信を持つ必要があった。

バクスターのカナダ事業トップを4年間務めた後、フーパーはバクスターからスピンオフしたばかりのホームケア部門であるケアマークに移った。そこでケアマークの新しい国際事業を構築する一方で、彼女は別の取締役のポジションも探した。「ケアマークでは、社外取締役を引き受けていいのは1社までという制約がなかったので、国際部門を率いながら2つの会社の取締役を務めた。いつ寝ていたのかって？ さあね！ でも、たくさんの会社の取締役会で幹部ポジションについた」。2000年代初め、フーパーはコーポレートガバナンスの分野に転職することにした。「ケアマークが売却されたので、小さな2つの会社に移ったけれど、最終的にはどちらも辞めて、この先どうしようかと考えていた」と、彼女は振り返る。コーポレートガバナンスの分野を選んだのは自然な流れだった。「あらゆるタイプの取締役を経験して、いくつかの会社では筆頭取締役も務めた。20年以上にわたり、監査委員会の委員長も務めた。指名委員会やガバナンス委員会の委員長も務めた。CEO探しもした。コーポレートガバナンスの分野でできることは、ひととおりやったということだ」。キャリアを重ねるにつれて、彼女はガバナンスのリーダーシップに関わることが増えて、全米取締役協会（NACD）の理事を10年務め、NACDシカゴ支部のトップを務め、現在および将来の取締役にコーポレートガバナンスに関するコンサルティングや指導をするようになった。

2003年、フーパーは非営利団体ディレクターズ・カウンシルを共同で立ち上げた。

「何人かの女性取締役と一緒に始めた。目標は、取締役会におけるダイバーシティを拡大すること。どうすればジェンダー・ダイバーシティを高められるかという相談をたくさん受けていたから、これはビジネスになると思った」。ディレクターズ・カウンシルは、企業の取締役会が白人女性や非白人の取締役を見つけるのを助けるとともに、候補者たちにメンタリングやトレーニングの機会を提供する。人種とジェンダーの両方でダイバーシティ拡大を推進しているが、フーパーにとっては残念なことに、人種のダイバーシティは企業もメディアも注目度が低い。「長い間（ダイバーシティに関しては）ジェンダーが議論の中心になってきた」と彼女は語る。

強力な旗振り役がいない限り、非白人や多様な民族に焦点が当たることはないと思う。現時点では、ジェンダー平等がダイバーシティの議論のほとんどを占めていると思う。それも重要だが、唯一の課題ではない。同僚や、耳を傾けてくれる人には誰にでも言っているのだが、世の中は多文化社会へと向かっている。顧客も、従業員も、地域社会も、ステークホルダーも、民族的な多様性がどんどん増している。最近あるイベントに行ったら、ステージ上は白人男性ばかりで、聴衆は白人男性と白人女性ばかりだった。民族や人種のダイバーシティという幅広いディスカッションはどうなっているのか。

取締役会における非白人女性の割合は4%にも満たない。人口動態を考えたら、馬鹿げた状況だ。有能で、経験豊かで、メンターの指導を受け、訓練を受ければ、非白人でもシニアエグゼクティブや取締役になれる人はいる。もっと良いルートが必要だ。(ジェンダーだけでなく)もっと幅広いダイバーシティを議論する必要がある。

非白人は、シニアレベルに昇進するための訓練や能力開発を白人ほど受けていないため、取締役候補の数も限られてしまうと、フーパーは指摘する。「シニアエグゼクティブは、自分とは違うタイプの有能な人材を発掘し、維持し、手を伸ばし、引っ張り上げる努力が足りない。(人材の)サプライチェーン全体がそうだ。白人女性に関しては、十分ではないとはいえ、うまくやれるようになってきたけれど」。こうした根本的な問題はあるものの、取締役会を多様化するためにすぐにできる措置がいくつかあると、フーパーは考えている。候補者リストの多様化を義務づけることもそのひとつだ。多様な候補者リストがあれば、「取締役会も経営陣も、資質のある幅広い人材を検討できるようになり、適切な人材がいないという思い込みを覆せる」と、フーパーは言う。

同時に、取締役会が従来の(総じて均質な)ネットワークにいないタイプの候補者に対して真にオープンにならなければならないと、フーパーは指摘する。「新しい取締役探しを担当したとき、候補者リストを提出したら、『これは我々が知っている人たちなのか』と聞かれた。既存の取締役が新しい取締役の候補者を知ってるかって？　それは知らないでしょう。そのために私を起用したんでしょう？　だから紹介状をチェックするんでしょう？」。幅広い候補者を検討すると同時に、審査方法を工夫すると、優れた結果が得られるとフーパーは考えている。「独自のブラインド・オーディション〔候補者のアイデンティティを伏せた審査〕を編み出す必要がある。どうすれば意識的・無意識的なバイアスを排除できるか。本人を特定する情報を伏せて書類審査するのもひとつだ。そうすれば履歴書の内容だけで面接対象者を選べる」。フーパーによると、このパズルの最後のピースとなるのは投資家だ。

投資家は非常に有意義かつ有効な役割を果たせる。これまでにも、取締役会が投資家からこてんぱんに批判されたために、コーポレートガバナンスの改革が進んだことがあった。私が28年前に初めて取締役になったときは考えられなかったことだが、取締役の任期を1年にする改革も起きている。投資家が一貫して、非常に厳しい要求をしてきたからだ。この問題でも、取締役会に文化的多様性などのダイバーシティがないなら解任するぞと、投資家が強く迫ってくれることを願っている。そうすれば、取締役たちも本気で考えるようになるだろう。

2017年、フーパーはコーポレートガバナンスの分野で多大なインパクトを与えたとして、NACDの「最優秀取締役賞」を受賞した。元メドトロニックCEOでHBSシニアフェローのビル・ジョージは、2000年代初めにフーパーとともにターゲットの取締役を務めたことがあり、フーパーは、「当時の取締役会の強力なメンバー」だったと語る。それ以降、フーパーの活躍を見守ってきたジョージは、フーパーが重要な場面で大きな責任を引き受けてきたと指摘する。「彼女はただの取締役ではない。小委員会の委員長や筆頭取締役など、リーダーの役割を担ってきた。非常に時間をとられる、非常に重要な役割だ。実に幅広い経験を持ち、ダイバーシティだけでなく取締役会のガバナンスを改善してきた」

取締役会のダイバーシティを高める上で、NACDのような組織が果たす役割を聞くと、フーパーは研修や教育のパワーを挙げた。「多くの組織が会議などのイベントを開いて、取締役になる手前の女性や非白人が、取締役とはどういう仕事かを理解する助けをしている。また、取締役になるための面接の準備を助けて、取締役になれるよう手伝っている」。社会的マイノリティが現実的な取締役候補とみなされるようにするだけでなく、優れた取締役になる準備を助ければ、取締役会のパワーバランスをもっと根本から変えられると、フーパーは考えている。「取締役になるだけでなく、取締役会の上級ポジションにつくことが重要だ」と彼女は語る。「上級ポジションについてこそ、大きなインパクトを与えることができる。女性が上級役員になれば、女性のリーダーシップはどういうものかという模範を男性取締役たちに示せる。そうすれば、女性を経営陣や取締役に加えることへの抵抗感はもっと薄れるだろう」
　女性や人種的マイノリティの取締役を「普通の存在」にする上で自分が果たした役割を考えたとき、自分の成功は、障壁を打ち砕いてやるという、より大きな志と切り離せないと、フーパーは語る。

私がロールモデルやメンターを自負しているのは間違いない。どんなポジションでも、私はいつも数少ないアフリカ系アメリカ人、ましてや女性だった。だから私には成功する義務があると感じてきた。後輩たちが私の足跡をたどり、さらに上を目指す上で、私の成功が役に立つように、私には優れた仕事をする責任があると思っている。私は多くの人の肩の上に立っている。そして多くの人が私の肩の上に立って、さらに高みを目指すだろう。

第2部
ジェンダー平等のために企業ができること

4 未活用の秘密兵器
——男性アライのパワー

本書の執筆中、#MeToo運動の影響について、さまざまなことが言われるようになった。会社ぐるみのセクハラ文化などについての報道が続く一方で、性的暴行や不適切行為が明るみに出て地位を失ったはずの著名な男性の一部が、はやくも元の仕事に復帰していた。[1] 他方で、この運動がもたらした変化も聞かれるようになった。投資家たちが、スタートアップの投資契約に「#MeToo条項」を追加して、セクハラの訴えを起こされていないか起業家に情報開示を義務づけるようになったとか、取締役が性的な不適切行為により解任される場合、会社は解雇手当などの支給を拒否できることが委任契約に盛り込まれるようになった、といったことだ。[2] 多くの企業は、これまでの沈黙を反省して、セクハラを通報する仕組みや報復防止措置を新たに設けた。また、差別的な行動を率先して防止し、処罰することも約束した。職場における女性の地位は、新たな重要性と緊急性を持つようになった。

だが、大幅な意識向上が組織の改革につながる反面、さまざまな業界から懸念の声も聞かれるようになった。男性がセクハラの加害者として疑われやすくなったため、不安で萎縮してしまうのではないかと懸念する声もあった。たとえば、女性同僚と交流する機会を減らしたり、女性のメンターになったり、助言を与えたり、仕事上の友達になることをやめるのではないかという懸念もあった。複数の暫定調査によると、#MeToo運動が拡大するにしたがい、確かに男性は、女性同僚との交流や、女性へのサポートを減らしていた。[3] こうしたリアクションの本質を理解するためには、さらなる研究が必要だが、少なくともひとつの調査では、超男性的な文化の職場では、#MeToo運動への反発が大きく、ハラスメントがかえって悪化したことがわかっている。こうした行動の根本原因をもっと探る必要がある。[4] 女性同僚に関わらないようになるのは典型的な男性のリアクションなのか、それとも、もともと女性を見下したり排除したりする傾向のある男性に多く見られる傾向なのかも、まだ明らかになっていない。

もともと女性と肩を並べて働くことを嫌がる男性は、当然ながら、女性同僚のキャリアを傷つける恐れがある。だが、ジェンダー平等に無関心な男性も、意図せず、女性の昇進を妨げる場合がある。私たちは今、一種の岐路に立たされている。経営幹部に占める女性の割合は、あらゆる分野と業界で1990年代以降、事実上変わっていない。果たして男性たちは、この状態を持続させてきた複雑かつ根深い問題に立ち向かうつもりがあるのか。#MeToo運動で表面化した要請に応えて、差別撤廃に積極的に取り組むのか。女性が成功できる職場文化を築く戦いで、男性は引き下がって傍観者になるのか、それとも戦いに加わるのか。

男性にも窮屈な伝統的価値観

女性の経済力拡大とキャリアアップを実現するための戦いに、男性が全く不在だったわけではない。1965年にハーバード・ビジネス・レビュー誌が、女性管理職に対するバイアスを初めて検証した論文「女性エグゼクティブは人間か」を掲載したとき、掲載にゴーサインを出したのは、編集長で共著者でもあったスティーブン・グレイザーだった。同じ頃、女性エンジニア協会（SWE）は活動資金を集めるため、メンバーの夫やパートナーによるサポート団体「メンズ・オーキシリアリー（Men's Auxiliary）」を設立した。[5] 1984年には、連邦下院議長とニューヨーク州知事、オハイオ州知事、そしてニューヨーク市長（全員男性だ）が、民主党の副大統領候補に女性を指名するべきだと提言し、実際にウォルター・モンデール大統領候補は、ジェラルディン・フェラーロ下院議員を副大統領候補に選んだ。主要政党の副大統領候補に女性がなるのは史上初だった。[6] これらの例は、男性のアドボカシーが重要な理由を示している。権力と権威と影響力を持つ立場にいるのは男性なのだ。1984年当時、1州を除き、全米のすべての州の知事は男性だった。ほとんどの主要都市の市長も、連邦下院議員の95％以上も男性だった。フェラーロが副大統領候補という画期的な立場になれたのは、女性たちの数十年にわたる活動だけでなく、彼女たちの要求を有力な男性たちが支持した結果でもあった。そのパターンは今も重要であり続けている。2020年、民主党の大統領候補ジョセフ・バイデンは、女性を副大統領候補にすることを約束し、初の非白人女性の副大統領候補となるカマラ・ハリスを指名し、本選で勝利を収めた。

米国立衛生研究所（NIH）のフランシス・コリンズ所長〔21年12月退任〕は2019年、学術会議で「パネリストは全員男性という伝統に終止符を打つ」よう公的に呼びかけた。そして、主催者がアジェンダにダイバーシティを持たせる努力をしたか調べ、プログラムにインクルーシビティ（包摂性）が反映されていない場合は、スピーチの依頼を断ると宣言した。コリンズはニューヨーク・タイムズ紙のインタビューで、#MeToo運動は生物医学の分野にも影響を与えており、女性科学者が対等な機会と待遇を得られる環境を緊急につくる必要があると感じたと語っている。「バイアスウォッチニューロ・ドットコム（biaswatchneuro.com）」というウェブサイトを立ち上げて、神経科学関連の会議に招かれた講演者のジェンダーを追跡しているプリンストン大学の神経科学者ヤエル・ニーブ教授は、コリンズの声明の重要性をニューヨーク・タイムズ紙に語っている。「（コリンズは）人を呼べる有名人だから、多くの会議で引っ張りだこだ。そんな人物が、『そちらの会議はダイバーシティが不十分だから、基調講演は引き受けられない』と言えば、極めてインパクトは大きい」[7]

さらにニーブによると、コリンズの影響には2つの側面がある。「その分野の第一人者で、男性」がこうした立場を明確にするのは「素晴らしいことだ」。コリンズは、この分野で指折りの権威ある重要組織のトップだ。また、ニーブが指摘するように、コリンズは有名な科学者だから、「人を呼べる」。だが、もっと重要なのは、コリンズが男性であることだ。ダイバーシティのアドボカシー研究者らによると、男性が性差別と戦ったり、ジェンダー・インクルージョンを訴えたりしたほうが、女性が同じことをするよりも正当とみなされ、より好意的に受け止められることが多い。男性なら、女性が受ける反発の一部を回避できる。ある研究では、雇用や昇進でジェンダー・バランスを求める女性は能力が低いとみなされるが、男性がそのように見られることはないことがわかった。[8]男性の声は、男性であるにもかかわらず、ではなく、男性だからこそ決定的に重要な意味を持つのだ。男性がジェンダー格差や差別に対して声を上げると、業界や企業の取り組みをサポートする頼れる存在とみなされるだけではない。ジェンダー不平等を女性だけの問題ではなく、男女共通の問題とみなす姿勢を推進するのだ。コリンズの宣言は、この2つの側面を明確にした。コリンズに講演をしてほしい会議に、従来の慣行を改めて女性を増やすよう動機づけると同時に、女性の不在をこの分野全体の問題として位置づけたのだ。その効果はすぐに表れた。著名なグローバル医学研究支援団体であるウェルカム・トラストの代表も、講演者のジェンダー・ダイバーシティが考慮されていないイベントへの招待は辞退するとツイートしたのだ。

筆者らは、自社内外で女性の昇進を擁護してきた多くの男性の話を聞いた。たとえばキャンベル・スープのダグ・コナント元CEOは、2001年にトップに就任したとき、同社の再建戦略の中心に女性の才能（とダイバーシティ）を据えた。「すべての従業員のためになる価値提案をする必要があった」と、コナントは語る。彼は従業員がインクルージョンと平等を感じていないことに気づいていたし、会社が2万人強の従業員に投資する意欲があることを示す必要があった。そこで就任早々、「ウィメン・オブ・キャンベル」などの従業員リソースグループ（ERG）を設置した。「1回目のイベントにゴーサインを出すだけでよかった。最初に集まった女性は12人程度だったが、約1年後には世界で5000人が集まった。私たちはただ扉を開いて、女性が会社の業績改善のカギになるという考え方をサポートすればよかった」

コナントは女性リーダーの育成にもみずから取り組んだ。2011年にコナントの次のCEOに就任したデニーズ・モリソンは、キャンベル・スープ初の女性トップだった。コナントは、取締役会が次期CEOを探しはじめるずっと前から、モリソンのメンターをしていた。「デニーズ・モリソンは最初、キャンベル初の最高グローバル顧客責任者という間接部門の管理職として採用したが、その後、損益責任のあるポジションに移した。そして6～7年かけて、事業部門を動かす能力があることを証明した」と、コナントは語る。「取締役会が私の後継者を探しはじめるときには、しっかりした実績ができていた」。取締役会はよく、CEO候補に女性がいないと嘆くが、コナントの例は、必ずしもそうではないことを示している。強力な地位にある男性が、女性たちの未来のために扉を開けておいてくれればいいのだ。

女性の昇進を阻む慣習や規範を変えることは、男性たちにもプラスになる。女性を下に位置づけるヒエラルキーは、男性にも落とし穴となる。たとえば、理想的な男性像と一致しない振る舞いをする男性も、厳しい目を向けられる。男性は弱さや共感を示したり、温かく愛想よく振る舞ったり、感情（怒りを除く）を表現したりすると、批判されやすい。こうした資質や振る舞いは、ビジネスにおいても大きな信頼をもたらすことがわかっているのに（実際、エグゼクティブコーチはこうした部分を改善・強化するアドバイスをする）、それを実践する男性は、能力が低く、好ましくないと見られがちなのだ。[9]

硬直的な規範から逸脱した行動をとったために、最も困難な立場に置かれるのは、子育てに関わっている男性かもしれない。従来型の企業のジェンダー・ヒエラルキーは、男性の昇進にはプラスになるかもしれないが、家庭では代償をもたらす。ハーバード・ビジネス・レビュー誌は1990年代初め、男性が職場と家庭に抱く期待は変わりつつあるのかもしれないとし、若い世代の男性はもっと子育てに参加し、もっとパートナーと対等な関係を築きたいと考えており、「昔の男性が設計したアメリカ株式会社は、もはやほとんどの人にとって機能しなくなっている」と指摘した。[10] しかしそれから30年近くたった今も、男性は、家族の世話や子育てへの参加を縮小・制限するべきだという時代遅れの期待に縛られている。ニューヨーク・タイムズ紙は2015年、プロフェッショナル職につくミレニアル世代の男性は、ジェンダー・ロールについて上の世代よりも平等主義的な考えを持っているが、現実には、長時間働いて育児をほとんどしなかった父親や祖父とほぼ同じ生活を送っていると報じた。[11]

男性の育児責任に関する多くの企業の見方（よくても「変わり者であやしい人」で、悪ければ「ふざけた野郎で無視すべき人物」）を考えれば、この現状は驚きではないはずだ。多くの大企業は育児休暇を標準的な福利厚生として定めているが、男性の取得率は女性よりも著しく低い。２０１８年の米人的資源管理学会（ＳＨＲＭ）の報告によると、育児休暇を上限まで取得したビジネスパーソンは、男性が36％だったのに対し、女性は66％だった。[12] ＪＰモルガン・チェース銀行では、ある男性従業員が、会社の定める「主たる保育者」向けの育児休暇16週間をフルに取得することを妨げられたとして集団訴訟を起こし、２０１９年に会社側が５００万ドルの和解金を支払うことで合意した。この男性はオハイオ州で詐欺調査を担当していたのだが、育児休暇は、妻が「主たる保育者」になれないことを証明しない限り、男性従業員には取得できないと言われたという。上司たちにとって、男性が「主たる保育者」になるなんて考えられなかったし、従業員規則にジェンダーに関する記載こそないものの、育児休暇は男性ではなく女性の育児を支援する制度と考えられていた。[13] こうした期待がもっと露骨になり、それに沿わない男性に無理に押し付けられるケースもある。米国で最大級の法律事務所であるジョーンズ・デイの元従業員の一人は、２０１９年の訴訟で、同事務所の育児休暇制度は父親を差別しており、パートナーたちは有害なジェンダー・ステレオタイプを奨励していると主張した。訴状によると、ある著名な男性パートナーは、育児休暇を取得する男性アソシエイトに対して、「男が育児休暇をとってどうする。妻が食洗機を片付けるのを眺めるのか」と言って笑ったという。[14] ＣＮＮと米運輸省も、育児休暇の取得を認められなかったか、取得したために報復的な扱いを受けたとする男性から訴訟を起こされた。こうした訴訟は、ジェンダーによって待遇が異なるポリシーや文化が、女性の昇進を妨げるだけでなく、男性の選択も制限していることを物語っている。[15]子育てを優先する男性に対する偏見が存在するのは、古臭い伝統が残る職場だけではない。2020年にフィットネスジム「ソウルサイクル」の元従業員が起こした訴訟によると、同社のCEOは育児休暇を取得しようとした男性エグゼクティブに対して、「育休は女のための制度だろ」と嘲笑ったという。[16]

「でも関わり方がわからない」

ジェンダー不平等との戦いに男性が全面参加することが、究極的には男性と女性の両方に恩恵をもたらすなら、なぜもっと広がらないのか。男性は、伝統的な期待に背を向けることに抵抗を感じているか、女性にとってのプラスは男性にとってマイナスだというゼロサム思考に陥っているか、ジェンダー不平等をめぐる議論で自分の立場を決めかねているか、この3つのすべてなのかもしれない。実際、男性が仕事と家庭に関して伝統から外れた行動をとると、キャリアや評判が傷つく恐れがある。バラク・オバマ元米大統領は、イリノイ州上院議員時代に幼い娘の病気のために採決を欠席したとき、同僚議員の叱責を受けた。「子どもを理由に仕事を休むなんて人格を疑う」と、ドン・トロッター州上院議員は記者団に語った。[17]この種の批判（明示的であれ暗黙であれ）のせいで、男性は「仕事最優先」という期待に逆らう意欲を失ってしまう。ある金融プロフェッショナルは、育児休暇を上限まで取得する男性は、「クビにしてくれと言っているようなものだ」と、ブルームバーグの記者に語っている。[18] ２０１６年の調査では、男性の３人に１人が「育児休暇を取得すると自分の地位が危うくなる」と答え、「会社は男性が育児休暇を取りやすい環境をつくっている」と答えた男性は半分以下だった。[19] 育児休暇など仕事と家庭の両立を可能にする制度が整備されても、男性の役割について伝統的な考え方が強い職場では、男性はこうした制度をあまり利用しないことが研究でわかっている。[20] 男性は、家庭を優先することに伴うスティグマを恐れて、パートナーと対等な関係を築くことを妨げる社会規範を受け入れてしまっているのかもしれない。

あるいは、わざわざ戦わなくても、現在の職場はジェンダー平等が十分実現されていると思い込んでいる可能性もある。２０１９年のＩＢＭの調査によると、男性エグゼクティブの80％が、たとえ自分が女性だったとしても、最高経営幹部に昇進する可能性は変わらなかっただろうと答えた。[21] 他のさまざまな研究でも、男性は女性ほどジェンダーが昇進の妨げになっていると思っていないことがわかる。つまり男性は、女性たちには実際よりも多くのチャンスがあると思っているのだ。ある研究では、男性は女性よりも、仕事や昇進の機会は公平な基準に基づき与えられていると答える傾向が強かった。[22] ピュー・リサーチ・センターのある調査では、男性の56％が、女性の昇進を阻む壁は総じて過去のものになったと答えた。これに対して女性の63％は、女性の昇進には「大きな障害」が残っていると考えている。[23] 別の調査でも、58％の男性が、女性にとって障害はほとんどなくなったと答えた。[24] ２０２０年のギャラップの調査では、アメリカでは職場の平等が実現していると考える男性が42%と、女性の2倍に達した。[25]

そうだとすれば、男性の多くが女性を擁護するべきだと特に感じていないのは無理もない。事実、最近のある研究では、男性が職場のダイバーシティ拡大努力をあまり支持しないのは、ジェンダー差別が結果の不平等をもたらしているという認識が乏しいからであることがわかった。[26] 一方、職場にジェンダー・バイアスなんて特にないと考える男性に限って、地位や権力を失うことへの不安は大きいようだ。女性の昇進は、男性である自分にとって脅威となるというゼロサム思考は、差別を埋め合わせたり緩和したりするルールや措置の導入反対につながりがちだ。[27] #MeToo運動後に筆者らが男性たちの意識を調べたところ、一部の男性は、職場におけるジェンダー不平等に注目が集まっていることを、ゼロサム思考的に受け止めていることがわかった。HBSの卒業生でも、「女性が職場で地位を得るにしたがい、男性は地位を失うようになった」と感じる男性が12%いた。明らかに少数意見だが、この文章に「同意も反対もしない」と答えた男性は27%いたから、合計すると、少なくとも40%の男性が、女性の進出が男性にとって有害でないとは言い切れないと答えたことになる。また、2020年のピュー・リサーチ・センターの調査では、米国の男性の25%以上が、女性の進出は男性を犠牲にすることで可能になったと感じていることがわかった。[28]

女性の昇進が男性のマイナスになると考えておらず、ジェンダー差別は現実かつ継続的に存在する問題であり、是正されるべきだと考えている男性でも、ジェンダー平等のために積極的な役割を担うとは限らない。それどころか、ジェンダー・バイアスが現実に存在し、しぶとく残っているという認識は、男性が声を上げることを難しくする場合がある。筆者らの調査では、多くの男性が職場にジェンダー不平等が存在することを十分認識している。最近大学を卒業した男性は、「少なくとも私の職場経験では、男性は優遇されていると感じる」と語った。HBSの学生新聞に掲載された2019年の調査では、男性MBA保有者はジェンダー不平等の深刻度を7段階中6（「非常に大きな問題」）と評価した。[29] 筆者らのHBS卒業生を対象とした調査でも、男性の40％以上が、ジェンダーが自分のキャリアに有利に働いていると思うと答えた。[30] これらの統計が意味する数千人の男性と、同僚男性の全員がジェンダー平等を声高に擁護すれば、変化は加速するかもしれない。

ではなぜ、声を上げるのはその一部だけなのか。「関わりたいと思っている男性でも、この問題の解決を自分たちがリードしていいのか、それとも（この運動の）価値観を反映して、女性たちにリードを任せて男性は一歩下がるべきなのか、という迷いがある」と、HBS在学中に多くのジェンダー平等イニシアティブに関わった2019年生のマット・ピルチは語る。ジェンダー差別や不平等について、男女どちらの仲間とも意見を交換してきた彼は、この運動に自分の居場所を見つけるのに苦労している男性もいると指摘する。ジェンダー平等を支持したいが、「この問題を解決する活動では女性がエンパワメントされるべきだと考えている」場合、「ちょっとしたジレンマ」が生じると言うのだ。こうした居心地の悪さは、女性の擁護者となる男性の「心理的立場」を研究する社会心理学者たちには、よく知られている。前述のように、男性がジェンダー平等イニシアティブを支持すると、その運動がより正当なものとみなされやすくなるが、男性たち自身は、自分がその運動に加わるのは不適切ではないかと感じる傾向があるのだ。ピルチが指摘した疑問(「自分たちがリードしていいのか」)は、アクションの減少と相関関係にある男性たちの迷いを示している。職場のジェンダー平等実現努力に男性がどのくらい参加しているかを調べた一連の調査によると、確かに男性は女性よりもこうした活動への参加が乏しいこと、そしてその理由は、たとえジェンダー平等の実現が重要だと思っていても、自分の出る幕ではないと考えているためであることがわかった。だが、もっと重要な発見は、男性が参加するとこうしたイニシアティブに大きなプラスになることを説明・強調するだけで、男性の心理的立場は変えられることだ。また、企業や個人が、ジェンダー平等の実現を組織の要請として位置づけると、男性の参加意欲が高まることもわかった。[31]

立ち上がるハーバードの男たち

女性の擁護者たちは、男性の当事者意識を高めて男性を動員することが極めて重要だと知っている。国連の「ヒーフォーシー(HeForShe)」キャンペーンは、「男性をはじめ、あらゆるジェンダーの人が、女性と連帯して立ち上がる」ことを呼びかけている。また、シェリル・サンドバーグが立ち上げたNGOリーン・インが始めたプログラム「リーン・イン・トゥギャザー」は、「男性が平等のために身を乗り出すと、男性も、他のみんなも勝利する」としている。米国企業におけるジェンダーに焦点を絞った非営利団体カタリストは、男性が女性の昇進を擁護するアライ(味方)となるよう育成するプログラム「メン・アドボケーティング・フォー・リアル・チェンジ（MARC）」を企業に提供している。前述のピルチはHBSで、「女性に対するジェンダー・バイアス、差別、暴力に対する有意義なアクションをとる」とともに、「HBS内外でジェンダー平等に関する議論に積極的に参加する」ことを誓う男性の学生グループ「マンバサダー（男性を意味するマンと大使を意味するアンバサダーを合わせた造語）」に加わった（マンバサダーとそれがHBSに与えた影響についてはエピローグを参照のこと）。2018～2019年にマンバサダーのリーダーを務めたピルチのクラスメートのカイル・エモリーは、この名前に込められた思いを強調する。「マンバサダーは男性にアクションを求めている。必ずしも壮大な全面的改革である必要はなくて、クラスメートとの会話や関わり方を工夫するだけでもいい。少しでも行動を起こせば、小さな変化を起こすことができる。そして、より多くの人が小さな行動を起こせば、より大きな変化をもたらせる」。小さな変化でも起こすのは難しいかもしれないが、それは必要なことだとエモリーは言う。「誰もが、自分の快適な領域から少し外に踏み出すべきだと思う。私も、（マンバサダーとして）そうしている。最初は気まずかった。もともとそんなに声高に意見を言うほうではないから。でも、自分にプレッシャーをかけることで、男性がジェンダー平等に関するディスカッションにもっと関わることの重要性を、より理解できるようになった」

マンバサダーは、HBSのジェンダーに関する議論で特別な役割と立場にある。マンバサダーは男性のグループだが、女子学生協会（WSA）の一部なのだ。エモリーは女性クラスメートと協力して、イベントやキャンペーンを企画しており、それが彼のリーダーシップと、女性たちのアライとしてのマンバサダーの役割に信頼を与えている。MBA課程の学生や教職員の間で、WSAとマンバサダーは、男性もジェンダー平等に向けた戦いの一員であることを体現する存在だ。男性も当事者であるというコンセンサスがないと、男性の関与は衰えていきかねない。組織心理学者のアダム・グラント（ペンシルベニア大学ウォートンスクール教授）は、自分が擁護する大義が、自分に直接的な利益をもたらすことはないと考えていると、周囲の反応に対する不安のほうが大きくなると、著書で指摘している。男性が、女性を擁護する運動における自分の立ち位置を心配するのは、自分の取り組みに疑いの目を向けられたり、拒絶されたりする不安があるからだ。グラントは、男性擁護者に対するネガティブな反応に関する調査を引用しながら、彼自身も女性リーダーに関する論文を書いて批判を浴びたと明かしている。「どうしてあなたが女性について書くわけ？」と言われたというのだ。[32]だが、ジェンダー平等に向けた努力で男性が重要な役割を果たせることを強調するのは、研究者のブラッド・ジョンソンとデビッド・スミスが「台座効果」と呼ぶもの（女性への連帯やサポートをわずかに示しただけで男性が絶賛されること）とは違う。男性は、自分の声に大きな影響力があることに気づく必要があると、ジョンソンとスミスは書いている。「ジェンダー平等に向けた取り組みは、男性が自分の重要な役割を自覚したとき最大の効果をもたらす。……その役割を引き受けるきっかけは、身近に模範となる人物がいたり、公平意識や正義感と結びついていることが多い」。[33]男性は偏見に声を上げたり、身近にいる女性をサポートしたからといって、大げさに称えられる必要はない。だが、こうしたアクションは有意義でインパクトがあることを認識し、ジェンダー平等を女性だけの特別な利益ではなく、男性も含む集団利益や社会善とみなす必要がある。

ジョンソンとスミスが指摘するように、男性がジェンダー平等の取り組みに積極的に参加するきっかけは、自らの価値観や人生経験であることが多い。ある調査によると、日頃からフェアプレー意識が強い男性は、ジェンダー・イニシアティブに関わる可能性が高い。また、フェアプレー意識が強い男性ほど、排除されたり疎外されたりした経験があることもわかった。「男性が公正さを重視するのは、非常に個人的で感情的な経験に根ざしている」と、ジョンソンとスミスは書いている。[34] 個人的な経験や価値観との結びつきは、筆者らの調査でも示された。マンバサダーのリーダーだったエモリーは、非常に個人的なきっかけを話してくれた。「私のモチベーションの源泉は母にある。母は退役軍人として、そして医師として、多くの困難に直面してきたが、いつもクリエイティブな方法を見つけてそれを乗り越え、とてつもなく大きなことを成し遂げた」

マイノリティであるがゆえの居心地の悪さや差別を受けた経験も、多くの男性のリーダーシップに影響を与えていた。ある南アジア系CEOは、「ある部屋やビジネスの場で、自分が浮いていると感じたことは数えきれないほどある」と語った。そうした経験は白人男性にもある。アメリカ南部の田舎出身のあるCEOは、駆け出しのときにワシントンの法律事務所で、自分は場違いだと感じた経験があり、それがいかにつらいかを忘れていないという。世界のCEO約20人を対象に行った定性調査では、ジェンダー・ダイバーシティとインクルージョンを支持する男性リーダーは、身近な女性がジェンダーゆえに差別を受けたり、機会を与えられなかったりするのを目にした経験があることがわかった。「女性が男性と同じ機会を与えられていないのを見ると胸が痛む」と、ある人物は語った。「自分の姉妹や娘たちが拒否されたように感じる」[35]。キャンベル・スープのダグ・コナント元CEOも、ジェンダー・バイアスが自分の娘の将来に与える影響を考えたとき、ジェンダー平等を擁護する意欲が高まったと語っている。職場における女性がテーマのイベントで、ある女性同僚から「あなたの娘さんにも、私たちが話しているような機会を得る資格があると思いませんか」と問われたこともある。そのとき危機感を新たにしたとコナントは語る。「頭ではジェンダー平等の概念はわかっていた。でも、そこに娘の話が入ってくると、一気に身近に感じられるようになり、ますます強く決意した。たしか2007年頃のことだ。だからこの10年で、このテーマに一段と情熱を傾けてきた」

こうした個人的な経験を幅広いジェンダー不平等の現象と結びつけることで、筆者らが話を聞いた男性CEOたちは自分の権力と影響力を駆使して、自社に女性の活躍の機会を増やすプログラムやポリシーを設けるべく熱心に努力するようになった。経済学者のポール・ゴンパースHBS教授は、ベンチャーキャピタル（VC）業界を調査して同じような発見をした。娘がいるVCのシニアパートナーほど、女性投資家を採用する可能性が高かったのだ。また、この「娘効果」により女性パートナーを採用したVCは、ほかのVCと比べて、全体的なリターンが大きく、イグジットのときの利益も大きかった。[36] 本書の他の章でも指摘したが、ジェンダー・ダイバーシティと業績の間に直接的な関係は必ずしも見出せない。しかし本章のために話を聞いた男性リーダーたちは、ジェンダー差別との戦いを、道徳的な要請と常識的な経営戦略の両方としてとらえていた。ドット・フーズのジョン・トレイシー会長は、「これ〔女性の活躍機会を増やすこと〕は正しいことであり、我が社の価値観とも一致する。それは現実的な措置でもある。ビジネスの観点から言うと、有能な人材プールの一部からしか採用しないなんて理にかなわない」と語る。

男性メンターが果たす役割

ドット・フーズのトレイシーは、リーダーとして、ジェンダー・インクルージョンがなぜ重要なのかを従業員に教育すれば、行動を喚起できるとわかっていた。企業や経営者が、社会の最も差し迫った問題について道徳的なリーダーシップをとることが求められるようになってきたが、ジェンダー平等を前進させるためには、企業理念に盛り込む以上の行動が必要だ。ＣＥＯや企業オーナーは文化とポリシーの両方に影響を与える。採用や勤務評価といった作業は社内の各職層で行われるが、頂点にいるリーダーは期待値を設定できる。トレイシーもコナントも、新しい人材管理方法を策定しただけでなく、その目的を従業員に内面化させる努力もしたという。たとえばトレイシーは、ドット・フーズがジェンダー以外のダイバーシティ拡大にも力を入れはじめたとき、その取り組みを社内全体に説明したという。毎年恒例の全社ミーティングでは、「画面いっぱいに大量の人」が描かれたスライドを見せて、そこに描かれた小さな円を指して、「（こんなにたくさんの人材がいるのに）なぜここからだけ採用するのか」と問いかけて、バイアスのかかった採用活動の問題点を可視化した。大きな成長を遂げている会社にとって、答えは明白だった。さらにトレイシーは、ダイバーシティをビジネス上のニーズと結びつけた。「これは恐ろしく理にかなったことであり、我々はもっとうまくやる必要があると説得するのは非常に簡単だった。もっと多様性のある組織になるためには、もっとインクルーシブになる必要がある。そのためには、我々のビジネスのあらゆる側面を見直す必要がある」。トレイシーは会社のトップに立つ白人男性として、自分や現経営幹部とは見た目が異なる人を採用し、能力を開発し、昇進させる会社の取り組みを支持することが、リーダーとしての自分の中核的な仕事であることを理解していた。

ダチョソワ・グループのクレイグ・ダチョソワ会長兼CEOも、女性リーダーを育成するためには、女性を採用するだけでは不十分であることを理解していた。ダチョソワ・グループが新たに設立した事業会社チェンバレン・グループのトップに、ジョアンナ・ガルシア・ソホビッチを迎えたとき、彼女を成功に導かなくてはとダチョソワは責任を感じた。「有能な女性を迎え入れたCEOには、彼女たちが仕事面でも、組織の文化面でも適切なメンタリングを受けられるようにする責任がある。私は（ソホビッチが）取締役からしっかりしたメンタリングを受けられるように努力した」。女性リーダーの育成に力を入れたことにより、ダチョソワは女性幹部候補を増やすことにも成功した。「我が社の最大の製造拠点はメキシコにある。ジョアンナは初めて工場を訪問したとき、将来性の高い女性従業員たちを相手にプレゼンをした。それが終わったとき、一人の若い女性従業員がやってきて、『あなたがこの会社を経営していることを、言葉にならないほど誇りに思っています』と言ったという。『私にも昇進のチャンスがあるということでしょうか』とね。もちろん答えは『イエス！』だった」

変化をもたらせるのは、CEOやエグゼクティブだけではない。あらゆる職層の男性に、壁を壊し、新しい考え方や働き方の触媒となるチャンスがある。ジェンダー・バイアスと戦うからといって、何十人あるいは何百人といる従業員を監視する必要はない。象徴的なアクションをひとつとるだけで、波及効果をもたらせるのだ。ある中堅従業員は、バイアスのかかったフィードバックによって後輩たちのキャリアが狂わされないようにしたいと語った。

私はある女性アソシエイトのコーチをしていた。入社1年目はひどく成績が悪く、バックオフィス業務に異動させられた。確かに彼女の成績は期待を下回っていて、異動は不当なものではなかった。でも、彼女の勤務評価に書かれたコメントは、やや高圧的に感じられたし、ジェンダー・バイアスや文化的なバイアスもかかっていた。かなりの大仕事だったけれど、彼女を助けるか、もっとポジティブに（否定的なコメントを）打ち消してあげなくてはと思った。そこで、「そのへんの男」が勤務評価に何かを書いたからといって、それが100％事実だとか、公平だとは限らないと、彼女に言い聞かせた。彼が彼女の上司なのは、コーチングがうまいからではなく、投資に長けているからだ、と。彼の評価はとうていフェアだと思えなかったし、自分は絶望的に無能だと思い込んで彼女にアソシエイト経験を終えてほしくなかった。

彼は、上司の小さな偏見が、そのアソシエイトの扱いに影響を与えていると考えて、業務に関連していてアクションに移せるフィードバックと、偏見に基づいていて、アクションに移しようがないフィードバック（好感度や適性に関する曖昧な批判）を見分ける手伝いをした。無数の研究や女性の体験談が明らかにしているように、女性は男性よりも指導を受ける機会が少なく、その指導の有効性も低い。#MeToo運動への反動から、男性が職場で女性との関わりを避けるようになり、女性がメンターやスポンサーを得られない状況が常態化することが懸念されている。[37] 本当に女性との交流が不安なのか、もともと女性と仕事をするのが好きではないところに都合のよい口実ができたのかはわからないが、男性が職場で女性を避けるようになると、女性たちは仕事上の重要情報を得たり、自分が担当できそうなプロジェクトの存在を知ったり、目立つ活動を引き受けたりする機会が制限される。現在もハイレベルな意思決定者の大半は男性だから、彼らが進んで女性を育成し、スポンサーになることが特に重要だ。西海岸の投資会社で最高人材責任者を務めるニコール・グローガンは、次のように熱く語った。

経営幹部に十分な数の女性がいないため、女性たちは女性幹部を頼りにできない。だから女性が昇進を加速させたり能力を高めたりするためには、男性に頼る必要がある。ところが今は男性の側が、不適切な関係を疑われたり、女性に関心を示しすぎていると思われたりすることは一切したくないと、躊躇したり、神経過敏になったりしている。これは大きな間違いだ。自分をあえて居心地の悪い状況に置くべきだ。心配なら、信頼できる人物に、人間関係への対処法を相談すればいい。とにかく（女性との）関わりを断たないでほしい。今は手を引くときではないのだ。

男性が女性の同僚（特に部下や同期）とどう関わるかは、女性の職場経験に甚大な影響を与えるが、男性どうしの交流もジェンダー平等を高める（または邪魔する）場合がある。別の男性が偏見や狭量な意見を口にしたと声を上げることで、日常的な場でジェンダー平等の文化を推進できるのだ。小さな差別やハラスメントでも積み重なれば大きくなる。男性が声を上げれば、女性同僚を過小評価する態度や行動は間違っていると指摘できる。とはいえ、性差別は間違っていると思うことと、それに対してはっきり反対意見を表明することは別の話だ。ジェンダー平等を推進する国際NGOのプロムンドが2019年に行った調査によると、「職場におけるジェンダー平等推進のために男性は手を尽くしている」という意見に、過半数の女性（59％）が同意しなかった。フォーカスグループでは、男性には性差別に立ち向かうつもりがあるのかと、女性たちが疑問視していることもわかった。多くの女性は、男性が女性の差別的な経験に耳を傾けてくれると感じているが、ほかの男性に立ち向かってくれるという信頼はできずにいる。[38]

オーストラリアの職場に関する調査では、「ジェンダー差別をその場で指摘する」は、女性たちが考える「男性アライがとるべき行動」の第1位だったが、男性たちのランキングでは最下位に近く、男性たちが実際にとった行動ランキングでもトップとは程遠かった（16項目中7番目）。[39] メキシコで多国籍企業3社の男性従業員を対象に行われた調査では、大多数（86％）が職場で性差別を目にしたら対処するつもりだと述べたが、実際にその場で声をあげられると答えた男性は30％以下だった。[40]

男性の声は、組織の意思決定やプラクティスに大きな影響を与えられるだけに、こうした意識と行動のギャップは特に悩ましい。２０１４年にＭＢＡを取得後、社会的企業を共同設立したサンティアゴ・オセホは、それに気づいた一人だ。オセホの会社は、メキシコ市で低料金のクリニックを複数経営している。あるとき一人の取締役が、女性の夜勤を禁止するルールを定めた。これを知ったオセホは、ジェンダーに基づく人員配置の問題点を指摘する必要性を感じたという。

このルールは善意で策定されたのだと思う。クリニックは治安のよくない地域にあったから、「（女性従業員が）危険な目に遭わないように」という配慮だったのだ。だが、たとえ善意でも、これは一種の制度化された女性差別だと私は気がついた。そこで2カ月ほど社内で大掛かりな話し合いをした。ルールを一方的に撤回するのではなく、幅広い議論をした上で変更したかったのだ。夜勤が安全かそうでないかは、女性たち自身に決めさせればいいというのが私の考えだった。安全上の懸念があるのはわかるが、ジェンダーによって働く機会を決定するべきではない。

あるIT業者が、女性をステレオタイプ的に描いた「ユーモラスな」イラストをマニュアルに使用したことにも、オセホは声をあげた。「『こうすれば面白くなると思ったのだろうが、これは許されない』と伝えた。『私は顧客だ。私に使ってほしいなら、これを許すわけにはいかない』とね」とオセホは振り返る。自分が正式な権限を持たない領域でも、オセホは女性のアドボカシーを実践した。同僚の性差別やバイアスにも声を上げた。ある友人が、自分が浮気しそうだからという理由で、美しくて有能な女性の採用に反対したときはこう言ったという。「ちょっと待てよ、それでは見た目で女性を差別することになる。問題があるのは君の方だろう?」

CEOが育休をとっても会社は潰れない

オセホらミレニアル世代の男性は、ジェンダー不平等について男性ができることや、すべきことについての期待を変えつつある。最近、金融業界で働くプロフェッショナルを対象に行われた調査によると、自分の会社のジェンダー不平等に最大の懸念を抱いているのは、新人レベルの男性だった。21カ国で行われた別の調査では、40歳以下の男性は、バイアス研修を受けることに最も意欲的で、柔軟な働き方をする同僚にも協力的であることがわかった。[41] HBS卒業生への調査では、卒業時に、将来配偶者と育児や家事を分担すると考えているミレニアル世代の男性は、上の世代の男性よりもはるかに多かった。[42] アン＝マリー・スローターは著書『仕事と家庭は両立できない？』で、「女性運動の次の段階は男性の運動だ」と主張している。男性が主たる保育者になることが例外的ではなく、少なくとも奇妙ではないという意識が生まれない限り、ジェンダーに基づく家事労働の分担は、職場で女性に不利に働き続けるだろう。労働組合があって、賃金や昇進が厳しく管理されているある大企業で最近行われた調査でも、女性の賃金は男性の賃金より11％少なかった。これは女性が収入増につながる残業をあまりしないことと、無給の休暇を多く取っていることが原因だった。なぜ女性は、もっと積極的に残業をして収入を最大限に増やそうとしないのか。研究によると、女性はシフトを増やしたり、急な予定変更をしにくいため、時間外労働の機会を利用できないのだった。男性は子どもがいても、残業する可能性が女性よりも高かった。[43] 組合があって報酬体系が明確にルール化されている職場でも、この種の収入格差がなくならないなら、給与額の決定や仕事の割り振りでマネジャーの裁量が大きいホワイトカラーの職場で、男女の収入格差がもっと大きいのは何ら驚きではない。

稼ぐためには家族との時間を犠牲にするべきだという期待に、男性たちも不満を募らせていることとを示す証拠は増えている。スローターは、父親を無能で不幸な存在と描いたおむつの広告が、大きな批判にさらされた例を挙げる。ある父親は、このブランドが父親の育児を侮辱しているとしてオンライン署名活動を開始し、ブランドのフェイスブックには苦情が殺到した。ほどなくして、このブランドはCMの放映を中止し、公式に謝罪した。[44] 現代の父親たちは、依然として、父親であることの意味について、かなり硬直的な期待に直面しているが（ほとんどのアメリカ人は、子育てよりも収入を得ることが父親の中心的役割だと考えている）、これまでのどの世代よりも子どもと長い時間を過ごし、仕事と家庭の両立について母親と似たレベルのストレスを抱えている。[45]

男性は子育てよりも仕事を優先するべきだという期待は、明示的にも暗示的にも、雇用主から直接示されることがある。先述の法律事務所ジョーンズ・デイの訴訟では、問題の若手アソシエイトは、仕事ぶりを高く評価されていたにもかかわらず、男性が取得できる育児休暇が短いことを指摘した数日後に解雇された。[46] 女性は家族の世話を優先しろという激しい圧力に直面しているが、父親は仕事に専念するべきだという圧力も大きいのだ。「ボストン・カレッジ仕事と家族センター」によると、米国の父親の大多数は、もっと子どもと過ごす時間を増やしたいと考えており、パートナーと子育てを折半する平等な関係のほうが好ましいと考えている。しかし子どもが生まれたか、養子を引き取ってから1週間以内に仕事に戻る父親は75％、2週間以内なら96％にも上る。同センターの2014年の報告書は、「男性が子どもの生後数カ月間に積極的に親の役割を果たさないことが、あとからでは変えにくいパターンをつくり上げてしまう。……父親は最初から脇役にされてしまうのだから」と指摘している。[47] 夫婦ともにキャリア職についている家庭の調査によると、多くの夫婦が意図せずこうした伝統的な役割分担をしていて、仕事でも家庭でも不満を抱き、充実感を抱けなくなっている。キャリアの優先順位や子育てにおける役割についてオープンな話し合いをしない夫婦は、お互いのニーズを満たすバランスを見つけることに苦労し、家庭における男性の役割は限定的であるべきだという社会の圧力（職場のメッセージによって強化される）に屈するようになる。[48]

だが、自分の家庭で意識的なアプローチをとり、こうしたポリシーや規範の改革を唱える著名な父親もいる。インターネット掲示板レディットの共同創業者であるアレクシス・オハニアンは、第一子誕生後に4カ月間休暇を取った。彼は2019年にニューヨーク・タイムズ紙への寄稿で、34年前に自分が生まれたとき、父親がもらった「休暇」は1日だったと書いている。そして、自分の父親など家庭で過ごす時間が限られている男性を非難するのではなく、多くの男性がわずか数週間でも仕事を保留にすることに消極的なのは、男性が育児に関わることを疑問視する社会的スティグマのせいだと指摘した。そして、育児休暇を取得する男性を増やす公共政策の必要性を訴える一方で、育児休暇制度を利用したい男性をサポートするために、著名人としての自分の立場を利用して変化を訴えた。「私は16週間の育児休暇をフルに取得したが、依然として野心的で、自分のキャリアを大切に思っている」と彼は書いている。「上司に相談するといい。（育児休暇をとらせてくれと）頼みに行けとオハニアンに言われた、とね」[49]

男性の育児休暇取得を妨げる最大の原因は、制度がないことではなく、上司のサポートがないからだという事実は、組織文化の圧力を改めて考えさせる。法律で育児休暇制度が定められている国でも、それが男女平等に取得されているとは限らない。韓国では、制度的には、世界でも指折りの長期にわたる育児休暇（52週間）が父親にも認められているが、２０１５年の育児休暇取得者に占める男性の割合はわずか５％だった。韓国の大手就職情報サイトの調査によると、男性が育児休暇を取得しない最大の理由は会社の圧力だった。[50]だが、企業は従業員にポジティブな圧力をかけることもできる。ボストンを拠点とするアナリティクス・スタートアップのヒューマナイズ社は、子どもの誕生後12週間の育児休暇をフルに取得することを父親に義務づけている。オハニアンと同じように、同社の男性ＣＥＯはある寄稿記事で、育休制度を設けるだけでなく、成績優秀な従業員に期待されることとして育児休暇の取得を促すべきだと、企業リーダーたちに呼びかけている。このＣＥＯが共同創業者と２人同時に休暇を取得したとき、「会社は順調だったし、世界は崩壊しなかったし、僕らは生まれたばかりの子どもと一緒に時間を過ごすことができた」と書いている。「すべての会社で育児休暇の取得を義務化するのは難しくないはずだ」[51]

男性が仕事以外の人生に、もっと全面的に関与できるようにすることは、職場における女性の活躍を促す上で決定的に重要だ。男性の役割に変化がなければ、女性のキャリアは引き続き会社外での特大の負担によって制約を受けるだろう。日本はその典型例だ。安倍晋三元首相は、女性の労働力参加と地位向上を目指すイニシアティブ「ウーマノミクス」を進めたが、日本の女性たちは依然として家事労働の大部分を担っているために、キャリアアップを妨げられている。２０１３年の開始時と比べれば働く女性は増えたものの、新たに働きはじめる女性の半分はパートタイム勤務であり、管理職に占める女性の割合はわずか13%だ。[52]日本の労働文化に蔓延する極端な長時間労働もほぼ変わっておらず、ほとんどの男性は、事実上すべての時間を仕事と仕事上の付き合いに割くべきだという期待に応え続けている。夫婦ともにキャリア職にある家庭の男性が、家事労働に費やす時間は週5時間未満であるのに対し、妻は週50時間以上働きながら、家事に25時間も費やしている。「理論的には、私が働く時間を減らして、ヨシコの労働時間を増やせば理想的かもしれない」と、3人の子どもを持つ男性はニューヨーク・タイムズ紙に語っている。だが、自分に課されている仕事の目標を考えると、「それは現実的ではない」[53]。こうした規範に挑戦する男性が増える兆しもある。2020年1月、日本の環境相が第一子誕生後に計2週間の育児休暇を3カ月にわたり分散取得すると発表して、世界的なニュースとなり、ソーシャルメディアでも話題になった。[54]

子どもがいない夫婦でも、男性のキャリアが女性のキャリアよりも優先されることが期待されており、その流れに逆らう男性は摩擦に直面する。筆者らが話を聞いたデービッド・ローリンソンは、妻ナディア・ローリンソンが日本のeコマース大手の米国法人で人事部長についた直後に、ロンドンでフォーチュン500企業のオンラインビジネス統括部長のオファーを受けた。デービッドはこの仕事をとても引き受けたかったが、2人は妻の仕事のためにサンフランシスコに引っ越したばかりだった。そこで彼はサンフランシスコにとどまれることを条件にそのポジションを引き受けたが、自分の仕事へのコミットメントと情熱を同僚にわかってもらうためには、多くのディスカッションを必要とした。周囲のほとんどは伝統的な結婚をしている男性で、自分のキャリアがいつも優先されていたため、こうしたディスカッションを求められたこと自体に当惑した。最終的に会社は、妻と対等にキャリアを築きたいデービッドの希望を受け入れ、ローリンソン夫妻はどちらも十分活躍できる働き方を確立し、デービッドは、時代遅れのジェンダー規範に従わなくても男性は強力なキャリアを築けるという模範を示した。

ローリンソンやオハニアン、そしてヒューマナイズのベン・ウェーバーCEOの経験は、男性の選択が身近な女性が直面する壁を打ち砕くだけでなく、自分の会社内外に模範を示せることも教えてくれる。どんなレベルであれ、リーダーの日常的な行動は、リーダーシップとは何か、誰が権力を持つか、そして誰が従来のやり方を変えるために尽力しているかについて重要なメッセージを送る。第6章では、社内の女性の昇進を阻む壁にすべてのマネジャーが気づき、立ち向かえるようにする方法を探る。その枠組みを使ってCEOから現場のマネジャーまで（また男女を問わず）、あらゆる従業員を採用し、教育し、評価すれば、現在の人材獲得方法や育成方法、そして維持する方法をアップグレードできるだろう。私たちはあらゆるジェンダーに変化を起こす人を必要としている。そういう人たちは、経営幹部や議会だけでなく、会社のデスクや店舗のフロアなどあらゆる場所にいるし、オープンオフィスを歩き回っている。だが、その前に第5章では、不平等な結果をもたらす仕組みとシステム、そしてそれらを変える方法を考えたい。

case

報道の世界にもジェンダー平等を
——ロズ・アトキンス

ロズ・アトキンスがジェンダー不平等について考えるようになったのは、英国南西部に育った10代半ばのことだ。[55]「16歳か17歳のとき、フェミニスト文学の愛読者だった母が、ナオミ・ウルフの『美の陰謀——女たちの見えない敵』(阪急コミュニケーションズ)を買ってきた。それで興味を持って読んでみた。そこに書かれていることすべてに同意するわけではなかったけれど、メディアが、女性のジェンダー不平等の経験にどう影響しているかについて初めて気がついた。それがいわば種をまいてくれた」。その種は、アトキンスの大学時代に育っていった。「大学では歴史を学び、論文やレポートのテーマにジェンダー問題を選ぶようになった。短期間だけれど、摂食障害の人のための電話相談でも働いた。ジェンダーへの関心と結びついた選択をいくつもして、それがずっと残った」。その関心は、アトキンスが進んだジャーナリズムの世界に変化の種をまき、やがて彼の属する報道機関の外にも広がっていった。

ケンブリッジ大学を卒業後、南アフリカでジャーナリストとしてのキャリアをスタートさせたアトキンスは、サンデー・インデペンデント紙に記事を書くかたわら、DJをしたり、政策アナリストの仕事をしたりしていた。そして英国に戻った2001年、BBCラジオでニュース番組のプロデューサーとして働きはじめた。当時、ジェンダー・ギャップの問題に対する認識は広がりつつあったが、メディアにも社会一般にもはっきり残っていた。アトキンスはすぐに、英国が誇る公共機関のひとつであり、世界のニュースや情報を発信するBBCにも、ジェンダー不平等が存在することに気がついた。「27歳で突然巨大組織で働くことになり、メディアにおけるジェンダー問題を目の当たりにした。すぐに自分が担当する番組や他の番組が、男性に有利に傾いていることに気がついた」。アトキンスは変化を起こしたかったが、当時を次のように振り返っている。

私はまだ大きな変化を起こせるほど、BBCのことをよく知らなかった。入社当初、局長に、「私たちの番組のレギュラーは男性ばかりです」とメールを書いたけれど、返事はなかった。数日後にばったり会ったので、メールを読んだか聞くと、「ああ。でも、君の口調が気に入らなかった」と言われた。いろんな意味で興味深い教訓だったし、やる気が出たけれど、変化をもたらすことはできなかった。

それからしばらく、アトキンスはキャリアを築くかたわら、同僚たちと、ＢＢＣの番組には女性が少ないことを指摘し続けた。やがてラジオ番組「ワールド・ハブ・ユア・セイ」の司会者の代役を務めるようになり、２００６年にはメイン司会者の一人になった。さらに２０１４年には、ＢＢＣテレビの新番組「アウトサイド・ソース」のクリエイターとなり、アンカーも務めるようになった。活躍の幅が広がるなかで、アトキンスはジェンダー平等イニシアティブへの関心を高める試みを続けた。その一部はポジティブに受け止められたが、やはり大した変化にはつながらなかった。「この問題を気にかけていたのは、私だけではなかった」と、アトキンスは語る。「ＢＢＣワールドサービスでラジオの司会をしていたとき、局長と親しくなったので、男性ゲストと女性ゲストの数を記録してはどうかと提案してみた。でも、『その必要はないと思う』と言われてしまった。『そのことはいつもちゃんと考えているから』と。彼はそれが重要な問題であることに完全に同意していたけれど、人数を記録するという手法には納得していなかった」

だが、時間がたつにつれて、人数を記録することが進歩を生む上で不可欠だとアトキンスは確信するようになった。そして、ニュース司会者として知名度が上がり、影響力も大きくなった２０１６年、自分の番組で試してみなくてはいけないと思うようになった。

「私の番組も女性ゲストより男性ゲストの方が多いという自覚があった」と、彼は振り返る。「そして、どうしてこうなるのか、女性の公平な登用は目標として広く受け入れられているのに、なぜ進歩がないのかと、かなり深く考えるようになった」。こうした目標と結果の不一致は、(BBCの)全体で見られる不可解な問題だった。「私たちは目標を受け入れながらも、その達成は不可能だと諦めていた。そんなある日、通勤バスの中で、ひとつのフレーズが頭に浮かんだ。『私たちはいつも試みている状態で、試みること自体が目的になってしまっている』。どうせ目標達成は不可能だという諦めが、アクションを促す危機意識を失わせていた。『我々は努力しているし、昔よりはよくなった』というナラティブが、目標達成を二の次にしていた」

だが、多くの同僚がジェンダー・バランスを気にかけていることはわかっていた。そこで、不均衡を可視化すれば、いつも試みているだけの状態から抜け出せるのではないかと、アトキンスは考えた。「(女性の割合を引き上げることが)可能だと可視化すれば、そのダイナミクスは変わるはずだと思った」と彼は語る。「ただ、現状を示す方法がわからなかった」。2016年後半、アトキンスはシリコンバレーを訪問して、グーグルやフェイスブックといった企業の専門家と話をして、データを集めることが正しいアプローチだという確信を強めた。「ああした会社では、膨大なデータを駆使して文化的な変革を起こしているのを見て圧倒された。そこで、データには文化的な変革を起こすパワーがあること、そして、変化を起こせることを示さなければ変化は起こらない、という2つの確信を組み合わせることにした」

また、この頃までにアトキンスは、自分探し中の若手プロデューサーではなく、BBCに15年勤めてリスペクトされているベテランジャーナリストになっていた。「自分の番組の制作チームに、『やあ、これをやってみないか』と言えるだけの影響力を持っていた」。

正式な命令ではない。「ニュース番組のアンカーは管理職ではない」と、アトキンスはすぐに付け加えた。「ソフトパワーはあっても、予算の管理や人事といったハードパワーはない」。アトキンスがやったのは、上からの命令ではなく、ジェンダー平等を実現したい仲間に向けたアピールだった。今にして思えば、こうした合議的なアプローチをとったことは、十分だっただけでなく、理想的だったのかもしれない。

大きな権限を持たない人物から、「これをやってみたら」と提案されるほうが、すごく上層の人から「これをやるように」と命令されるよりも、気が楽だろう。私自身、幹部がシステムの改革や現代化に熱心な部署にいたことがあるが、そこでは、みんながやりたくないと思っていることをやるよう説得することに膨大な時間を費やしていた。総じて非生産的で、多くの場合、相手の行動を変えるどころか、反発を招くだけだった。不満ばかりが大きくなり、あまり進歩はない。

　こうした悪しきパターンを経験していたアトキンスは、相手に変化を強いるのではなく、相手の変化をサポートする会話を心がけた。「現場のディレクターたちに大がかりなプレゼンをすると、彼らの表情から、『じゃあ誰が最初にやる？』と、そのアイデアを押し付けられるのを嫌がっていることが見て取れる。だから『僕らがやってみたらおもしろかった。君たちも関心があったら教えてくれ。無理だと思ったら忘れてくれていい……』と言うにとどめる。そうすれば、現場にプレッシャーをかけずに済む」

　データを取れば男女比に変化を起こせるという自説を試すため、アトキンスはまず、自分の番組「アウトサイド・ソース」のプロデューサーやディレクターに話を持ちかけた。「やってみるべき理由を説明して、内輪でやってみようと決めた」と、アトキンスは振り返る。名付けて「50：50（フィフティー・フィフティー）プロジェクト」は、コントリビューター（記者、解説者、専門家をはじめ番組でニュースを報じたり解説したりする人）の数を男女別に記録して、月ごとにまとめるというものだった。誰をコントリビューターに起用するかは、番組のメッセージの一部であり、ジャーナリズム上の選択でもある。また、ジェンダー・バランスの検証は、ＢＢＣの仲間や幹部が納得する方法でなければならないとアトキンスは考えていた。こうして「アウトサイド・ソース」は出演者のカウントを始めた。「最初の半年は、よその番組の関係者には話さなかった」とアトキンスは語る。「それが実際に（男女比の改善に）効果があると証明できてから、つまり数カ月たってから、部長や局長に話をしはじめた。自分の提案の正しさを裏づける証拠のようなものが手に入るまで、待ったわけだ」

すぐに明確な結果が表れた。「アウトサイド・ソース」がデータを取りはじめたのは２０１７年１月だが、４月には女性コントリビューターの割合は39％から51％に上昇した。アトキンスの仮説が正しかったことが証明されたのだ。データを取りはじめたことが、女性コントリビューターへの出演依頼の増加につながり、結果的にジェンダー・バランスを実現できたのだ。「何か気になることがあるとき、それを具体的に意識したり、感じたりできるようになると、問題解決のための行動を起こしやすくなる」と、アトキンスは言う。「50：50は、まさに現状を把握するための大きな試みだった。数字が現状を認識することを可能にし、現実は思っていたよりも悪いという落胆につながり、もっとうまくやってやるというモチベーションを高めた」

自分の番組がそうだったのだから、他の番組もデータを取ればもっとジェンダー・バランスが改善するはずだと、アトキンスは考えた。ただ、どの番組も重要な課題を多数抱えていて、スタッフはみな働きすぎに近い状態であることもわかっていた。どうすれば、スタッフの仕事を増やす試みが、価値あるものだと説得できるだろう。それには効果の信憑性を明確に示すとともに、個人的にサポートを約束する必要があると、アトキンスは気づいていた。「私は多くの人に参加を呼びかけていたが、それは彼らの日常業務を増やすことになる。そこで私にできる最低限のことは、『もしやってくれたら、私もそれに応えよう』と約束することだった。『あらゆる段階で君をサポートし、君の仕事ぶりが上層部の目に入るようにする』とね」

反対論を示されたらどう応じるかも、アトキンスは深く考えた。

考えうるすべての懐疑論を書き出し、それに対する回答案を作成した。どの回答にも大きな説得力がなくてはいけない。そこで上層部の女性2人に協力をしてもらって、指摘されそうな懸念をすべてチェックした。たとえば、英国のメディアには数値目標を嫌悪する風潮があるため、女性を50%にするのは理想であって、絶対的な義務ではないことを明確にする必要があった。また、「是非やりたいけど時間がない」と言われることも想定していた。そこで、かなり複雑な番組でも、出演者のジェンダーを記録する作業は2分もかからないことを説明するようにした。予想される質問のリストは非常に長く、そのすべてに明快でしっかりした回答を用意した。とにかくやってみれば、さほど大変な作業ではないし、ジャーナリズムの質を妥協することにもつながらないと、みんな気がつくはずだという確信があったからだ。むしろ、ジャーナリズムの質を高めるためにやるべきだとも言える。

2017年の半ばまでに、5つの番組が「50：50プロジェクト」に参加し、年末までにさらに12番組が加わった。アトキンスが引き続きさまざまな番組に働きかけ、局内でこのプロジェクトの噂が広まるにつれて、参加番組の増加ペースは上がっていった。「2017年秋、私はBBCの看板番組とも呼べる3～4本のニュース番組の担当になり、そのことが（50：50プロジェクトの導入を働きかける）会話の信頼性をぐっと高めてくれて、参加番組は一気に60へと増えた。それがティッピングポイントになった」。2018年初めまでに参加番組は80を超えた。同年2月、アトキンスはBBCのトップであるトニー・ホール会長に話を聞かれた。このことがさらなる後押しになった。「BBCは巨大な組織で、私のようにそれなりに上層部の人間でも、会長と話をすることは普通はない」と、アトキンスは説明する。「会長に会ったのは2回目だったと思う。その2週間後、会長があるスピーチで50：50プロジェクトの話をした。それが爆発的な効果をもたらした。会長の公認プロジェクトになったこと、会長が『この活動を知っていて、盛り上がってほしいと思っている』と言ったことが、とてつもなく強力な追い風になった」。50：50プロジェクトは一気に広がっていった。4月には、BBCの広報室が「50：50チャレンジ」と銘打ち参加を呼びかけた。さらに英国で有数の発行部数を誇るデイリー・テレグラフ紙が、この試みを1面で取り上げた。こうした注目が「すべてを変えた」と、アトキンスは言う。「アウトサイド・ソース」で達成された成功は、すぐに他の番組でも見られるようになった。2019年4月には、全参加番組の57％で女性コントリビューターの割合が50％の男女均衡を達成し、1年以上参加している番組では74％が均衡を達成した。それまでは、コントリビューターが男女同数を実現している番組は27％にすぎなかった。[56]

アトキンスに言わせれば、50：50プロジェクトの成功は、人々が集まって本気で取り組めば大きな変化を生み出せる証拠だ。多くの人が必要としていたのは、ジェンダー・ギャップを解決したいという思いを実行に移す手段だけだった。「この問題にどうアプローチすればいいかわからなかったという声を多くの同僚から聞いた」と、アトキンスは振り返る。「どうすればジェンダー平等の進捗具合を測定できるかわからなかったのだ。経営陣が本気で女性の割合を50％にしたいと思っているのかもわからなかった。ところがこのプロジェクトが突然登場して、『そう、私たちはこの問題を気にしている。こうやればいい。参加して、やってみるといい』と呼びかけた。それが、同僚たちがすでに抱いていた思いと共鳴して、具体的な形になっていった」

2020年代に入り、50：50はさらに拡大し続けた。2020年前半には、BBCで600以上のチームが参加するようになっただけでなく、20カ国60以上の組織も参加していた。[57] わずか数年で、プロジェクトはアトキンスのネットワークをはるかに超える成長を遂げたのだ。とりわけ2020年1月、アトキンスはこのプロジェクトが独り歩きを始めたことを実感したという。「月曜日に、マンチェスター郊外のサルフォードで、BBCの取材先の多様化を考えるイベントがあった。すると多くの参加者が、『50：50のイベント最高だった』とツイートしてくれた。でも、そのうち私の知り合いは2人だけで、それ以外はみんな私の知らない人たちだった。とてもパワフルな経験だった。このプロジェクトは、私が考えうる最高の形で私の手を離れ、一人では生み出せないほど大きな運動に発展したのだ」

実際、50：50プロジェクトは、もはやアトキンスが一人では運営できないほど大きなものになった。そこで、BBCの仲間2人がアトキンスと運営・管理にあたり、BBC自体もテクノロジー面で協力してくれることになった。各チームがデータを入力したり、よそのチームの進捗具合を確認したりできるダッシュボードをつくってくれたのだ。だが、アトキンスは今も、この活動の個人的な側面を大切にしている。真のコミットメントを得るためには、個人的な働きかけがカギになるという信念があるからだ。「私は男だから、知り合いのいない編集部でこの問題について話すときは、特に謙虚に振る舞う必要がある」と、アトキンスは語る。「無理強いをしたり、説教じみた話し方をしたりするのはご法度だ。新しい参加チームが、50：50プロジェクトを信じて、そこに時間を投じようと思ってくれるだけでもすごいことなのだから」

50：50プロジェクトは、BBC内部では大成功を収めたが、視聴者や社会全体に影響をもたらしたのか。そこでBBCが全国的な調査を行ったところ、回答者の39％が、BBCに登場する女性が増えたことに気づいていた。また、女性回答者の32％が、女性出演者が増えたことは改善だという見解を示した。[58] ジェンダー・バランスは、質の高い報道にとっても重要だとアトキンスは主張する。「ジャーナリズムとは、世界を理解して、それを視聴者に説明し、解説することだ。世の中全体に語りかけなければいけない。一部の人だけ相手にしていたら、あるいは話を聞く相手が一部に偏っていたら、人々が身の回りで起きていることを公平かつ正確に伝えたり、分析したりする能力は損なわれてしまう」

アトキンスは、50：50プロジェクトがBBCという組織、メディアにおけるジェンダーの議論にインパクトを与えたことを誇りに思っているが、すべて楽観しているわけではない。「このプロジェクトでも何でも、物事は不成功に終わる可能性のほうがはるかに高いことを踏まえながら、私は取り組むことにしている。実際、メディアコンテンツにおけるジェンダー不平等は、メディアの誕生以来ずっと続いてきたことだ」。だが、50：50プロジェクトは、それを根絶できるかもしれない運動のひとつだ。ここ数年を振り返って、アトキンスはペースの変化を実感している。「50：50を始めた3年半前と今を比べると、多くのことが変わった。どうすれば進歩のスピードを上げられるかについて、とても話しやすい雰囲気になった。ＢＢＣだけでなく、メディア全体に危機意識が高まっている。そのトレンドは今後も続くだろう」

5 企業に贈る処方箋
――ガラスの天井を取り除く組織的なアプローチ

現代の企業は、経営幹部におけるジェンダー不均衡が世界に蔓延していること、そして、自分の会社の経営陣もそうであることを十分認識している。JPモルガン・チェースのある経営幹部（男性）は、「上に行くほど、女性は少なくなる」と語る。「もっと若い層――たとえば新卒者やその上の世代は、もう少しジェンダー・バランスがとれているが、やがて非常に質の高い人材が辞めていく。こんなにジェンダー非対称が生じていいはずがない」[1]。あらゆる業種や業界で、管理職や経営幹部における女性の割合が小さいことを考えると、この発言は、どの企業リーダーの口から出てもおかしくない。本書の第1部では、ジェンダーに基づく壁を、それと戦う女性の視点から考察した。リーダーにつながる昇進ルートから女性を遠ざけたり、女性の昇進を遅らせたりする期待やバイアスや決断を探った。また、これらの壁を乗り越えた女性たちの話も聞き、その戦略と、今最も必要な変化は何かを考えた。第2部ではまず、男性がジェンダー平等に向けた戦いに加われること

（そして加わらなければいけないこと）に目を向けた。調査に応じてくれた男性たちの話などから、男性たちが個人ベースで変化を訴え、変化を現実にしてきたことがわかった。彼らの経験談がさらに多くの男性を動かしてくれることを祈っているが、同時に、もっと幅広く、もっとシステム全体としての取り組みが必要であることも私たちは知っている。そこで本章では、組織レベルの努力に注目したい。企業が経営手法を断片的ではなく、体系的かつ徹底的に評価し、アップデートし、改善することに全力を注いだとき初めて、従来のパターンが揺らぎ、崩れはじめるのだ。

まず、職場におけるジェンダー不平等を取り除くためには、人材管理をもっと改善する必要がある。フォーチュン100企業であれ、創業まもないスタートアップであれ、人材の獲得とエンゲージメント、そして定着は極めて重要だ。事実、世界60カ国5000人以上の取締役に話を聞いたところ、「トップクラスの人材を獲得して維持すること」は、取締役の関心事のトップ3に入る。[2] 人材管理は複雑で多面的だ。それには企業のニーズをどうやって満たすかについての経営者の包括的なビジョンと、あらゆる職層の管理職による日々の執行（差し迫った業務が他にもあるなかでの）が必要になる。それなのに、カナダ・米国女性起業家&ビジネスリーダー推進評議会の調査によると、女性を経営幹部に登用するための明確な計画がある企業は、調査対象企業の半数以下だった。[3] 54カ国1000社以上を対象にした別の調査では、80%がジェンダー平等の実現が重要だと答えたが、そのための明確な計画があると回答した企業も半分以下だった。[4] ジェンダー・ギャップが広く認識されているにもかかわらず、多くの企業は構造改革や文化の変革という形で問題改善を実行していない。このため、どんなに経営者が女性の機会拡大を心から望んでいても、従業員の雇用や訓練、維持のためのシステムが、不平等な状態を永続化させる。

人材管理のプロセスは、それに関わる人たちの（多くの場合、無意識の）ジェンダー・バイアスや、女性のキャリアを邪魔する組織構造の影響を受ける。経営学者は、こうした意図せぬ障壁を「第二世代のジェンダー不利益」と呼ぶ。ジェンダー別求人票のようなあからさまな第一世代のジェンダー障壁とは異なり、第二世代のジェンダー障壁はとらえにくいため、見つけたり排除したりするのが難しい。それが表面化するのは、たとえば、上司の無意識のバイアスが勤務評価に影響を与えたときだ。ローテーションでタスクを割り振るなど、一見ジェンダー中立的なプラクティスも、ジェンダー不平等をもたらす場合がある。[5] 筆者らは、世界中の企業からＨＢＳのエグゼクティブ教育課程にやってきた女性たちの話を聞くことで、現代の組織で、女性の昇進を妨げる障壁はいつ、どのように現れ、どうすればそれを打ち崩し、完全に防ぐことができるかを理解しようと試みた。その各ステップが、有能な女性が昇進を不当に遅らされたり、より良い機会を求めて他社に移ってしまったりする事態を防ぐチャンスになる。

本章では、この種の人材流出をもたらす構造的なパターンを発見するための枠組みを提示する。幸いこうしたパターンは改善できないものではない。企業は、それを生み出す要因を取り除いたり、減らすことができるのだ。より大きな権限を持つ人ほど、より大きな変化を起こせるが、中間管理職でも、システムを改善するためにできることがある（第６章では、たとえ影響範囲が小さくても、個々の中間管理職ができることを詳しく説明する）。システムの欠陥に対処する組織は、現状のまま女性を育てず、経営幹部につながる昇進ルートからも外している組織に対して、真の競争優位を獲得するだろう。第4章で紹介したドット・フーズのジョン・トレイシー会長が指摘したように、多様な人材のごく一部（つまり白人男性）だけを登用すると、その小さな型にはまらない多くの人のスキルやインサイトから学ぶ機会が失われてしまう。ガラスの天井を打ち破ることができる例外的な女性もいるが、そうした個別的な進歩は限界がある。穴やヒビはあっても、天井そのものは残っている。では、ガラスの天井全体を打ち砕く組織になるためには、どうすればいいのか。

採用候補者集め

一部の組織は、採用候補者を集める以前の段階で、意図せず女性を排除している。採用担当者たちが一般にどこで候補者を探すか考えてみるといい。個人的なネットワークで誰かを推薦してもらっていないだろうか。この方法では信頼できる情報を得られる利点はあるが、ジェンダーはもとより、人種や学歴や年齢などでも候補者に偏りが生じる恐れがある。人間は誰しも、アイデンティティの重要部分が自分と似ている人に惹かれる傾向がある。この「同類性の原則」と呼ばれるものは多くの研究で立証されており、ビジネス上の意思決定にも影響を与えること（ときには意図せず差別的な形で）がわかっている。[6] たとえば、ＭＢＡ課程の学生に、マイクロビジネスを立ち上げるためにチームを結成させたところ、学歴や職歴などの類似性よりもジェンダーや民族など先天的特徴が同じ仲間と組む可能性が25％高かった。[7] また、レイオフ（一時解雇）されたホワイトカラーのプロフェッショナルは、自分と同じジェンダーのネットワークで仕事を探すことが多いため、女性の転職先は男性よりも低収入のポジションになりやすい。[8]

リンクトインのあるエグゼクティブは、同社のスタッフが均質になってしまう原因を説明している。急いで採用するために、「時間をかけて深く観察せずに」、最初の候補者（既存のスタッフと同じような見た目であることが多い）を適任とみなしてしまうというのだ。[9] ある女性は、「自分の知り合いを探すことがデフォルトになっている」と語った。「上のポジションほどその傾向が強い」。そこで筆者らは、国立衛生研究所（ＮＩＨ）のフランシス・コリンズ所長に、ＮＩＨ傘下27機関の幹部のダイバーシティを拡大するために、どのような取り組みをしているか聞いてみた。「私が直近で採用したセンター長６人のうち５人は女性だ」とコリンズは語った。「このうち数人は、いつものように『誰かいい人を知らないか』と周囲に聞いていたら、見つからなかったタイプの人材だ。最終候補リスト――男性ばかりになりがちだ――にいないような人物を探すためには、プラスアルファの取り組みが必要だった」。このとき重要な役割を果たしたのは、２０１４年にコリンズが新設したＮＩＨの研究職ダイバーシティ責任者に就任したハナ・バランタインだ。「（バランタインは）ほぼすべての採用委員会に参加して、ＮＩＨのダイバーシティを高める候補者が検討対象に含まれるようにした。私も委員会とかなりの時間を費やして、男性に呼びかけるときの月並みな方法ではなく、斬新な人材探しがいかに重要かを伝えた」

多くの企業は、日々、さまざまな検索エンジンや求人サイトを使って、不特定多数に向けて求人情報を公開している。たしかにオンライン求人は、序列の下のほうのポジションを埋めようとするとき、たとえばＮＩＨの新センター長たちが自分の組織の人材を探すときは、大いに役立つ。ただ、こうした求人広告は、空席を広く告知する役には立つが、条件の書き方次第で有能な女性の応募意欲をそいでしまう場合がある。カナダの２大求人情報サイトが行った調査によると、多くのポジションが極めてジェンダー色の強い表現で説明されているという。男性が圧倒的に多い職種は男性的な勇ましい言葉（競争、支配的など）が使われ、女性が多い職種は、伝統的に女性的な言葉（サポート、理解、対人関係など）が使われているという。このような求人広告は、その職種に男性あるいは女性が多いことを示唆して、ジェンダーの偏りを生み出す原因になっていた。たとえば女性は、求人票にある仕事をこなすスキルがあると思っても、その仕事が男性的な言葉で説明されていると応募意欲を失う。[10] 別の研究でも、理想的な候補者は男性であることを示唆する表現が含まれていると、女性は応募する可能性が低いことが確認された。[11]

求人広告作成ソフトを開発しているある企業は、顧客から得たデータに基づき、求人情報に含まれる男性的または女性的な表現と、そのポジションに実際に男性または女性が採用される可能性の間に強い相関関係があることを発見した。最終的に男性が採用された求人広告には、男性的な文言が女性的な文言の約２倍使われていたというのだ。このソフト会社の創業者は、こうした求人広告は応募者に偏りを生じさせる効果があると指摘する。「求人広告に使う表現で応募者が変わる。応募者グループに女性が何人かいれば……女性が採用される可能性もずっと高まるはずだ」[12]

また、極めて優秀な女性でも、ポジションに関する説明が乏しかったり、不明確であったり、あるいは逆に理想の候補者が極端に具体的に説明されていたりすると、応募を見送ることがある。実験室と実地の両方で行われた一連の研究では、応募資格が明確に記載されていると、優秀な女性が応募する可能性が高くなることがわかった。その一方で、男性が求人に応募するかどうかは、応募資格が明確かどうかに左右されなかった。したがって応募資格を明確にすれば、女性応募者が増えて、ジェンダー・ダイバーシティを確保しやすくなる。[13]ウーバーの技術者の求人広告を分析した別の研究では、求人情報から高度な専門性に関する表現（たとえば、「抜群のコーディング技術」ではなく、たんに「コーディング技術」とする）や、「あると便利な」資格を取り除くと、応募者のジェンダー・ギャップは縮まった。修士号や博士号を持つ女性の応募は、それまでの求人票のときよりも増えて、同等の学歴の男性と同レベルになった。[14]

採用候補者集めのポイント

ありがちな募集方法と、求人広告に含まれるあからさまな（あるいは言外の）メッセージは、有能な女性候補者の数を減らすことになりかねない。

マネジャーにできること

- 男性応募者と女性応募者の比率を把握して、その結果を自分の業界の平均や、社内のダイバーシティ目標と比較する。
- ダイバーシティを高めるようにネットワークを活用する。白人女性も人種的マイノリティも、自分と同じ人種やジェンダーの人物を紹介する傾向があるから、企業がターゲットを絞った人材紹介を活用すれば、候補者プールのダイバーシティを高めることができる。[15]
- 求人広告に使われている表現をチェックして、女性応募者があまり歓迎されないことを示唆する表現を特定する。この種の分析にはテクノロジーが役に立ち、ジェンダー色の強い表現やステレオタイプを示唆する言葉を網羅的に発見できる。ただし、テクノロジーによるソリューションは、人間の深い思考にとって代わるものではない。理想的な候補者が（明示的または暗に）男性と想定されている場合、仕事内容の表現がそれを反映している可能性がある。

候補者の審査が始まると、ごく早い段階からジェンダー・バイアスが入り込む余地が生まれる。ジェンダーや人種、性的指向以外の条件がすべて同じとき、これらのアイデンティティが採用可否に与える影響を調べた実験は多い。それによると、歴史的に不利な扱いを受けてきた集団（白人女性、非白人の男性と女性、男性同性愛者など）に属する人は、面接に進める可能性が低いことがわかった。[16]ある多国籍企業が、ある国で女性の採用を妨げるジェンダー・バイアスを発見するため、応募者、面接者、内定者の男女比を調べはじめたところ、「それをきっかけに、それまでの行動を見直す健全な対話が始まった」と、この国の責任者は語る。「意識的に多様なチームづくりに励んでいるマネジャーにスポットライトを当てる一方で、女性の採用に苦労しているマネジャーの考え方を理解し、可能ならば対策を講じた」[17]。このように、女性の採用を妨げる障壁の存在を認めることは、解決に向けた重要な第一歩になる。特に男性が圧倒的に多い業種では、ジェンダー・バイアスなんて存在しないと言い張る態度が、女性採用者が少ないことと関係している。女性が壁に直面することを面接担当者が認識していると、候補者が公平に評価されやすいようだ。[18]

履歴書上は男性と同じかそれ以上の資質がある女性でも、男性のほうが採用されやすいのはなぜなのか。理由は複数あるが、どれも意図的でないことが多い。マネジャーが男性と女性の候補者に、異なる採用基準を当てはめている場合もある。たとえば、警察署長という伝統的に男性が圧倒的に多いポジションでは、審査担当者が採用基準を、男性に有利に修正していたケースもある。[19]また、女性のほうが経歴を厳しく評価される傾向がある。ある研究では、女性経済学者が論文を共著すると、男性経済学者が共著した場合よりも低く評価され、その結果、女性の昇進可能性が低くなっていることがわかった。[20]特定の分野で、女性は総じて男性よりもスキルが劣るという思い込みが、男性と同等のスキルを持つ女性の採用率低下につながることもある。[21]一般に出産時期とみられる年齢の女性も、不利な評価を受けることがある。母親は、子どもがいない男性や女性よりも仕事への熱意が低いという思い込みがあるためだ。女性応募者が子育て中だとわかると、男性や子どものいない女性と同等の経歴の持ち主でも、面接に進める可能性は低くなる。[22]これは最高レベルの学歴を持つ女性にも起こる現象だ。[23]

履歴書の審査担当者や面接担当者にジェンダー・ダイバーシティをもたせると、面接で男性がひいきされる傾向を抑えられる。女性候補者についてバイアスのかかった思い込みがなされていることを、面接担当者が書類審査担当者に指摘する権限があればなおよい。あるエグゼクティブは「(書類審査後の)候補者リストをもらったとき、私は独特の見方をする」と語った。「私自身がマイノリティだから、ダイバーシティとインクルージョンを重視する。でも、男性エグゼクティブはそうした視点が欠けていると思う」。すでに1980年代に、大手投資機関で、面接チームのジェンダー・ダイバーシティを高め、優秀な女性の能力開発に力を入れることを募集時に明確にしたところ、その会社から業界のランキングに入る女性アナリストが劇的に増えた（5倍以上）例がある。[24] 面接担当チームのジェンダー・ダイバーシティは、応募者に対するメッセージにもなる。あるグローバルなヘルスケア企業のアジア太平洋地域プレジデントは、面接チームに女性がいると、「自然に望ましい結果」が得られると語った。「面接担当者に女性を増やしたところ、女性応募者が増えた。この会社は良質でフェアだという評判が高まるのだ」[25]

ただ、面接担当チームのダイバーシティが高まっても、ほかの問題が小さくなるわけではない。よくある落とし穴は、共通のフォーマットやルーブリック（評価基準表）のない面接だ。その場限りのインフォーマルな面接では、全応募者が同じ基準で評価されない可能性がある。これに対して、採用基準を明確にしたフォーマットに沿って面接を進めれば、担当者は応募資格に集中して審査しやすくなる。[26] 複数の研究から、フォーマットのない面接は無意識の差別が起こりやすいこともわかっている。評価方法や評価基準が不透明なほど、ジェンダーなどのステレオタイプに影響された評価を下しやすいのだ（フォーマットのない面接では、評価の有効性も低下する。過去85年間の研究のメタ分析によると、フォーマットのない面接は、フォーマットに沿った面接よりも、採用後の職務遂行能力をうまく予測できていないことがわかった[27]）。

ある女性エグゼクティブは、夫「も働いている」から内定をあげられないと言われたという。「夫が転勤になったら、彼女が（その会社に）とどまるか」わからないとみなされたのだ。だが、「面接で聞かれていたら、夫のほうが私についてくると答えただろう」と、彼女は言う。「こんな質問、そもそも男性求職者には絶対しないだろうけれど」。意識的か否かにかかわらず、面接では、女性は仕事への熱意やコンピテンス（総合的能力）が低いという思い込みが入り込むことがある。この思い込みは、男性が圧倒的に多いハイテク業界で特に問題になる場合がある。ブラインド・オーディションや履歴書の匿名化によりジェンダーがわからないようにすると、次の段階に進める女性の割合が高まることがわかっている。これは、審査の初期段階でジェンダー情報を取り除く必要がある証拠と言っていい。[28]もちろん、実際の採用部門のマネジャーとの面接段階になると、ジェンダーの要素を取り除くことは不可能だが、そのインパクトを最小限に抑えることはできる。ある大手IT企業では、技術的スキル、リーダーシップスキル、その会社の価値観との一致を同じ比重で評価するルーブリックを作成した。すると面接担当者は、技術的なスキル（女性が弱いと思われがちな領域）だけでなく、総合的に候補者を評価する必要性をリマインドされて、結果的に女性の採用が増えたという。米国の中央銀行にあたる米連邦準備制度理事会（FRB）も、リサーチアシスタントの採用プロセスを変更して、名門校の出身といった要素で候補者をふるいにかけず、共同作業やチームワークへの適性を十分考慮して採用するようになった。その結果、FRBの採用者に女性が占める割合は4年で5％上昇した。[29]ゴールドマン・サックスのマーチャント・バンキング部門では、採用候補者が「アグレッシブ」かどうかを評価項目から外し、知的好奇心や自分の意見を明確に述べる能力などを測定する質問を増やしたところ、女性採用者が増えた。[30]

採用のポイント

面接担当者や採用決定者のバイアスは、とりわけ面接のフォーマットがないとき、女性内定者の減少につながる。

マネジャーにできること

- 一次審査では履歴書を匿名化することを検討する。
- 面接担当チームのダイバーシティを高める。
- 面接担当者や書類審査担当者に、一般的なジェンダー・バイアスの教育をして意識向上を図るとともに、自分の評価がバイアスによって歪められていないかチームで話し合うよう促す。
- 候補者の評価や採用決定は個別には行わず、数人をまとめて評価し、所定の応募資格に照らして評価する。

統合

女性候補者が見つかり、審査し、採用し、新人として入ってくる。彼女は成功するだろうか。きちんと統合されず、異例または形だけの存在として扱われると、おそらく成功は難しいだろう。チームや部に完全に統合されないと、信頼醸成につながるインフォーマルな会話に参加できず、正式な情報網に乗ってこない重要情報を知ることもできない。その結果、チームにとって重要な存在でないか、重要タスクを引き受ける能力がない人物とみなされてしまう恐れがある。職場に溶け込んでいない女性は、同僚と人間関係を築き、そこから恩恵を得ることもできない。この現象は、筆者らの投資銀行業界研究でもみられた。女性の証券アナリストは、この業界での成功に不可欠な人間関係の構築で壁に直面した。そもそも男性同僚たちは、女性アナリストと交流することに前向きではなかった。ある男性アナリストはその理由として、「多くの女性アナリストが辞めていってしまうから、せっかくメンターになっても意味がないと感じる」と語った。「多くの女性アナリストが辞めていくのは、この業界で成功するのはとにかく難しいからだ。たいてい個人的な理由で辞めていく。私は今もメンターをしているが、女性よりも男性のメンターになりたい気持ちは理解できる」[31]。こうした感情は珍しくなかった。米国の金融業界に関するある調査によると、女性従業員の25%が、男性マネジャーが男性の部下を使いたがるため、得意先や買収案件を担当する機会を逸していた。[32]

こうした排除のパターンは、重要情報や有力者へのアクセス不足につながる。それは現実的な弊害をもたらす。ヘルスケア業界のあるシニアエグゼクティブは次のように語った。「取締役会や経営幹部が優れた実績を持つ非白人女性を迎え入れるとき、組織や部署になじめるようにする助言や研修が不足していることが多い。これは文化的な理解を構築できないという意味で非常に危険だと思う。誰かに好感を抱けるかどうかというのは非常に根源的な感情で、詰まるところ、『空港で身動きできなくなったとき誰と一緒だったらまあいいと思えるか』というレベルの問題だからだ」。組織に十分なじめないと、どんなに能力が高い人も限定的な昇進しかできない。別のエグゼクティブは、ある象徴的なエピソードを話してくれた。

昨年、ある大規模なスポーツの競技会が我が社の地元で開かれた。そこで会社は大きなイベントを開き、クライアントを招くことになった。それまでの6~9カ月間、上司と私は、どうすれば私がシニアリーダーとして、もっとクライアント関係で大きな役割を果たせるか話し合っていた。それなのに、私はこの絶好のイベントに招かれなかった。なぜか。それは男性のクライアントや上司は、しじゅう一緒に出かけていて、気軽で楽しい仲間になっていたからだ。これに対して私は異質な存在だった。面白いもので、この内輪のネットワークにアクセスがあるかと聞かれたら、おそらく私は「ある」と答えただろう。だって、彼らとしょっちゅう会っていたのだから。

ただ、それはいつも仕事の場であって、社交の場ではなかった。でも男性陣は、いつもそういう非公式の場で交流していた。

取り決めや決定事項が、事前にオフィスの外で協議されていること、そしてこうした会話が最もよく持たれるのが、男性中心の場であることはよく知られている。筆者らが話を聞いた女性の取締役やエグゼクティブは、ゴルフを始めるよう助言されたという。さもないと、本当の権力構造から取り残されてしまうというのだ。[33] この種の社交は、仕事とレジャーを結びつけ、仲間内のつながりや親近感を強め、信頼や協力や相互支援の拡大につながるため、非常に大きなパワーを持つ場合がある。[34]

幸い、こうした結果は不可避的なものではない。企業は、ジェンダーや人種を超えたもっと幅広いつながりを奨励する仕組み（それは管理職のダイバーシティを高めることがわかっている）をつくることもできるのだ。過去22年にわたり800以上の組織を調べてきた研究によると、企業がクロストレーニング（部門横断的な研修）や、自主管理チーム（さまざまな職務のメンバーが自律的に活動を決定する）といったコラボレーション方法を導入すると、管理職に占める女性の割合が上昇した。ただしこれは、非白人女性よりも白人女性で見られた現象だ。[35] また、人種を超えた人間関係の研究によると、白人エグゼクティブがアフリカ系アメリカ人の従業員のメンターになると、メンタリングした相手についてバイアスのかかったことが言われたとき、はっきり否定する重要な役割を果たすことがわかった。[36] 企業が従業員どうしの関係を強化する取り組みをするときは、非白人女性がその恩恵を十分受けられるように、女性の職場経験に人種が与える影響を理解して、さまざまな違いを超えた有意義なコラボレーションを推進する必要がある。

統合のポイント

たとえ意図的でなくても、社交や人間関係を構築する交流から排除された従業員は、自分の成功をサポートする情報や人にアクセスできない。その異質な存在としての立場は、一種の自己補強的な役割を果たし、自分はそのチームや会社に合わない証拠だと認識されてしまう恐れがある。職場に溶け込んでいない女性は、辞めていくか、高いレベルに昇進できない。どちらにせよ、リーダーシップをとる可能性は失われてしまう。

マネジャーにできること

- さまざまなジェンダーや人種が混在するグループをつくり、共通の目標に向けて協力する機会をつくり、純粋なコラボレーションが期待されることを明確にする。

- 重要なつながりがつくられる社交活動から新規採用者が排除されないようにする。
- 女性同僚を除外することは許されないことを明確にして、ポスト #MeToo 時代の社風を明確にする。

能力開発

プロフェッショナルの能力開発は多面的だ。主な要素には、研修（社内研修のほかエグゼクティブ教育課程などの社外プログラムが利用されることもある）、ジョブローテーションや能力開発タスクなどを通じた現場経験、そしてロールモデルやメンターやスポンサーといった人間関係が挙げられる。キャリアアップのためには、複雑なタスクに挑戦する必要があるが、自分の能力を高め、評判も高められるようなチャレンジングなタスクを最も任せてもらいやすいのは白人男性だ。ある製薬会社で行われた調査では、従業員の年齢や学歴、在職期間、実績、そして意欲の違いを考慮しても、シニアマネジャーは女性よりも男性にチャレンジングなプロジェクトを任せていた。[37] 学界では、女性は男性よりも講演（職歴に箔を付ける重要な経験だ）の依頼を受けにくい。[38] 複数の業界を対象にした調査でも、チャレンジングなタスクを希望しているのは男女とも同じなのに、実際にそうした仕事を任されるのは男性であることが多かった。これはマネジャーが女性に冷たいからではなく、女性は困難な経験をしないように守ってやるべきだという思い込みがあるためだ。[39] あるエグゼクティブは、こうしたダイナミクスをさまざまな企業で目撃したという。

(女性たちは) トップのポジションを与えてもらえないと言っていた。最も収入の高い仕事や、フォーラムで発表したり海外出張に行ったりする機会を与えてもらえないというのだ。それは、女性だから家庭での役割があってきちんと結果を出せないだろうとか、きっと出張をしたくないはずだとか、休暇が必要だと思われているからだ。問題は、女性が何を求めているかについて、本人ではなく、男性上司の勝手な思い込みで決定が下されていることにある。これは家父長的な態度だ。

頭角を現すチャンスとなり、能力も高められそうなタスクが、男女に平等に割り振られないと、仕事そのものにジェンダー色がつき、地位の低いプロジェクトやポジションは女性の仕事とみなされるようになる。同じ職種でも「タスク差別」が起こるのだ。女性は男性よりも、やりがいの乏しいタスクをこなすことが期待される。[40] また、女性は昇進やスキルアップにつながらず、実績にもならない「オフィス家事」を自発的に引き受けるよう求められることが多い。[41] そして、こうしたタスクを断ると、嫌な印象を持たれる。[42]

どのような仕事が価値が高いかに関する私たちの思い込みの多くは、女性を構造的に低く位置づけている。駆け出しの頃にマーケティングとセールスの両方を担当したあるエグゼクティブは、「女性ばかり、あるいは女性の割合が大きい職種は価値が低いとみなされる」と語る。「私がある会社でマーケティングの仕事を辞めたのも、そのせいだ。その部署が（女性だらけの）『ピンク・ゲットー』になりつつあることが心配になったのだ」。現代の世界的な大企業では、営業ないしはオペレーションのポジションにつき、海外赴任することが、経営幹部にいたる昇進ルートの必須条件と考えられているが、女性はそのどちらのポジションにもつく可能性が低い。この昇進ルートは長年の慣習であり、経営幹部になるための準備として本当に必要なのかどうかはわからない。危機管理など女性が担うことが多い舞台裏の仕事は過小評価されがちだが、実のところ、経営幹部の能力をつけるためには同じくらい重要かもしれない。[43] 私たちは何が本当に重要かを見極めるとき、慣習に流されることがあまりにも多い。

経営幹部への昇進ルートは、必ずしも明確に示されているわけではない。ほとんどのホワイトカラーの業界では、キャリアパスは自分で管理するものであり、本人が主体的に次のステップを探るものと考えられている。昇進のチャンスは直属の上司や先輩など、人を介して舞い込んでくることが多い。幹部レベルのアライは、重要タスクを振ってくれたり、ハイレベル会議に参加する機会をくれたり、昇進候補に加えてくれたりと、決定的に重要な役割を果たす。だが女性の場合、会社がポテンシャルが高いと認めてくれている場合でも、このようなサポートを得られる可能性は男性よりも低い。なかでも最も不利な立場に置かれるのは非白人女性だ。[44] 7万人以上を対象としたある調査では、マネジャーが自分のために機会を擁護してくれたと答えた黒人女性は白人女性よりも10%少なく、中南米系の女性でも白人女性より少なかった。[45]

筆者らが関わっている長期研究では、キャリア中盤から終盤の女性の42%が、会社の制度でも、非公式にも、メンターやスポンサーを持ったことがなかった。さらに、個人的なネットワークでもメンターがいない人の3分の1は、そのことが自分のキャリアにとても、または、極めて大きなダメージを与えたと答えた。この認識は客観的に見ても事実のようだ。筆者らの研究では、メンターやスポンサーがいた女性は、上級管理職になれる可能性が高かったのだ。ある企業は、中堅レベルの女性や人種的マイノリティを対象とするスポンサー制度をつくり、シニアリーダーの指導を受ける機会を与えただけでなく、シニアリーダー自身にも後輩の能力開発に重要な役割を果たせることを教えた。「自分のキャリア形成で最も重要な決定は、自分がいない場所で下されていると、よく言われる」と、この会社のダイバーシティ委員会の委員長は語った。「また、男性は放っておいてもスポンサーが見つかることが多いが、女性やマイノリティにはそれが難しいこともわかっている。どんな組織でも、自分のスポンサーになってくれる人、自分を擁護してくれる人がいることはとても重要だ」

能力開発のポイント

女性は、プロフェッショナルとして成長する上でカギとなる要因に接する機会が男性よりも少ない。これは、公式にも非公式にも能力開発の機会を得にくい、ないしは、自分の昇進を助けてくれる人との関係が希薄だからだ。より高いレベルで結果を出せることを示す経験や存在感が乏しいため、昇進は頭打ち状態になるか、転職を考えることになる。

マネジャーにできること

- プロジェクトやチームの人事を調べ、客観的な基準がない場合は作成する。
- 飛び級昇格、ジョブローテーション、研修など能力開発の機会を得た人たちを調べて、ジェンダーや人種によるパターンがないか分析する。
- メンターやスポンサーを見つけやすい制度をつくる。たとえば、アメリカ経済学会(AEA)が後援するメンタープログラムに参加した女性研究者は、そうでない女性研究者よりも、論文掲載率や研究助成金獲得率が高かった。[46]

人事考課

ある従業員の貢献レベルが期待どおりか、期待以下か、期待を上回るかを評価することは、マネジャーの仕事の中核をなす。そして、ほとんどのプロフェッショナルは、定期的な人事考課によってキャリアパスが決まる。通常、人事考課の方法には評価ルーブリック、キャリブレーション（評価調整）ミーティング、レビュー期間など一定のフォーマットがあるが、それをどう使うかは、最終的にはマネジャーの判断に委ねられる。このため、女性はどうあるべきか、あるいは、どのように行動するべきかに関するマネジャーの意識（または無意識の思い込み）が、評価に重大な影響を及ぼす。あるエグゼクティブは、「好感度は数値化できないのに、成果よりもはるかに大きな意味を持ち得ることを理解していなかった」と語る。「女性の場合、好感度が低ければおしまいだ」。また、「成功」や「トップ社員」について共通して抱かれている思い込みも、人事考課に影響を与える。こうした思い込みは、会社全体の健全性のためになることではなく、攻撃性や行きすぎた競争心など、誇張された男らしさを高く評価する場合がある。この「職場のマッチョ度競争」と研究者が呼ぶものが、組織文化を形づくる。「勝つこと」が報酬の基礎をなすとみなされる場合は特にそうだ。[47] マッチョ度競争が会社公認になると、高い実績とは、個人的な地位の追求や熾烈な競争でトップに立つことと誤解されるようになる。こうした振る舞いは、コラボレーションにはマイナスになることが多いが、白人の異性愛者の男性には自然かつ適切な行動とみなされる（「男性はいつまでたっても少年」という考え方だ）。ところが、女性や人種的または性的マイノリティの男性が、マッチョ度競争に加わると、反発を受けたり、「弱い」競争相手とみなされたりする。

より広い意味では、女性として好感を持たれつつ、仕事人としてリスペクトされるという、これまでにも述べてきた二重の要求が、女性たちの評価にネガティブな影響を与える。権威や決断力や率直さといった典型的なリーダーの資質は伝統的に男らしさの暗号であり、女性が強力なリーダーシップを示すと、女性らしくないとみなされ、一緒に仕事をしにくいとか、気性が荒いとレッテルをはられるのだ。ところが、女性らしさの期待に従って行動すると、今度は能力が低く、成果も小さいとみなされがちだ。[48] たとえば、女性の場合、怒りを表現することは能力が低い証拠とみなされるが、男性はそのようにみなされないことが研究からわかっている。[49] また、女性リーダーが、同レベルの男性リーダーよりもたくさん話すと、能力が低いとみなされるが、男性リーダーの評価は変わらない。[50] 米海軍兵学校の学生を対象とした研究によると、たとえ実績平均点（ＧＰＡ）や軍人としての階級が同じでも、女子学生の評価にはネガティブな文言（軽薄、無能、消極的、注意力散漫といった表現）が含まれていた。[51]

女性の実績は客観的に評価されていないか、男性同僚と同じ基準に照らして評価されていない可能性がある。ＨＢＳのフランシス・フライ教授と、リーダーシップ・コーチのアン・モリスは、ある政府機関の幹部グループに、同レベルの成績だと思う職員をリストアップしてもらったことがある。その上で、そのリストにある職員の人事考課を入手して、幹部らに見てもらったところ、彼らの抱いていた印象と全く一致しておらず、本人たちも驚いていたという。[52] 研究によると、女性の実績は男性よりも厳しい基準で評価され、女性が男性と同じ評価点を得るためには、男性よりも高い実績を上げなくてはならないことがわかった。[53] ある法律事務所で行われた調査は、この現象を明確に示している。男性弁護士も女性弁護士も、実績評価では同じくらいポジティブなコメントをもらっていたのに、（報酬につながる）評価点は男性のほうが高かったのだ。[54] 別の調査は、評価プロセスのダブルスタンダードを明らかにしている。女性従業員は「分析麻痺（考えすぎ）」とみなされているものが、男性は思慮深く徹底的と評価されていた。[55] ある分野でトップクラスの学者でさえ、女性はそこにいたるまでに男性よりも多くの時間と努力を費やさなければならない。[56]

さらに、成功した女性は脅威とみなされ、そのために評価点を下げられる可能性がある。ある研究では、客観的な成績（と他のすべての要素）が同等でも、大卒の女性は、高卒の女性よりも低い評価を与えられていた。同じパターンは、職歴の影響にも見られた。過去に有名企業で働いていた女性は、さほど成功していない組織で働いていた女性よりも、低い評価を与えられていたのだ。[57] 部下の実績を評価するマネジャーにバイアスがない場合でも、女性は事前に差別的な扱いを受けているために、能力よりも低い評価を与えられる場合がある。金融大手2社の株式仲買人を対象にした調査では、女性の売上げが低いのは、質の低い顧客の担当にさせられていたからであることがわかった。[58]

多くの企業は、この種のバイアス（多くの場合、無意識に抱かれている）に気づくための研修を実施している。自分では女性のリーダーシップ能力を信じているつもりでも、ジェンダーや人種などの社会的アイデンティティについてステレオタイプを抱いているために、私たちの認識や交流は影響を受けることが、無意識のバイアスに関する研究で明らかになっている。[59] 無意識のバイアスについて社内教育を行うと、バイアスが意思決定に与える影響を気づかせ、バイアスに基づく行動をとらないよう促せる。ただ、その効果は、こうしたプログラムの位置づけ方や伝え方によって決まる。無意識のバイアスが蔓延していることを認識させるだけでは、むしろ従業員がバイアスを表現する可能性は高まる。しかし研修に、バイアスを克服することに関するメッセージを含めると、バイアスのかかった表現が減ったほか、特定の集団がどのように行動すべきかに対する前提に挑む人たち（昇進を強く求める女性など）とも協力する意欲が高まった。[60]

企業は、自分の判断に無意識に影響を与える可能性があるバイアスについて管理職を教育するだけでなく、誰が優秀か判断するとき、直感を排して客観的に測定可能な資質に注目させることで、評価プロセスからバイアスを取り除くこともできる。スター「のように見える」従業員を昇進させることがデフォルトになっていると、現実を物語る客観的データを見落としがちになる。最近の研究では、女性は実績が同レベルの男性よりも自分の成果をアピールしない傾向があることがわかった。このため、従業員の自己評価に基づき評価点をつけると、女性の場合は過小評価となる。[61] 自社の評価プロセスの結果を分析して、もっと客観的になるべき観点を探すのもいいだろう。テクノロジー企業や専門サービス企業（法律事務所や大手コンサルティング会社など）の調査では、女性がもらうフィードバックは、称賛であれ建設的な批判であれ、具体的な仕事との結びつきが乏しかった。このため女性たちは、評価の改善につながる要因がわからず、昇進するためには何をする必要があるのかについてもインサイトを得にくい。[62] 女性がもらうフィードバックは、正確でないことさえある。ある研究では、評価担当者は女性の実績を率直あるいは正確に語らない傾向があることがわかった。[63]

さらに、勤務態度に関する評価も、無意識のバイアスに影響されている場合がある。シリコンバレーのある大手企業では、リーダーシップをとったり、独創的な貢献をしたりといった仕事への意欲に関して、女性よりも男性のほうが高い評価を得ていることがわかった。男性と女性の人事考課にリーダーシップ関連の言葉が同じ量だけ含まれているとき、男性のほうが最終的な評価点は高かった。そこでこの企業では、全従業員が同じ客観的基準により評価され、同等の貢献とインパクトには同等の評価が与えられるようにするチェックリストを導入した。[64]

人事考課のポイント

きちんとした人事考課システムがあっても、実力に基づく評価が保証されるわけではない。評価プロセスの設計と実施方法は、従業員がフェアで正確な評価を受け、女性が実績に見合った評価点と報酬を得られることが決定的な要因となる。

マネジャーにできること

- バイアスが人事考課に影響を与えることを全員に教えて、その克服は共通課題であることを強調する。
- 成果を客観的に測定するルーブリックを作成・使用する。主観的な評価に頼らないこと。仕事上の具体的な目標や成果と結びついたフィードバックを与えること。
- チーム全体または部門全体で評価を見直して、男女の評価（とりわけ人格に関する評価）に構造的な差異がないか検討する。

報酬と昇進

本書のために筆者らが行った調査のひとつに、世界のさまざまな業種の女性エグゼクティブに対するアンケート調査がある。このなかで約75％の女性が、報酬に関しては、ジェンダー・バイアスが女性に「非常に不利」に働くと答えた。企業は、客観的な基準によって報酬を決定しようと最善の努力をしているが、「成果に沿った報酬」は名ばかりであることが多い。ある大手サービス企業の従業員8000人以上に関する調査では、女性と人種的マイノリティは、たとえ白人男性と評価点が同じでも、昇給レベルは低いことがわかった。[65] また、ある多国籍金融企業の中間管理職と上級管理職を調べたところ、男性は女性よりも低い評価点で昇進を果たしていた。[66]

ジェンダーによる賃金格差は、長い間、働く女性が直面する問題として最も話題になってきた問題のひとつで、近年はグーグルやウォルマート、ナイキ、マイクロソフト、さらにはボストン交響楽団といった有名組織が調査や訴訟の対象になったことで、一段と大きな注目を集めている。[67] 企業に男女の賃金格差を開示するよう求める社会的圧力も高まっており、イギリスやフランスなど、企業に報告を義務づけている国もある。米国では、連邦政府の一機関である雇用機会均等委員会（EEOC）がジェンダーや人種別の賃金データを集めていたが、その根拠となっていた規則をトランプ政権が一時停止してしまった。2019年4月に連邦裁判所の命令で復活したものの、結局EEOCはデータ収集をやめている。[68] 一方、カリフォルニア州議会は2020年、大企業にジェンダーや人種や報酬に関するデータの提出を義務づける州法案を検討した。[69] それは、「調整後」の賃金格差（職層や勤続年数といった要素を調整して、同一業務における男女の賃金格差を明らかにする）だけでなく、男女の賃金の「中央値」の格差も公表する方向へと議論が拡大している。[70] こうすると、報酬の少ない低い職層に女性が多いことを示せるだろう。シティグループは2019年、諸条件を調整後の男女の賃金格差は非常に小さいものの、会社全体では女性の賃金は男性よりも29％少ないことを明らかにした。報酬の高い上級職が男性によって占められているためだ。[71]規制と注目が高まるなか、どうすれば企業は女性を昇進させて、公平な報酬を与えることができるのか。

ジェンダーに基づく賃金格差は、採用前から始まっていることも少なくない。給与交渉の条件やパラメータが不透明だと、女性の初任給は一貫して男性よりも低くなりがちだ。これは仕事の内容や働いている地域など、給与額を予測する要因を調整しても生じる。[72]採用時に提示される報酬額は交渉可能であることを伝えるだけでも、交渉を試みる人の割合における男女差は解消できる。[73]あるポジションの適切な給与水準といった、ごく基本的な要素さえ曖昧な場合がある。あるエグゼクティブは次のように語っていた。

あるポジションの報酬は一般にどのくらいなのか調べてみると、我が社のある女性は、トップクラスの能力とみなされているにもかかわらず、業界の平均より30％も報酬が少ないことがわかった。そこで人事部に行って、「こんなことがあってはならない。彼女は飛び抜けて優秀なのだから、業界平均と同等かそれ以上の報酬を払う必要がある」と言った。ところが人事部は、30％の昇給なんて無理だと言う。彼女を採用したとき、前職よりもかなり報酬を上げてやったし、と。だが、前職の時点ですでに彼女の報酬は非常に低かった。うちの会社で採用したとき、彼女の報酬はそれまでより30％上がった。それは彼女にとってはいいことだったに違いないが、それでもその金額は、一般に男性が占めるそのポジションの平均報酬より30％低かったのだ。

この女性は、自分が引き受けた仕事の価値が、自分が提示された報酬額よりもはるかに大きいことを知らなかったため、その価値に見合った報酬を得るために交渉をする術がなかった（そのギャップをあとで是正することは困難あるいは不可能だった）。だが、企業が明確な情報を提示すれば、女性も対等な報酬を得られるようにできる。あるエンジニア向け求人プラットフォームは、そのポジションの給与の中央値を表示することによって、ジェンダーによる賃金格差を一掃した。それまでは、女性が提示する希望報酬額は、男性の提示額よりも4000ドル以上も安かった。だが中央値がわかるようになると、男女とも同水準の希望額を提示するようになった。[74]

前職での報酬が、転職先の提示する報酬額を押し下げることもあるが、転職は報酬アップの機会にもなる。ある業界横断的な調査では、女性エグゼクティブが転職すると、報酬は増えて、同等のポジションにある男性エグゼクティブとの報酬差は縮まることがわかった。[75]女性がより公平な報酬を得られるようになることは喜ばしいが、転職は、現在の会社での昇格が頭打ち状態になったことへの不満から生じることが多い。シニアレベルまで昇進できた一握りの女性たちなら、多くの企業が経営幹部のジェンダー不均衡を解消したがっていることを知っているから、それを自分の報酬アップにつなげることができるが、女性の昇進に限界があるという構造的なパターンは変わらない。ある女性は、1つ上の報酬レベルに上がれたのは、自分が転職を考えていることが会社に伝わったからだと語った。

エグゼクティブにもいろいろなレベルがある。うちの会社の場合は3つあり、私は一番下のレベルから抜け出せなかった。第2レベルへの昇格は6回くらい見送られた。そんなとき別の業界から声がかかり面接を受けた。するとどうしたことか、（第2レベルに）昇格が決まった。

男性が私のように何度も昇格を見送られたら、「辞めてやる！」と声高に言っていただろう。でも、私はそうはしなかった。ただ、もう昇格できないのだと思ったから、転職活動を始めた。中南米系の私はどこへ行っても「初」の存在だったけれど、そのレベルに中南米系が昇格するのも私が初めてだった。悲しいことにね。もう2016年なのに！

社内で昇進するためには、自己推薦が必要な場合が多い（またはそれが奨励される）。これは従業員のエンパワメントにつながるものの、ジェンダーにより異なる社会規範のために、女性には不利に働くことがある。女性の自己推薦は自己顕示欲が強いとみなされて、男性は経験することのないネガティブな扱いを受ける可能性があるのだ。このため有能な女性たちは自己推薦に尻込みする場合がある。メディアでも取り上げられてきたが、グーグルは、ジェンダーに基づく社会的コストを取り除く対策を講じている。たとえば、昇進基準を満たす従業員全員に自動的に自己推薦書の提出を促したり、女性の上級管理職に自己推薦の重要性に関するスピーチをしてもらい、自己推薦は普通のことであり、会社に期待されていることでもあると周知したりしているのだ。[76]ただ、マネジャーが最も気をつけなくてはいけないのは、自分のことを声高にアピールする従業員ほど生産的だとみなして、異なるタイプの潜在的なリーダーの貢献を見落としてしまうことだ。あるエグゼクティブは次のように説明してくれた。

日常的に自己アピールをする人は、好意的に評価されがちだ。誰かの後継者探しや、新たなポジションの候補者探しが始まったとき、こうした人たちは真っ先に名前があがる。自己アピールがうまい人たちは昇進のスピードが速いものだ。少なくとも私の経験では、それは自信満々で、自己アピールを仕事の一部にしている男性であることが多い。ほとんどの女性は、日常的に自己アピールをするよりも、誰かが自分に気づいてくれるのを待つか、年に1度の人事評価のときにようやく、「この5つの成果を誇りに思っている」と言うくらいだ。（積極的な人は）さりげないアピールもする。ミーティングの前に、「そういえば、この間、○○さんと食事をした」とかね。自分がどんなネットワークづくりをしていて、どんな仕事をしているのかをさらりと話すのだ。取引先や同僚からのほめ言葉をメールで転送してくる人もいる。男性はそれを仕事の一部だと考えていて、ためらいなく実行する。でも、その人が本当に優れた実績をあげて、素晴らしい貢献をしているのか、それとも、本人がそう言っているにすぎないのかを判断するためのデータはない。

会社のピラミッドの上に行くほど、定型的な昇進はなくなっていく。ポジションが減るため、上層部に食い込みたければ、評価制度以外の場所で目立ち、自分の価値をアピールしなければならない。女性は、それを実践する自然な機会があまりないかもしれない。あるエグゼクティブは次のような経験をした。

一定のレベルまで昇進して、正真正銘の中間管理職になると、どうすれば次のレベルに昇格できるかを考えることになる。それまでにも何気なくジェンダー・バイアスが入ってくることを学んでいた。そのせいで、自分が昇格候補から外されることもあったと思う。それは私が内輪の「お仲間」ではなかったからだと思う。その最たる例が、グループで出張に行ったときだ。うちの社用機は、4つの座席が向かい合っていて、もうひとつ離れた席があるタイプで、私はいつも1人席に座ることになった。だから会話に加われない。そういうとても小さな、ささいなことが違いをもたらす。

女性がトップに立つために打ち破る壁は、長年「ガラスの天井」と呼ばれてきた。目に見えないけれど、なくなることのない壁だ。だが、幹部レベルに到達した女性は新たなハードルにも直面する。しかも、それまでのジェンダー・バイアス管理戦略が通用せず、ひどければ対応策が逆効果をもたらす。S&P1500企業の調査によれば、ガラスの天井は、経営幹部に複数の女性がつくことも難しくする。たとえば、経営幹部に女性が1人いると、新たに女性が加わる可能性は低下する。[77] 女性がトップ付近に就任すると、男性が圧倒的に多いなかでジェンダーが余計目立つようになり、適任かどうかの判断に、一段と主観が混じってくるのだ（女性がこの壁とどう戦い、どのような戦略で乗り越えてきたかは第2章を参照のこと）。

また、「ガラスの崖」と呼ばれる現象も研究者らによって指摘されている。これは、業績不振の企業では、女性がシニアレベルに指名されやすいことをいう。[78] ガラスの崖はすべての状況に当てはまるわけではないようだが、多くの女性リーダーの地位は相対的に不安定なことが多く、そのために、リーダーには男性の方が適しているというイメージが強化される可能性がある。筆者らがインタビューしたあるエグゼクティブは、こうしたリスクの高いチャンスが、白人女性と非白人の男女の両方にダメージを与えていることを生々しく語った。「我が社では必ずと言っていいほど、極めて優秀な女性やマイノリティをひどいポジションにつかせる。可愛がっている部下なら、誰もつけようとは思わないポジションだ。『ダイバーシティに取り組んでいるのだから、優秀なマイノリティにやっていただこう』という態度だ。でも、その人物は2年もすると燃え尽きてしまう。

そんなひどい仕事は到底こなせないからだ。そういうことがしょっちゅうある」

報酬と昇進のポイント

女性の報酬と地位は、昇給や昇進の公式および非公式のプロセスに潜むジェンダー・バイアスによって、人為的に抑えられることがある。

マネジャーにできること

- 交渉のパラメータを提示する。
- 候補者の報酬は、前職ではなく、市場の標準に合わせる。
- 昇進・昇給の決定を人種やジェンダー別に体系的にチェックする。
- ノミネーションのプロセスを透明化し、客観的な成果に基づくようにする。
- 問題含みのポジションや不安定なポジションに、特定のジェンダーや人種が抜擢されやすいパターンが存在しないか調べる。

定着

女性が会社のピラミッドの下のほうで足止めを食らっていると、経営幹部の候補になる女性が足りなくなるだけでなく、会社を辞めてしまう女性も出てくる。大手コンサルティング会社のデロイトは10年以上前、「女性イニシアティブ」の廃止を検討したが、同社では、会計学の学位保有者は女性のほうが多いことや、大学時代の成績も男性より女性のほうが総じて優れていることを示すデータを見て、経営陣が考え直したことがある。女性従業員への投資を減らすことは、経営戦略上うまい措置ではないと気づき、むしろその取り組みを強化することにしたのだ。「女性イニシアティブ」のリーダーを引き継いだキャシー・ベンコーは、「(デロイトは)女性応募者を集めることには苦労していない」と気がついたという。「採用者に占める女性の割合は51~52%だ。難しいのは、彼女たちを定着させることだ」[79]。何が女性たちの離職を促しているのか。データによれば、女性たちの仕事へのコミットメントは低くない。ある大手サービス会社の管理職、事務職、専門職を対象にした調査でも、女性が男性よりも体系的に高い割合で離職しているという証拠は見つからなかった。むしろ男女とも、自分の賃金がそのポジションの平均よりも低いと、辞めていく傾向が強かった。[80]

昇進が妨げられたり、制限されたりすることは、女性の離職を促すことがわかっている。たとえば、公共部門と民間部門で行われたある研究では、仕事への満足度、とりわけ昇進の機会と関連した満足度を考慮に入れると、離職意思に関する男女差は消えた。女性は昇進の機会に関する満足度が著しく低かった。つまり、一見、ジェンダー・ギャップのように見えたものは、実のところ、現在の組織で昇進できると考える従業員と、昇進が頭打ち状態だと感じている従業員の間のギャップだったのだ。[81] ヘルスケア業界でも、女性の離職は組織内外における昇進に関する認識が影響している。[82] コンサルティング会社や法律事務所など、昇進できない従業員は辞めていく傾向が強い業界の調査では、シニアレベルに女性がいると、若手女性の離職率が低下することがわかっている。リーダーシップのポジションに女性がいると、若手女性たちは自分にも昇進のチャンスがあると考えて、会社にとどまろうとする。[83] 有力な地位に女性が多いほど、セクハラ（女性の定着率を低下させる要因のひとつだ）も減る。[84] ハラスメントが蔓延している組織文化では、成績優秀な従業員の横暴を見逃してやる傾向があり、女性のウェルビーイングよりも、稼ぎ頭のご機嫌のほうが重要だというメッセージを、会社全体に送ることになる。[85]

女性が離職する最大の原因は、子育てであるという思い込みも幅広く存在する。筆者らの調査でも、「仕事よりも家庭を優先すること」が女性の出世を遅らせる原因だと、男女ともに考えていることがわかった。[86] だが、昇進を断念したプロフェッショナル職の女性に関する研究では、女性がトップへの昇進ルートから降りたり、仕事そのものを辞めたりするのは、母親になると職場で地位を得るチャンスがなくなるからであることがわかっている。いわゆる「母親ペナルティ」により、子育て中の女性は、子どもがいない女性や男性（父親を含む）よりも仕事への熱意が乏しいとみなされ、チャンスも報酬も抑えられてしまうというのだ。[87] 高学歴なのに離職した女性たちの調査によれば、彼女たちが辞めるのは、重要なタスクを任されなかったり、降格されたりして、その組織には昇進するチャンスがないと考えたからだった。彼女たちの経験は、「辞めることを選んだ」というより、「追し出された」に近かった。[88]

ある女性はその経験を次のように語った。

妊娠したと言ったとたんにチームが再編され、私の部下だった3人のうち2人が私と同じレベルに昇格した。また、私は30人のチームから6人のチームに移された。降格だ。給料は同じだったが、責任が減らされた。私の意見が聞かれることはなかった。グローバルレベルで柔軟な働き方が方針として掲げられているが、ローカルレベルになると、実際に柔軟に働けるかどうかは上司次第で決まる。私が、「フレックスワーク制度があるから、それを利用して働くつもりだ」と言っても、「ああ、でも上司の許可が必要だ。また、ポジション的に可能な場合に限られる」と言われた。そういうことはアシスタント職ならわかるが、シニアポジションは違うはずだ。私はすでに16年間の実務経験があったし、実績もトップクラスだった。会社の負担でMBAも取得していた。

この例が明らかにしているように、柔軟な勤務時間などの家族ポリシーを利用することに対する偏見は、女性のキャリアを狂わせる可能性がある。極端なまでの仕事への献身が評価され、四六時中メールに対応し、クライアントが求める以上の成果を提供する従業員こそスーパースターだという組織文化で、ワークライフバランスをサポートする制度を利用すると、昇進の妨げになる恐れがある。柔軟なスケジュールで働く女性は、標準的な時間帯に働く女性と成果は同じでも、仕事に対する熱意が低く、昇進のモチベーションも低いとみなされる傾向がある。[89]

なかには柔軟な働き方を組織のツールとして位置づけ、女性が昇進ルートから脱落するのを防ごうとする先進的な企業もある。これはワーク・リデザインと呼ばれるアプローチで、従業員が実力を発揮できるようにする方法を理解することに力を注ぎ、仕事をするべき時間や場所についての常識に疑問を投げかける。米家電量販店大手のベスト・バイは2004年、ワーク・リデザインの試みのひとつである「完全結果志向の職場環境（ROWE）」を、最新の経営戦略として（つまりワークライフバランスやジェンダー平等のためではなく）導入した。ROWEは、「任務を完遂するかぎり、（従業員は）いつ何をするのも自由である」べきだと規定している。その導入にあたり、伝統的な働き方を批判的に検証して、任務を成し遂げるのに役立つ新しいプロセスを構築する研修が行われた。その結果、従業員の総合的なウェルビーイングは高まり、仕事の質も高まったとされ、ROWEの実施期間中の離職率も低下したという。残念ながら、CEOの交代により、この試みは2013年に終了した。[90]一方、2016年にROWEを導入したカナダ抵当住宅公社は、従業員エンゲージメントとワークライフバランスが改善したとしている。[91]

定着のポイント

女性は、昇進の可能性が限られていると感じると、転職する可能性が高い。そのように感じるきっかけは、経営幹部に女性が少ないことを見たときかもしれないし、自分自身の経験からかもしれない。

マネジャーにできること

- ジェンダーおよび人種別の離職率・定着率のデータを集める。
- セクハラの加害者については、そのポジションや実績にかかわらず、有意かつ明確な処罰を与える。
- 本当に対面作業が必要な仕事を洗い出し、非同期的またはリモートでもできる仕事については、従業員に柔軟性を認める。
- フレックスワーク制度などワークライフバランス支援ポリシーに関する社内コミュニ

ケーションを調べて、仕事と生活のバランスを取ることはあらゆる従業員に必要なことであり、より優れた仕事をするためのツールとして位置づける。

評価と振り返り

これまで述べてきた各段階に組み込まれた障壁を理解して、それを縮小するアクションを取ることは、循環的なプロセスだ。新しいプラクティスを導入したり、マネジャーの訓練を行ったりすることは、1回限りではいけない。ジェンダー不平等に対処する措置は、多くの経営プラクティスと同じように、継続的な評価と改善が必要なツールとみなされるべきだ。セールスフォースの最高人材責任者は2018年、同社の年俸分析について、「監査は毎年行う必要があり、1回限りではないという点で、私とマーク（・ベニオフCEO）の意見は非常に早い段階から一致していた」と、ビジネスインサイダーに語っている。ジェンダー賃金格差を調べて、継続的にその是正を図るセールスフォースの取り組みは、ポジティブな結果をもたらしてきた。2016年に年次監査を導入して以来、「この会社では、仕事ぶりに応じて公正な報酬が支払われている」という文章に同意する従業員が12ポイント増えて、90%を超えたのだ。女性従業員の数と、リーダーシップに占める女性の割合も高まった。[92] これに対して、2018年の調査によると、米国とカナダでジェンダー賃金分析を行っている企業は40％もなかった。[93]

応募者のダイバーシティから離職率まで、人材管理の各段階でジェンダーなどの属性別データを収集・分析すると、きちんとした情報に基づいた意思決定を下すことができる。ある大手テクノロジー企業は２０１７年、ジェンダーや人種別に離職率を示した「離職指数」を公表しはじめた。すると、米国では黒人と中南米系の従業員が、平均よりも短い期間で転職していくことがわかった。そこでこの会社は、「リテンション・ケースマネジャー」が従業員に研修の機会や従業員グループを紹介するプログラムを立ち上げた。[94]「測定しなければ管理できない」と言われるように、こうしたデータは有用だ。だが、最近のＳ＆Ｐ５００企業の最高ダイバーシティ責任者（ＣＤＯ）を対象とした調査では、従業員の人口動態データを入手しているＣＤＯは35％しかいなかった。[95]

評価を行うのに必要な基本データを入手したら、バイアスを防止するツールやアプローチを日々の人材管理に取り入れる必要がある。そうしないと有能な女性を引っ張り上げることはできない。トップの掛け声も重要だが、そのメッセージを現実的な行動に移さなければ、たんなるリップサービスで終わってしまう。あるエグゼクティブは次のように語った。

最高幹部レベルの男性たちが、ジェンダー平等や人種平等やダイバーシティのパワーについて多くを語っているし、末端レベルでも、女性や非白人男性が積極的に採用されている。ところがその中間では、月並みな能力の管理職が、有能な従業員の昇進を邪魔している。この層は凍りついたように変化が起きていない。私は、取締役レベルの女性やマイノリティと協力することに多くの時間を費やしている。なにしろバイスプレジデント（VP）レベルには、頭の古い守旧派の白人男性が大勢いて、「トップが何を言おうと知ったことか。うちの部門はこうやる」という態度でいる。この層を崩すのは本当に難しい。そして気がつくと、（白人女性や人種的マイノリティ）は辞めていってしまう。エグゼクティブバイスプレジデント（EVP）や最高幹部などのシニアレベルは、この中間レベルのVPと本気で戦うことに消極的だ。内心では自分たちも、従業員は会社に忠実で、業績に集中してほしいと思っているから、中間管理職の行動に異議を唱えないのだ。

幅広いジェンダー平等プログラムを実施しているある企業の最高プロダクト責任者は、当初は抵抗があったものの、シニアリーダーが（ダイバーシティ拡大の）戦略的重要性を説明すると、抵抗が消えていったと語る。「女性マネジングディレクター（MD）を増やしたいと言ったところ、『女性なら（MDに求められる資質の）条件を下げるのか』と言われたものだ。でも、4〜5年もたつと、そうした声は聞かれなくなった。（ダイバーシティ拡大の目的は）、もっと広い範囲から適任者を見つけることだと、強く訴えてきた。重要なのは、無意識のバイアスを取り除くことだ」

ジェンダー・ダイバーシティの価値に関するトップのメッセージが、各部署や日常的な業務管理や人材管理に反映されるようにするためには、全管理職が継続的なレビューを受ける必要がある。筆者らが話を聞いた女性エグゼクティブたちは、経営幹部に女性を増やす取り組みが、人事部だけによって企画・運営されると失敗に終わると語っていた。あるエグゼクティブによると、報酬のパターンを見ると、その会社が成功をどのように定義しているかがわかるという。「昇進する人や、最高の報酬を得ている人は、経営陣が（重視すると言っている）特性のどこに該当するのか。（彼らの上司は）その特性を重視したのか。経営幹部が重視する特性と、職層の低い管理職が重視して獲得した人材の間にギャップはあるのか」

ロザベス・モス・カンターＨＢＳ教授は40年以上前、著書『企業のなかの男と女――女性が増えれば職場が変わる』（生産性出版）で、職場におけるジェンダーについての画期的な研究を紹介している。カンターが指摘する障壁の多くは現在も存在する。本章で説明してきたように、そこには構造的要因と個人的要因が絡み合っている。だが、こうした根深い障害にもかかわらず、カンターは希望的な見方を崩していない。筆者たちもそうだ。ＨＢＳの「第1回ジェンダーと仕事研究シンポジウム」で、カンターは、組織のプロセスと管理職を連携させることが、ジェンダー格差を助長させるか緩和するかを分けるカギになると説き続ける必要があると力説した。「このように絡み合った要素を理解すれば、そこに介入して変化を起こすことができる。変化はいつだって起こすことができる。それがリーダーの仕事だ」[96]

女性エグゼクティブの声

筆者らは、女性リーダー向けエグゼクティブ教育課程を最近受講した150人以上にアンケート調査を行い、本章で提案した人材管理方法について意見を聞いた。彼女たちは北米、南米、ヨーロッパ、アジア、アフリカ、オーストラリア、ニュージーランドの官民さまざまな業種の組織で、大きな責任を伴う仕事をしている。ほとんどは大企業の損益責任を伴うポジションにあり、経験も豊富で、75%は20年以上のキャリアがある。

彼女たちの認識は完全に同じではなかったが、一貫性があった。人材の獲得と管理の各段階で、個人的なバイアスと構造的な障壁が女性に不利に働いているというのだ。特に報酬と昇進に関しては不公平だという認識が幅広く存在し、女性は何らかの形で不利に扱われていると答えた女性が89%にのぼった（71%は、「非常に大きな」不利益に直面していると答えた［表5・1］）。

回答者が所属する組織の規模は、彼女たちが感じるバイアスのレベルと一致していなかった。つまり、組織の規模が大きい（または小さい）からといって、公平なプロセスを確保する体制が整っているわけではない。また、若手は、何十年も前に働きはじめた先輩たちほど大きなバイアスを感じていない場合があるが、つねにそうとは限らない。ジェンダー公平の面で進歩があったことは確かだが、女性たちは依然として、バイアスや障壁によって、自分や仲間の昇進が妨げられていると答えている。

また、女性エグゼクティブのほぼ90％が、人材管理のプロセスを監査してジェンダー・ギャップを発見することが「不可欠」または「重要」だと答えた。また、自分がいる分野や業界の企業は、退職率などの主要指標におけるジェンダー・ギャップを分析したり、女性のエンゲージメントと維持を高めるポリシーやプラクティスを策定したりして、従業員エンゲージメントを高める努力にジェンダーの視点を取り入れるべきだと答えた女性はもっと多かった。65％以上は、自分の会社が女性のエンゲージメントや維持のためにとっている措置は不十分だと思うと答えた。

表 5.1　人材管理の各段階におけるバイアスと障壁が女性にもたらす不利益

	募集	採用	統合	能力開発	人事考課	報酬と昇進
非常に大きい	31%	48%	34%	36%	46%	71%
やや大きい	45%	36%	31%	38%	26%	18%
わずかにある	15%	12%	12%	18%	12%	7%
わからない	2%	2%	3%	3%	3%	3%
まったくない	6%	3%	19%	5%	14%	2%

ガラスの天井を破る戦略（次ページに続く）

人材管理の段階	問題点	注視ポイント	推奨策
募集	自社の期待や業界の規範と比べて女性の候補者が不足している	募集活動に、十分な資質のある女性を敬遠させる要素はないか	・マネジャーの個人的ネットワーク（均質かもしれない）の外に候補者を探す ・職務内容や会社の説明に使われている表現をチェックする
採用	内定を得る女性の割合が男性よりも低い	採用プロセスに、男性候補と同等以上の資質やポテンシャルを持つ女性を排除する要素がないか	・ジェンダー・バイアスとそれが採用判断に与える影響についてマネジャーを教育する ・履歴書を匿名化する ・面接担当者のダイバーシティを確保する ・定義された基準に照らして、複数の候補者を一緒に評価する
統合	女性はチームや部門の中で脇役に見える	新人は、最適な貢献と活躍を可能にする人間関係を築いているか	・新人が自分とは違うタイプの人たちと共通目標に向けて協力する機会をつくる ・排他的な社交活動を思いとどまらせ、女性が異質な存在とか、チームのはみだし者と扱われないようにする

人材管理の段階	問題点	注視ポイント	推奨策
能力開発	女性は、男性同僚と同じペースでスキルや経験を積み重ねていない	研修やワンランク上のタスクなどの能力開発の機会がジェンダーに関係なく与えられているか	・研修や能力開発の機会の割り当て方をチェックし、客観的な基準を導入する ・メンターやスポンサーに対する女性のアクセスを広げる
人事考課	女性の評価点が男性の評価点よりも低い、ないしは、採用時に期待されたレベルよりも低い	評価プロセスやその実施法は、ジェンダー・バイアスの影響を受けていないか	・ジェンダー・バイアスとそれが実績評価に与える影響についてマネジャーを教育する ・評価点をつけるとき使われる基準をチェックし、曖昧で、漠然として、歪められやすい基準を取り除く
昇進と報酬	女性の報酬が男性同僚よりも低い、ないしは昇進ペースが遅い	報酬や昇進の決定プロセスはジェンダー・バイアスの影響を受けていないか	・報酬案と昇給のパラメータを明確化・透明化する ・昇進と報酬の決定プロセスを、人種やジェンダーなどアイデンティティ別にチェックする
定着	女性の離職率が男性よりも高い、ないしは会社の予想よりも高い	女性は、この会社で昇進できると思えているか、優れた実績に見合った報酬を得ているか	・離職率や定着率をジェンダー別に記録する ・測定可能な成果に焦点を絞り、柔軟な働き方に対するスティグマに影響されないようにする ・ハラスメントをする成績優秀者を見て見ぬふりはしない

case

集団訴訟を社内改革のきっかけに
――クアルコム

クアルコムは、カリフォルニア州サンディエゴに本社を置く半導体メーカーだ。2015年、そのクアルコムの技術職やエンジニア職についていた女性7人が、同社の賃金および昇進制度は、女性を差別していると主張して集団訴訟を起こした。7人は、雇用機会均等委員会(EEOC)とカリフォルニア州公正雇用住宅局(DFEH)に正式な訴えを起こしたが、この事案が裁判所に移される前に、クアルコム側が1950万ドルの支払いに応じるとともに、この訴訟で明らかになった差別的慣行を是正する一連の措置をとることで和解した。同社は、不平等な待遇を受けたという主張に対して「強力な抗弁」があるとしつつも、「社内の対策と手順を有意義に強化する」として、従業員の能力開発、報酬、柔軟な働き方へのアプローチを全面的に見直すことに同意した。[97] また、改革を実行するために独立した専門家を雇うことにも同意した。モバイル通信技術で最先端を行くことで知られる同社だが、公平な職場をつくることにかけては、最先端どころか後れをとっていたのだ。

クアルコムは珍しい例ではない。EEOCには同一賃金法違反の訴えが年間約1000件寄せられているほか、州や自治体レベルでも差別の訴えが起こされている。[98] ジェンダー差別訴訟を一元的にまとめた記録はないが、近年報じられただけでも、ツイッター、グーグル、フェイスブック、ウォルト・ディズニー・カンパニー、マイクロソフト、オラクル、KPMGコンサルティング、クライナー・パーキンス・コーフィールド・アンド・バイヤーズ、ゴールドマン・サックスなどの企業が訴えられたニュースが思い浮かぶ。セクハラなど明らかな差別が主張されることもあるが、最近の裁判では、専門家が「第二世代ジェンダー・バイアス」と呼ぶものが焦点になることが多い。このバイアスは、女性に不利になるパターンや慣習で、組織の文化や構造に深く組み込まれているため、自然あるいは中立的なものとみなされ、気づかれないこともある。

クアルコムの訴訟の原告は、あからさまな差別（第一世代ジェンダー・バイアス）と第二世代ジェンダー・バイアスの両方を主張した。同じようなポジションでも、男性は女性よりも基本給が高い（明らかなジェンダー差別だ）上に、女性は暗黙の間接的手段によって経営幹部にいたる昇進ルートから外されていた。同社では、従業員の昇進希望をマネジャー（大多数が男性だ）が承認するという昇進プロセスが取られていたため、間接的な差別の温床になっていた。マネジャーは能力開発や昇進の方法を従業員に知らせることはなく、高評価につながりやすいタスクや研修や昇進の機会を、特定の基準もなく割り当てていた。クアルコムと、３０００人以上の女性従業員を代表する法律事務所が分析した結果、同等の資質を持つ従業員でもジェンダーによって昇進率に差があることがわかった。さらにハードルを高くしていたのは、長時間労働と、四六時中仕事の要求に応えられる人物を高く評価する企業文化だった。子育ての大きな責任を担う従業員（主に女性だ）や産休を取得する従業員は、事実上、二級市民の扱いを受けていると、原告側は主張した。24時間いつでも仕事の要請に応じる従業員は、生産性や実績とは関係なく高い報酬を与えられ、時短勤務やフレックスタイム制を利用している従業員は、成果とは無関係に事実上低い評価をされた。さらに女性たちは、クアルコムの賃金設定は、基本的なスキルと付随業務をあまりに軽視しており、同じような性質のポジションでも賃金格差が生じていると主張した。同一業務でも女性の賃金のほうが安い明らかな慣行はなかったが、クアルコムのアプローチは結果的にジェンダーによる賃金格差を生じさせていた。[99] これはジェンダー平等を支持するという会社の約束と、女性従業員が置かれている実態の間にギャップがあることを示していると、女性たちの弁護団は指摘した。「透明性を確保するための具体的な取り組みと、報復人事はないという保証がなければ、職場における女性の平等実現という漠然とした意欲が形になることはない。具体的な構造改革がなければ、ダイバーシティや平等を目指すという崇高な約束は実現されない」[100]

クアルコムの訴訟チームと女性従業員の弁護団が、こうした主張を法廷で戦わせることはなかった。かわりにクアルコムは、すぐに構造改革に乗り出した。何カ月もかけて会社のデータや記録を分析して、従来の経営慣行が女性にどのような影響を与えており、どのような是正措置がとられるべきかについて、お互いが合意できる部分を探った。そして2016年半ば、金銭的賠償と多くの経営慣行の見直しを含む和解合意がまとまった。クアルコムは、上司が部下に個人的に声をかけることで仕事の割り振りや昇進が決まる慣行から生じる昇進格差を是正するため、女性のリーダー育成策を設けるとともに、フレックスワーク制や育児休暇のサポートを強化し、これらを利用しても女性の昇進がストップしないようにすることに同意した。また、従業員の評価、昇進、報酬に関するデータを収集・分析してジェンダー・ギャップを明らかにし、従業員が差別について苦情を申し立てられる社内手続きの改善も約束した。[101]

この和解により、それまで不利益を被っていた現従業員と元従業員は、逸失賃金の一部を取り戻すことができた（ただし1人当たり約4000ドルと、あくまで象徴的な金額だった）だけでなく、将来の女性従業員が活躍しやすくなる組織改革も実現することができた。クアルコムとの和解は、既存の従業員の救済措置であるだけでなく、未来を見据えたものであり、完全に実施されれば、経営幹部への道のりはずっとジェンダー平等なものになるはずだ。応急処置ではないから、本当にジェンダー平等が実現するかどうかは、まだわからない。ただ、初期の兆候としては、技術職における女性の割合が、訴訟が起こされた年は14・3％だったのに対して、２０１９年には16・4％へとわずかながら上昇した。[102] 和解条件に示されたプログラムやプラクティスを制度化して、ジェンダー平等への取り組みを続ければ、無線技術だけでなく、女性の定着と昇進でも、クアルコムはリーダーになれるかもしれない。

6 変化を阻む中間管理職
――インクルーシブなマネジャーになるための手引き

第5章で紹介した人材管理方法は、複雑で多面的かつ相互依存的なシステムの一部であり、個々のマネジャー（とりわけ中間管理職や現場のマネジャー）は、本書が推奨するシステム全体の改革を始める権限を持たないかもしれない。より序列が上のマネジャーでさえも、自分の職務や担当地域外のプラクティスを変更したり、影響を与えたりできる範囲は限られていることが多い。もしあなたがCEOやマネジングパートナーではなくて、組織全体の採用方法を変えたり、新しい人事評価制度を導入したりできなかったら、どうすればいいのか。ジェンダーの壁を取り払いたくても、何もできないのか。そんなことはない。人材管理の方法は、個々のマネジャーが解釈して実行するものであり、既存の組織構造のなかでも、これまでにない公平な手法をとる余地はあるものだ。逆に、たとえ上層部が最も先進的なプログラムを開始しても、それを現場のマネジャーが効果的に実施できなければ、失敗に終わるだろう。JPモルガン・チェースが2013年にスタートさせた復職制度がいい例だ。これは仕事のブランクがあるために、資質や能力を過小評価されがちな女性たちに復職の道を開くプログラムだ。だが、上層部のゴーサインは成功を約束するものではなく、マネジャーの賛同も同じくらい重要だと、この復職制度を試験導入した部署のダイバーシティ担当者は語る。

私たちは（復職する）女性たちを成功に導きたかったたし、マネジャーたちにも積極的に参加してほしかった。……（女性たちとの）やりとりで、コーチングや能力開発を考えてくれるマネジャーを求めていた。このプログラムの哲学に賛同してくれる人物、復職する女性たちが良好なネットワークを築き、十分なスキルアップを遂げ、自分の担当業務だけでなく（会社の）事業活動全体も理解できるようになるのを助けてくれる人物だ。[1]

リーダー候補となる女性が減るような仕組みになっていた組織を改革するには時間がかかる。なにしろそこには、組織のプロセスと、それを利用する人の相互作用が絡んでいる。メンターへのアクセスや、能力開発の機会や、会社全体への統合を妨げる壁を取り除くために、マネジャーが日常的にアクションを起こさなければ、復職制度が女性リーダーの増加につながることはまずないだろう（もちろんマネジャーのこの種のサポートは、女性復職者だけでなくあらゆる従業員の昇進にも必要だ）。「職場における不平等との戦いで、マネジャーは秘密兵器となる」という表現が事実であることは、研究によっても裏づけられている。善意の研修やポリシーも、マネジャーの関与がなければダイバーシティの拡大と維持につながらないことも、多くの研究からわかっている。マネジャーがダイバーシティと平等とインクルージョンの改善に責任を感じていれば、結果を出すことができる。マネジャーがメンターの役割を果たしたり、ダイバーシティ作業部会に参加したりするなどして、変化の担い手となることが奨励されている企業では、究極的には、白人女性や非白人の昇進が増える。[2]

マネジャーが自分のチームで推進する文化や、従業員の能力開発やエンゲージメント拡大のためにとるアプローチは、女性の活躍を可能にし、女性だけでなく会社の成功にも貢献する。インクルーシブなマネジメントは、企業に競争優位をもたらす可能性もある。従業員(特に経営幹部に少ないマイノリティの従業員)は、自分たちの成功にはインクルーシブな人材管理がいかに重要かに気づきつつある。インクルージョンを実践しない上司の下で働くことは、有能なプロフェッショナルにとって、もはやありえないことだ。消費財メーカーやスタートアップ、大手専門サービス企業などで30年のキャリアがある女性は、「職場や経営陣がインクルーシブかどうか見極めるようにと(後輩たちに)助言している」と語った。「全然違うから、と。それはどこでキャリアを築くかを考えたとき、唯一重要なことかもしれない」

女性にとってインクルーシブな人材管理とはどういうものなのか。筆者らは、女性向けエグゼクティブ教育課程を受講した女性リーダー約130人に話を聞いた。すると、インクルーシブな人材管理が欠けているとどうなるのかという例を多数聞くことができた。HBSで筆者らを知っていたとはいえ、彼女たちが筆者らを信頼して、事実をありのままに話してくれたことには本当に感謝している。仕事や会社は大好きだったのに、ぞんざいに扱われたり、昇進の機会を阻まれたりしたために、転職したと打ち明けた女性もいた。その心の傷は転職後も残ったという。ある女性は、「私の場合思考が停止する」と説明した。「インクルーシブでない扱いを受けると、魂も傷つく。男性と同じようにプレゼンスを認めてもらえないと感じると、虚無感に襲われ自分には価値がないような気がした」

不公平なマネジメントは、男性が多い業界や、社会全体に大きなジェンダー格差がある国だけで起きているわけではない。また、不公平なマネジャーは男性だけではない。筆者らが話を聞いた女性たちの勤務先は、上場企業、未上場企業、非営利団体、家族経営の企業、政府機関など多岐にわたり、ほとんどはキャリア20年以上で、40％超は30年以上だった。業界も製造業、医療、広告、金融などさまざまで、出身地は北米、ヨーロッパ、中南米、アジア、アフリカ、オーストラリア、中東と世界中に及んだ。そんな調査で、多くの女性が無視されたとか、批判されたとか、積極的に排除された経験に言及したということは、女性のキャリアを妨げるハードルは、業界や地域や組織のタイプにかかわらず存在することを物語っている。また、彼女たちの話では、非インクルーシブなマネジメントをするのは、一方のジェンダーだけではない。ほとんどの女性エグゼクティブは、インクルーシブでない男性マネジャーと女性マネジャーの両方を持ったことがあった（図表6・1参照）。

図表 6.1　女性エグゼクティブの調査

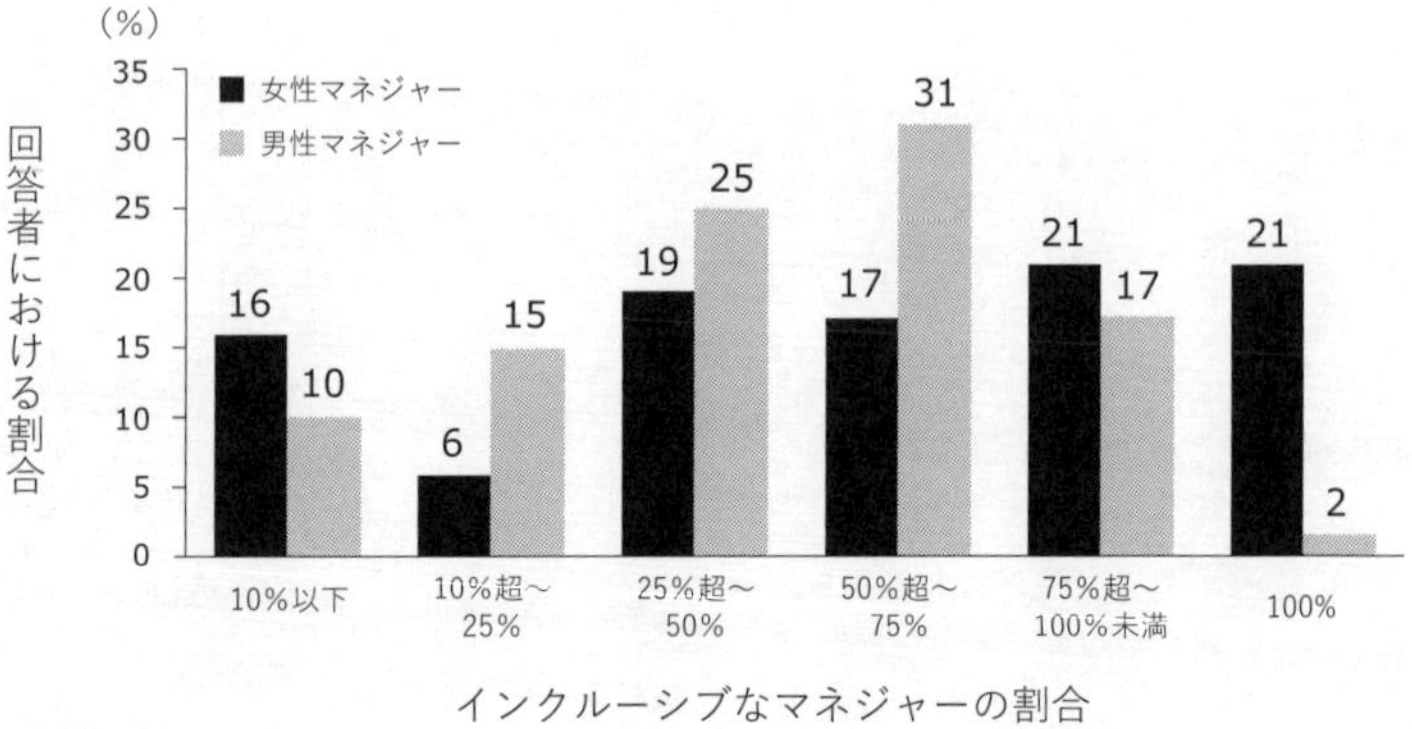

ただし、そこにはジェンダーによる違いがあるようだ。女性マネジャーがインクルーシブでない場合は、「ひとりじめ」が原因であることが多かった。部下に手柄や権限を与えたがらず、他人の成功は自分の成功を脅かすと考えてゼロサム・マネジメントを展開する。その結果、こうした女性マネジャーの下で働いた女性たちは傷つき、明確な昇進ルートを見出せなかった。このような女王蜂的な振る舞いは、女性の貢献を軽視する組織文化に起因することが、１９７０年代の研究からわかっている。こうした環境で能力を認められ、成功するために、女性マネジャーは他の女性から距離を置く。[3]このため今回の調査で話を聞いた女性エグゼクティブたちには、長年、女性上司が少なかった。平均すると、これまでのキャリアで２人だ。これに対して男性上司は９人いた。人間が非インクルーシブな行動をとる原因を探ることは、この調査の主題ではなかったが、回答者が働いていた組織の多くに、こ

うしたダイナミクスが存在したようだ。

一方、男性マネジャーの非インクルーシブな人材管理法については、女性マネジャーの場合よりも多様な事例が聞かれた。男性マネジャーは、実績は同じでも女性より男性の部下を優遇し、男性により多くの機会や報酬を与えていた。男性マネジャーは、社交イベントや仕事のチームから女性を排除し、仕事でもプライベートでも男性（一般的には白人）とのネットワークづくりに励む傾向があった。ある女性エグゼクティブは次のように語った。「私の前任者は男性で、女性がついているポジションはすべて職位を下げた上に、幹部クラスから女性を全員追放して、後任に白人男性だけを登用した」。別の女性も同じような経験をしたという。「ある男性マネジャーは、担当部門で最もシニアポジションの女性3人をクビにするか、責任を縮小するか、のけ者にした」。男性マネジャーからセクハラを受けたとか、侮蔑的なことを言われたとか、著しく性差別的な見解を示されたという経験談もあった（「私には家族がいないから、賃金の安い低レベルのポジションにつくべきだと考える」女性上司がいたなど、バイアスのかかった態度は男女どちらのマネジャーについても聞かれたが、女性マネジャーの場合は、たとえインクルーシブでなくても、女性全般の能力をけなしたり、女性の貢献は本質的に価値が低いと言うことはない）。

こうした排除とバイアスの事例は、本書で探ってきたことの多くを説明している。しかし本書は、こうした障壁が今もなお蔓延していることを確認するだけでなく、今どこに、どのように、なぜ存在するのかを明らかにしたいと考えている。そして、これとは異なるマネジメント方法があることを示すデータを集めたいと考えた。どのような日常的行動が決定的な違いをもたらすのか。

この問いが重要なのは、話を聞いた女性エグゼクティブの約75%が、インクルーシブなマネジメントが自分のキャリアにプラスに働いたと答えたからだ。

そこで本章では、インクルーシブな人材管理の5大原則を示し、マネジャーがそれを身につけるためにとるべき基本的なプラクティスを説明しよう。インクルーシブな人材管理は、たんに響きのいい掛け声ではない。それには内省と、職場に不利益をもたらす物事への気づき、そしてそれを助長する現状（自分の習慣と思い込みを含む）を変える決意が必要だ。もちろん、あなたの行動が組織に内在する問題を解決できるとは限らないが、問題を軽減したり、それと戦うことはできる。たとえば、あなたの会社に、重要プロジェクトへの人員割り当て方法や、昇進候補の選び方について客観的なルーブリックがない事実は変えられなくても、あなた自身が決定を下す段階になったとき、適切な標準的尺度を使うことはできる。するとあなたは、職場の仲間が公平に扱われるようにするだけでなく、インクルーシブな人材管理の模範を示すことができる。特にポリシーや手順が決まっていない場合は、インクルーシブで公平なアプローチを「標準」に定めて、パワフルな影響をもたらすことができる。変化の担い手になるのにCEOである必要はない。あなたも現状を維持している障壁を取り除く役に立てるのだ。

筆者らが話を聞いた女性エグゼクティブのうち数十人は、マネジャーがインクルージョンを実践していなかったから、特定のポジションや会社や業界を辞めたと言っていた。彼女たちはその後も成長して、リーダーとして活躍することになったが、当時の経験は本人にも辞めた組織にも傷痕を残した。ある女性は、「私はインクルーシブでないリーダーがいる会社を辞めて、転職したことが何度かある」と語った。「長い目で見れば（転職は）プラスになったが、そういうリーダーのいる企業は人材を失うし、今いる人材も十分活用されないから、組織としてはプラスにはならないと思う」

チームのモチベーションを高め、最高の仕事ができるようにすることは、あらゆるマネジャーの最大の仕事だ。公平性を重視すると、チームワークを妨げる障害を取り除き、さまざまなポジションの従業員の実力を解き放つことができる。これは競争優位ならぬインクルーシブ優位だ。

①採用は直感の入り込む余地を最小限に

女性に配慮した善意による区別も、職場におけるジェンダー不平等を助長する。そんなことはないと思う人たちは、#MeToo運動で現実を突きつけられたはずだ。ただ、ほとんどのマネジャーは、女性の昇進を阻む壁を作ろうとして作ったわけではないだろう。長年、世界のさまざまな業界のさまざまなレベルのマネジャーを研究してきた筆者らは、正反対の意気ごみを耳にしてきた。すなわち、公平な環境をつくり、バイアスのないリーダーシップを通じて、すべての従業員の昇進を後押ししたいというのだ。だが、結果は、こうした善意の目標と一致しない。女性とりわけ非白人女性が経営幹部に占める割合は、全労働人口に占める女性の割合と比べて著しく小さい。

明らかに、女性は白人男性（業界を問わずリーダーの最大の割合を占める）と同じペースで昇進していないのだ。マッキンゼーとリーン・インがまとめた2019年版「職場における女性」によると、女性は男性よりも管理職に初めて昇進する時期が遅い。この最初のギャップ以降、経営幹部につながる昇進ルートのジェンダー・ギャップは大きくなる一方だ。[4]

マネジャーは従業員の昇進について、とてつもなく大きな影響力を持つ。スキルアップや能力を伸ばす機会を誰に与えるか決めるだけでなく（詳細は次項を参照のこと）、実績を評価して、昇進の推薦をして、多くの場合、ある従業員が出世するかどうかを一方的に決める権限がある。あなたのキャリアを停滞させるか、あっというまに飛躍させるかは、たった一人の上司によって決まるかもしれない。ある女性エグゼクティブは、「（ある会社で）直属の本部長や同僚は圧倒的に高い評価をくれていたのに、一人のシニアバイスプレジデントが私の取締役昇進を阻んでいた」と、振り返った。「ようやく彼が首を縦に振ったとき、『君は非常に高い能力と実務経験がある。女性エンジニアにしては特に素晴らしい』と言った。私は内心、『男性エンジニアと比べると高くないのですか』と聞き返したかった」。別の女性エグゼクティブも、一人のマネジャーに昇進を妨害された経験を語った。「インクルーシブでないマネジメントは、明らかにタイミングに影響を与える。私の（男性）同僚たちは、私よりも早くチャンスを与えられ、より早くエグゼクティブになれた」

マネジャーの主観的な即断に、女性たちが太刀打ちするのは難しいかもしれない。あるヘルスケア企業のエグゼクティブは、ある有力な昇進候補者が、はっきりした理由もなく不合格になるのを見たという。「組織のダイバーシティを高めてくれる、とても優秀な候補者がいたのに、かなり上層部の人がうんと言わなかった。経歴面ではこの上なく適任だったのに。『彼女はトップクラスの人材だから、直接話をしてみてほしい』と私は頼んだけれど、彼は無視。メールで不合格通知を出しただけだった」

このマネジャーがどのような見解の持ち主かはわからないが、アイデンティティを理由に候補者を切り捨てたと決めつけるのは間違いかもしれない。むしろ自分は公平な人間であり、あくまで実力に基づき、自分が推す候補者のほうが上だと思ったのであり、長年の経験に基づく自分の直感が一番頼りになると考えていた可能性が高い。だが、ヘルスケア業界で働く人は女性が圧倒的に多いのに、トップ層は男性ばかりであることを考えると、結局はこのマネジャーも自分と似た男性を雇っただけのことかもしれない。[5] ある女性エグゼクティブも、「職場で差別をする人が悪い人間だとは限らない」と言っていた。「ほとんどの場合、自分が差別をしていることに気づいていなかったり、他の方法を知らないだけだったりする」。このマネジャーを含む無数の男性は、ちょっと立ち止まって、自分の快適な領域の外に踏み出したり、自分の直感を疑ったり、標準的な型にはまらない候補者を自分が検討に含めているか考えてみたりしないのだ。

暗黙のバイアス（自分と異なる集団について無意識に抱くステレオタイプ）が、私たちの認識や判断を歪めることはよく知られている。こうしたバイアスにどのくらいの威力があるかについては議論があるが、それが人との関わり方や、人の扱い方（職場を含む）に影響を与えることはわかっている。[6]

大手企業や、小さな会社でもテクノロジーなど一部業界で働いている人なら、無意識のバイアスについて研修を受けたことがあるだろう。たとえ受けたことがなくても、その概念は聞いたことがあって、自分の認識が、自分の価値観とは異なる無意識のバイアスの影響を受けている可能性を知っているのではないか。では、こうした気づきさえあれば、客観的で公正な判断を下せるのか。

無意識のバイアスについて学ぶと、有益なインサイトが得られるのは確かだが、その気づきは第一歩であって解決策ではない。それどころか、バイアスを克服することが促されなければ、バイアス研修は差別的な行動を増幅する恐れがあることがわかっている。[7] 重要なのは、自分の認識と判断に影響を及ぼすバイアスを発見して、対策を講じる決意なのだ。バイアスについてどのような学びを得たのであれ（読書などによる独学を含む）、それは出発点にすぎない。無意識のバイアスが存在すると知ったからといって、それが自動的に消えるわけではない。ただ、自分の思考プロセスを掘り下げて、バイアスの影響を最小限に抑える方法を探るきっかけにはなる。これは、ジェンダーによって決定が歪められるパターンを調べる簡単な努力でもいい。たとえば、最近の4件の求人のうち、3件が男性に決まっていることがわかったら、最終候補者の履歴書と、採点表や検討委員会のメモなどの評価資料に目を通してみよう。男性と女性とではどのように描写が違うか、質問は同じだったのか、実績やスキルにはどのくらい比重が置かれたのか。同僚と探るのであれ、ひとりで考えるのであれ、そのプロセスは非難めいたものではなく、探究的であるべきで、候補者がどのように認識され、審査されているかについての対話を生み出すはずだ。

こうした調査を進めていくと、ジェンダーなどの不平等は、主観的な判断に頼りがちな部分で生じやすいことがわかるだろう。したがって直感の入り込む余地を最小限に抑え、客観的な枠組みに基づき評価を進めれば、こうしたギャップを縮小できるだろう。米国の大手上場企業に勤める女性エグゼクティブは、かつて複数の上司が「面接の段階まで、全候補者の履歴書から名前やジェンダーなどを隠しておく」ブラインド審査をしていたと称えた。最近の調査でも、履歴書を匿名化すると、女性が見落とされにくく、男性が選ばれる可能性が下がることが確認されている。[8] ブラインド審査や標準化された人事評価などのベストプラクティスを、自分の決定が白人女性と非白人の昇進にどのような影響を与えるかを調べる継続的な努力と組み合わせれば、チームの全員に平等にチャンスや昇進の道をもたらせるだろう。

従業員の登用と報酬に客観的視点でのぞむ方法

- 無意識のバイアスによって歪められる可能性がある主観的な判断を最小限に抑えるアプローチを導入する。
- 登用や昇進に、ジェンダーなどのアイデンティティによるパターンがあることを見つけ出し、原因を探る能力を磨く。

②女性に建設的なフィードバックを

人材イノベーションセンター（CTI）の2019年の報告書では、3000人以上のエグゼクティブのうち71%が、自分が指導している従業員のジェンダーや人種は自分と同じだと答えた。[9]このように、エグゼクティブが「ミニ・ミー」のような後輩のメンターになったり、スポンサーになったりする傾向は、極めて均質な人材プールを生み出す。したがって、こうした場面でマネジャーが女性にフェアで一貫性のあるプラクティスを適用するとともに、積極的に指導とサポートを提供することが極めて重要だ。組織は、プロジェクトの人選をしたり、フィードバックを与えたり、研修のガイドラインを策定できるが、それが従業員のキャリアパスに有意義な影響を与えるかどうかを決めるのは、従業員とマネジャーの1対1の関係だ。マネジャーは、社内における認知度の上昇とスキルアップにつながるワンランク上のタスクを与えたり、改善が必要な部分についてインサイトを与えたり、会議や学習に費やす時間（と場合によっては資金）を提供したりできる。筆者らの女性エグゼクティブの調査では、インクルーシブなマネジャーのこのような能力開発のサポートが部下の成功を後押しした例が多数聞かれた。実際、約30%の女性エグゼクティブが、インクルーシブな上司によって重要な能力開発の機会やアドバイスを得た経験を話してくれた。

ある女性は、「私自身は資格がないと思って、考えたこともなかったポジションに、上司が応募するよう後押ししてくれた。実際やってみると、私にとても向いている仕事だった」と振り返った。別の女性も、「そのときの私にとってはワンランク上でも、私ならできるとマネジャーが思う仕事の機会をくれた」と語る。ある女性は、大手小売業での経験を語ってくれた。「私は、物流業界の別の会社からバイスプレジデントとして入ってきたのだが、マネジャーはとてもよくサポートしてくれて、私の成功に必要な環境を整えてくれたし、私の成果を披露する機会をくれた」

こうした女性エグゼクティブたちに、極めて重要な能力開発の機会を与えたマネジャーの多くは男性だった。彼らがメンターになってくれたことが大きなインパクトを与えたことは、米国の大手保険会社に勤務する女性エグゼクティブの成功にも表れている。

私は、経営幹部レベルのポジションを打診されたが、不得意な分野が関係するため、引き受けるのを躊躇していた。私は自信も能力もないと告白したけれど、上司は絶対に引き受けるべきだと言う。現在のポジションで最高の成果を上げるよりも上の目標を持つよう後押ししてくれた。あれは私が自分の能力を理解する助けになった。彼がサポートすると安心させてくれた。1990年代後半のことで、その業界は事実上男性しかいなかった。ほかにやりたいと言っている男性もいたから、彼の後押しがなければ、そのポジションを引き受けることは絶対になかっただろう。

この昇進は、彼女のキャリアの転機となった。似たようなことが、非常に多くの女性にもあった。部下がそうした機会に挑戦するのをマネジャーが可能にし、その背中を押すということは、マネジャーは日々、将来会社や業界のリーダーになる人材のパイプラインをつくっているということだ。筆者らが参加しているある長期調査では、自分をサポートしてくれるマネジャーのいない女性の約半数は、その不在が自分のキャリアに「非常に」または「極めて」不利になったと考えていた。これに対して、サポートをしてくれるマネジャーがいた女性の大多数は、その関係が自分のキャリアにとって「非常に」または「極めて」有益だったと答えた。

しかしマネジャーがこの種のサポートを与えられるのは、女性の能力について偏見や誤解を持たずに従業員を評価しようと努力している場合に限られる。本書を読んでいるということは、あなたは、こうした誤解の一部（「女性は男性よりもキャリアに対する熱意が乏しい」など）を学ぼうと自ら選択したことになる。こうした偏見は、社会科学によって事実ではないと否定されている。まず、この知識を今日から実践に取り入れよう（絶好のタスクをどのように部下に割り振ったか記録するなど）。間違いなくキャリアアップにつながるけれど、とりわけ難しいプロジェクトや不愉快なクライアントと仕事をするプロジェクトが舞い込んできたとき、あなたはアナ・ポーラ・ペソアのかつての上司のように、女性には重荷になると気を遣って、優秀な女性に任せるのをやめるだろうか。それとも、その機会について本人に話をして、やるかどうかは本人に決断を委ねるだろうか。筆者らの調査では、女性本人に直接尋ねないマネジャーの話が多く聞かれた。ある大手監査およびコンサルティング会社のパートナーは、それが女性のキャリアを大きく妨げているのを目の当たりにした。

経営陣に女性が少ない大きな原因のひとつは、キャリアパスで下されるいくつもの小さな決断の結果だと思う。プロフェッショナル職にとって、仕事の経験は将来の昇進につながるから、ジェンダーを問わず経験を積む機会が非常に重要になる。ところが戦略的プロジェクトを誰に任せるか決めるとき、上司たちの思考にジェンダー・バイアスが入り込むことがある。たとえば、その戦略的プロジェクトは、今以上に多くの労働時間や、多くの出張や、海外勤務や、転勤を必要とするかもしれない。そういうとき、女性には無理だとか、女性はやりたくないだろうと決めつけて、本人に聞きもせずに上司が候補から外してしまう例を私はたくさん見てきた。女性従業員が提案を断らなくてはいけなくて、きまずい思いをするのを回避させてやったと自画自賛する人もいる。女性を検討対象にし、成績優秀であることを認めた上に、本人がそのチャンスを断って申し訳ないと思わなくていいようにしてやったというのだ。まるで、「君を外したのは、私の思いやりだ」とでも言うようにね。そういうメンタリティーこそが問題なのだ。女性が自分で決められるようにするべきだ。

逆に、子育て中だからといって昇進を制限する必要はないと考えて、リードする権限を与えてくれたマネジャーもいたという経験談もあった。「私の最初の男性マネジャーは、私が妊娠5カ月のとき採用してくれた。彼が銀行業界における私のメンターになった。勉強して、決断を下して、クリエイティブになるよう促し、私がまだ若いときからマネジャーにしてくれた」

職場で女性の昇進を妨げている理由については、一般に3つの仮説がある。女性には交渉スキルまたは交渉意欲がない、女性は男性よりも自信がない、女性はリスク回避的である、というものだ。HBSのロビン・J・イーリー教授と、ジョージタウン大学のキャサリン・H・ティンズリー教授は2018年、この3つの仮説についての過去の研究を見直した。[10] 複数のメタ分析（それぞれに数百件の研究が含まれる）を調べた結果、2人は、これらの仮説がデータに基づいていないという結論に達した。たしかにこれらの点についてジェンダーによる差異はあったが、統計学的に無視できるほど小さなものだった（これに対して、ジェンダーと身長の統計学的関係性は大きい）。別の言い方をすると、その違いはごくわずかで、現実の世界では事実上意味を持たない。

もしあなたが、これらの仮説に共感していたとしても、あなたが間違っているとか、偏見の持ち主だと言うつもりはない。おそらく、ほとんどの人と同じように、不完全な情報をもとにそう考えているだけだろう。そこでお勧めしたいのは、探究的なアプローチをすることだ。イーリーとティンズリーはあるコンサルティング会社の例を挙げる。この会社では、昇進に男女差があるのは、女性従業員に自信とやる気がないためだと説明していた。これに疑問を感じたある女性地域リーダーは、調査専門家の助けを借りて、実態を調べてみることにした。男性と女性とでは自信とやる気が異なるというマネジャーの思い込みが、ジェンダーによって異なる扱いをすることにつながっているのか。もしそうだとすれば、それは女性の成績にどのような影響を与えるのか。これを調べるために、専門家チームはまず、一方のマネジャーのグループには、男女とも自信に差はないとする研究結果を見せて、ジェンダーが原因だとする説に疑問を持つようさりげなく促した。もう一方の対照グループにはこうした研究を見せなかった。すると、対照グループが女性従業員に与えたフィードバックは、響きはいいが漠然としたほめ言葉だったのに対し、研究結果を知ったマネジャーたちは、男女どちらの従業員にも、行動に移しやすく、仕事との関係が強い建設的なフィードバックを与えた。[11] こうして、女性に対する偏見が、女性が有益なフィードバックを得ることを妨げ、それが昇進格差の真の原因である可能性が高いことがわかった。もし、女性地域リーダーが会社の従来の解釈を受け入れていたら、真の原因は明らかにされなかっただろうし、すべての従業員が有意義なフィードバックを得られるようにする対策もとられなかっただろう。

マネジャーは自己満足に陥らず、好奇心を持つことが決定的に重要だ。実際、このコンサルティング会社のマネジャーたちは、自分が男性と女性とで異なる管理方法をとっていることに気づいていなかった可能性が非常に高い。しかしこのインサイトがあれば、女性従業員にも男性従業員と同レベルのフィードバックを与えるための行動を起こせるだろう。たとえあなたが、こうしたマネジャーの上司でなくても、自分のチームの状況を調べることはできる。女性従業員がまとめる取引案件が少ないのは、交渉力が乏しいからだと決めつけずに、男性同僚と同じ情報やリソースにアクセスがあるか、あるいは、なんらかのかたちでクライアントに偏りがないかチェックしてみよう。こうした問いかけをすることは、あなたのチームに非白人女性がいるとき、特に重要になる。彼女たちが得るサポートは、男性や白人女性よりも少ないことがわかっている。特に黒人女性は、マネジャーからの励ましや、擁護や、指導が少ない。[12]

能力開発の機会とフィードバックを平等に与える方法

- 自分がメンターになったり、擁護したりする相手を記録して、自分と同じ人種ないしジェンダーの従業員ばかりサポートしていないかチェックする。
- 従業員の希望や適性に関する自分の思い込みに疑問を投げかける。

③インクルーシブな文化を推進する

筆者らの女性エグゼクティブ調査で、最も一貫して示された問題は、女性が対人関係から排除されていることだった。非インクルーシブな人材管理として挙げられた例のうち約40%は、なんらかのかたちの無視か、仕事や社交からの排除だった。あからさまな排除（「男としかゴルフをしない男性マネジャーが大勢いた」）もあれば、もっと間接的な排除（「私のマネジャーは、私のところに来て問題を話したり、意見を求めたりすることはなかったが、他のチームメンバーにはしていた。全員男性だ。彼らの携帯電話の番号を知っていて、頻繁にテキストメッセージを送っていた。私には一度もない」）もあった。

上司の対人関係やチームの社交パターンは、公正な人材管理を確立する努力を台無しにする恐れがある。マネジャーが自分と同じジェンダーの従業員とだけ個人的な絆をつくると、ジェンダーが異なる従業員は、マネジャーが持つ情報やアドバイスやインサイトを得にくくなる。ある大手金融機関の最近の調査では、男性マネジャーと男性従業員の社交は、男性のキャリアを大きく後押しすることが明らかになった。男性上司を持つ男性従業員は、女性従業員（上司は男女を問わない）よりも昇進スピードが速い。これは男性上司と男性従業員が一緒に過ごす時間の長さと比例する。[13] ある女性エグゼクティブは、上司が同性の同僚と時間を過ごすことを優先していたと語った。「私の上司は多忙なスケジュールを縫って、勤務時間後に男性同僚と1対1の時間（一杯飲んだり夕食をともにしたりなど）を持つことがよくあったが、女性同僚とのミーティングはキャンセルしたり、勤務時間内に終わるように短く切り上げたりすることが多かった」

自分と似たルックスの人に引き寄せられるのは自然な現象であり、そのような人間関係をつくるなと言っているのではない。ただ、インクルーシブな人材管理とは、そうしたシームレスなつながりを持たない人ともつながることを意味する。この思慮深いアプローチは、ジェンダー（または人種、性的指向、その他のアイデンティティ）を理由に一部の従業員をうっかりひいきするのを防ぐだけでなく、インクルージョンをチームや部門の文化的規範にできる。多数派に属さない従業員も大切にされ、正式なチームメンバーとみなされるようにするには、インクルーシブな規範が決定的に重要になる。筆者たちの調査で明らかになったある例は、インクルーシブな文化が、マイノリティ従業員も活躍できるようにすることを物語っている。

就職したばかりの頃、私は男性ばかりのチームで、基本的に24時間365日働いていた。ミーティングや夕食会、夜のイベント、クライアントとのミーティングにはすべて参加したし、実質的な貢献をするよう求められた。ある問題について、私が、自分よりも上のレベルのチームメンバーに異論を唱えたときも、その意見を真剣に検討してもらえた。すべての男性メンバーから、重要かつチームに貢献する仲間だと思われていると、いつも感じることができた。ある法廷で判事が私のことをアシスタントと間違えたときは、すぐにチームリーダーが正してくれた。

彼女のマネジャーは、彼女をチームの仕事のすべてに参加させ、それがチームにも認識されるようにすることで、彼女の成功を可能にしただけでなく、チームメートが無意識に抱いていたかもしれない「女性は能力が低い」という思い込みが間違いであることを証明した。こうしたインクルーシブな文化は、書面上だけでなく、チームの日常的な経験においても男女が対等な立場にある環境の模範となった。

インクルーシブな文化を実現するには努力が必要であり、それをリードすると居心地が悪い思いをすることもある。前述の例では、マネジャーはある従業員の尊厳を守るために、権威ある人物の間違いを指摘しなければならなかった。多くの場合、これは緊張をはらむものになりうる。本章の終わりの人物紹介では、米国の大手投資銀行のエグゼクティブだったジャック・リブキンが、女性従業員に向けられたバイアスを指摘するため、より対決的な措置をとったことを紹介する。支配的な文化にあえて逆らうその姿勢は、高成績をあげる部門を生み出したが、社内では必ずしも好意的に受け入れられたわけではなかった。[14]

バイアスが表明されたときは、黙ってやりすごすほうが楽に見えるかもしれないが、長い目で見ると代償は大きくなる。ある多国籍通信会社のエグゼクティブは、自分の行動が他人にどのようなインパクトを与えるかを考えない同僚がいて、それについて誰も声をあげない環境を身をもって経験した。この黒人女性エグゼクティブは、ある会議に出席したときの話をしてくれた。

うちの会社で最大の収益をあげている部門の責任者が、「我が社はある国でひどく不公平な扱いを受けている」と発言した。そのとき彼は、その国の規制当局がうちの会社を「ニガー」〔ニガーは黒人の蔑称で、米国社会では絶対に使ってはならない言葉と認識されている」のように扱い、ビジネス的に「バスの後部座席に座らせている」と言った〔不当な差別扱いをしているという意味。公民権運動前の米南部では黒人はバスの前方に座ってはいけないという差別的ルールがあったことから〕。私は茫然としてしまった。しかも、そのコメントについて誰も何も言わなかった。その会社では素晴らしい経験もしたけれど、ああした発言があの会社の本質なのかもしれないと思った。

もし、ほかの会議出席者、とりわけ白人男性や序列のトップクラスの人が声をあげて、市場で不利な扱いを受けていることを人種的抑圧になぞらえるのは、人種差別を軽んじる態度だと注意していれば（そしてそれについての話し合いが続けば）、チーム全体にプラスになったかもしれない。そうすればこの黒人女性エグゼクティブも、周囲が自分のアイデンティティを理解していて、貴重だと思ってくれていると感じ、会社が人種的不平等に対して無頓着ではないと確認できただろう。この発言者と、発言の有害性を認識していなかった人たちも、自分たちの認識が常識ではないことを気づかされただろう。だが、介入がなかったために、「優れた成績をあげているから、あるいは大きな利益をもたらしているから、一部の人は職場で何をやってもよい」環境を会社が許していると、彼女は感じた。

このような場合、周囲の人（この黒人女性エグゼクティブを含む）は、同僚の暴言に異論を唱えたがらないことが多い。それはわからなくもない。職場では、良好な人間関係が仕事を成し遂げるカギになる。「めんどくさい人」というレッテルを貼られたり、自分のジェンダーや人種に対する偏見が未だに存在することを認めたりするのは嫌なものだ。しかし、そんなときマネジャーが部下のために声をあげれば、会社の価値観を明確にできる。居心地の悪い場面を避けるのではなく、それを成長の機会にできる。経営幹部は建設的で率直なアプローチをとり、学びと深い理解の機会をつくるとともに、従業員が過小評価されたり誤解されたときに安全に声をあげられる空間をつくることができる。そのためには、自分にとっても学びの機会であることを率直に認め、間違いや不手際を認めつつ、インクルーシブで公平なリーダーシップを改めて約束するべきだ。[15]問題に対処するためには、断固たるアクション（セクハラを理由とする解雇など）が必要な場合でも、対話集会を開いたり、チェックインによって従業員の気持ちを把握すれば、問題を軽視していないというメッセージを社内に発信することができる。ある人事エグゼクティブは、「究極のリーダーとは、客観的になろうと努力する人だと思う」と語った。「自分の交流方法や、周囲に与えるインパクトをもっと理解しようとする人だ」

別の黒人女性エグゼクティブは、先ほどの残念な経験談とは対照的に、所属する法律事務所の白人男性リーダーが彼女のために立ち上がってくれた話をした。

あるクライアントが私の部屋にきて、パートナーが書いた複雑な条項について話を始めた。「こんなのおかしい。まったく理解できない。こんなのは英語じゃない。

スワヒリ語だ」と言った。私は彼を凝視したけれど、何も言わなかった。それからほかの話題になって、またその条項の話になったとき、彼は同じことを言った。そこで私は、「今すぐここを出て行ってください」と言った。そしてこの条項を書いたパートナーのところに行って、事の次第を話した。彼は少し笑ったけれど、私の顔を見て、私が不快に思っていることを察知したのだろう。私を座らせると、何があったか詳細に話してくれと言った。そして私の話を聞き終えると、「君は自分の部屋に戻っていなさい。私たちが対処するから」と言った。パートナーが部門責任者に報告すると、その責任者が私の部屋に来て、改めて詳しい経緯を聞かれた。その後、パートナーが私の部屋に来て、クライアント企業の責任者に電話をして、「うちのアソシエイトがそのような扱いを受けるのは困る」と伝えたと報告してくれた。

インクルーシブな文化を推進する方法

- 自分の属性とは異なる従業員と人間関係を育む。
- チームメンバーの価値を肯定し、その貢献を公に認める。
- バイアスのかかった発言や、人を傷つける発言には声をあげる。

・難しい会話を避けない。

④マイノリティの意見に意識的に耳を傾ける

ジェンダー・インクルージョンとは、女性が歓迎されていると感じられるだけでは不十分だ。女性の知識や専門性を活用しなければ、真に女性たちを包摂していることにならない。女性エグゼクティブたちの経験談から明らかになった非インクルーシブなマネジャー（男女を問わない）の特徴は、他者の意見やインサイトに耳を傾けたり活用したりする意欲や能力の欠如だった。女性に完全な貢献を許さない表面的な承認では、女性従業員は自分の意見を聞いてもらっていると感じることができない。それどころか、リップサービスは不満を一層大きくする可能性がある。ヘルスケア業界のある女性エグゼクティブは次のように語った。「最近、ずっとインクルーシブだと思っていた人の部下になったが、実は違うことがわかった。女性をトップに据えるものの、女性の発言は男性と対等に扱われていなかった。私も、決定事項を告げられるだけのことが何度もあった。私が決定を下したり、インプットを求められたりするのではなかった」。ある法務プロフェッショナルも同じことを言っていた。「CEOには側近集団がいて、すべての決定がそこで下されていた。私は直属の部下だったが、この非公式の意思決定グループには属していなかった。私は経営幹部で唯一の女性で、公的なイベントには必ず含まれるよう彼は手配していたけれど、情報を共有し、決定を下す場面では、私が含められる手配はなかった」

こうした名ばかりのインクルージョンは、従業員の士気を下げるだけでなく、ダイバーシティの恩恵も台無しにする。従業員の多様な経験に根ざした視点を示してもらい、大切にしてこそ、従業員のエンゲージメントが深まり、職場文化と成果の向上につながるインサイトが得られるのだ。多様なチームを率いていると、結束や絆を強化するために、違いは最小限に抑えたいと思うかもしれない。だが、違いが目立たないようにすると逆効果になることが、調査で明らかになっている。個々の従業員は自分が孤立していると感じるのだ。[16] 仲良くやることを重視するチーム文化では、異論を唱えることがリスキーに感じられる。メンバーの優先順位を一致させて、チームスピリットを育てるのも大切だが、現状に疑問を投げかける提案や視点を歓迎することも極めて重要だ。それに失敗するとどうなるかは、女性専用コワーキングスペース「ザ・ウィング」の2020年の事例がよく示している。同社は女性の味方であることを会社のミッションに掲げているにもかかわらず、非白人女性スタッフが示した懸念に不適切な対応をしたために、公平とインクルージョンは口先だけという批判にさらされた。オードリー・ゲルマンCEOは、ファスト・カンパニー誌への寄稿で、ザ・ウィングは従業員の声に耳を傾けなかったために、ある問題が悪化していることについて重要な情報を逃し、結果的に会社の評判に傷をつけたと説明した。「私たちは健全なフィードバックのループをつくり、メンバーも従業員も気づいていた問題に迅速に対処するのではなく、文化を育てることよりビジネスの成長を優先させてしまった。経営陣よりも、従業員や顧客のほうがビジネスのことをよく理解していることがあるものだ。成長のペースを落として、その声に耳を傾けることが、最も賢い（そして最も戦略的な）ときがある」[17]

筆者らが聞いた話では、インクルーシブなマネジャーの下にいた人は、自分の声を聞いてもらえて、リスペクトされていると感じていた。こうしたマネジャーは、一握りの従業員の意見を聞いたり、自分の昇進ばかり考えているのではなく、組織の序列を超えて意見を求め、チームにとって最善なことに力を注いだ。「キャリア半ばの頃、香港で上司だった人は、とてもインクルーシブで進歩的だった」と、ある女性エグゼクティブは語った。「彼は、……地元出身者にも駐在員にも多様な人材を集め、チームの多くのレベルに働きかけた」。あるコンサルティング会社のエグゼクティブは、30年以上のキャリアで数十人のマネジャーの下で働いてきた経験があり、最もインクルーシブなマネジャーの特徴を簡潔にまとめてくれた。「チームの全員を応援する。全員を平等にサポートする。ミーティングでは全員に発言させ、おとなしい人からも意見を求めた」。筆者たちは、「女性など少数派の従業員が比較的静かな場合、彼女たちに意見を求めて」、その声を確実に聞こうとするマネジャーの話も聞いた。実際、最近の調査では、何かを話し合うとき、白人女性や非白人のメンバーのほうが専門知識があっても、白人男性が最もたくさん発言し、最も大きな影響力を行使することがわかった。[18] 前述のマネジャーたちがしたように、人の知識を活用する意識的な努力をすると、このパターンを壊して、チーム全体からパワーを引き出せる。

ある女性は、初めて持った上司が共同で問題解決にあたる空気をつくってくれたことが忘れられないと語った。「彼はとてもインクルーシブだった。たいていのミーティングは、チームメンバー7人全員が加わった。私的な話題でない限り、すべてに透明性が保たれていた」。インクルーシブなマネジャーは、究極的には、ダイバーシティが多くのインサイトをもたらし、それがチームの成績を押し上げることを知っている。あるエグゼクティブは次のように語った。

キャリアの初期は女性が上司だったが、昇進するにしたがい、上司は男性になっていった。最高幹部クラスは大多数が男性だ。そのなかで、インクルージョンに特に力を入れていた男性は1人だけだった。彼は、コンサルタントとしての経験から、巨大で活発なネットワークを持っていた。チームに関する彼の哲学は、「最大の違いが、長期的には最高の結果をもたらす」だった。幅広いネットワークから、さまざまな出身、文化、経験の人を集めてくることもできた。

多様な視点を有効に活用する方法

- 幅広い視点がもたらす価値に気づく。

・少数派の声に十分耳を傾けるようにする。

⑤ダイバーシティはビジネスにプラスになる

現在では、多様な労働力の価値や、従業員を公平かつインクルーシブに扱うことの重要性に疑問が投げかけられることはほとんどない。1980年代や1990年代に働きはじめた女性（筆者らの調査の対象者の多くがそうだ）は、リーダーがジェンダーや人種について話すときのアプローチや、人材管理の方法における進歩を目の当たりにしてきた。ある航空宇宙業界の女性エグゼクティブは次のように語った。

私のキャリアの初期には、家庭の事情で休みを取るなんて聞いたことがなかった。そんなことを公然と言ったら、その従業員の評判はガタ落ちしただろう。人種やジェンダーに関する偏見に根ざした不適切なジョークも珍しくなかった。でも、1990年代以降は、リーダーが公の場でインクルーシブな職場づくりに反対だと言うことはまずなくなった。うちの会社では2000年代初めに、インクルーシブな環境をつくることは、エグゼクティブリーダーの必須スキルだと最高幹部が明言した。それを機に多くの人が軌道修正を図った。

だが、インクルージョンを価値や目標として掲げるのは、トップリーダーだけの仕事ではない。大いに話題にはなっているが、現代の女性たちはまだ、自分の組織が本当に平等な待遇を重要だと考えているのか確信を持てずにいる。２０１９年の調査では、自分の会社の昇進決定はフェアで客観的だと考えている女性は50％未満だった。黒人女性では35％だ。[19] ２０１８年の世界の女性エグゼクティブ調査でも、自分の分野または業界が女性に十分エンゲージして訓練をしていると思うと答えた女性は19％しかいなかった。一体どういうことなのか。旧態依然の中間管理職が、新技術の導入から組織文化の改善まで、あらゆる変革を妨げていることは新しい現象ではない。だが、見方を変えれば、現場のマネジャーと中間管理職は、会社を改善するカギを握っている。トップがインクルーシブなマネジメントの決意表明をすれば、それが優先事項であることが周知され、中間管理職においても平等の拡大に向けた前進を解き放てる。

その決意表明の方法のひとつが、「ダイバーシティ関連の活動やプロジェクトは、ビジネスと関係した重要なものだ」というお墨付きを与えることだ。筆者らの調査に参加したある女性エグゼクティブは、上司が女性たちに従業員リソースグループ（ＥＲＧ）への参加を促したり、女性職業団体の会費を負担してくれたと語っていた。こうした団体への参加を促すと、女性本人にスキルアップやネットワークづくりの機会をもたらせるだけでなく、会社や業界のダイバーシティやインクルージョン推進努力が、ビジネスの本筋から外れた「課外活動」ではなく、ビジネス上価値ある取り組みであるというメッセージを社内外に送ることができる。

具体的な目標を設定することで、インクルージョンをビジネス上の重点課題に格上げすることもできる。あなたの下にもマネジャーがいる場合、彼らにインクルーシブなアプローチを期待することで、一段と大きなインパクトを与えることができる。この期待を有意義なものにするためには、成果を追跡することが極めて重要だ。それも結果（ジェンダー別の離職率など）だけでなく、プロセスも記録するべきだ。従業員の行動をリアルタイムにチェックしてもいいだろう。バイアス研修に参加しているか、評価ルーブリックを一貫して使用しているか、情報やインサイトを共有するとき、自分と同じジェンダーの同僚を優遇していないか、チームメンバーと主要アイデンティティが異なる新人を仲間はずれにしていないか、メンバーは違いやバイアスや不平等について建設的で学習につながる会話をできるか。インクルーシブに働いたりリーダーシップをとったりするためには、具体的に何をすればいいかを明らかにすると、これらの目標をチームの成果目標に組み込み、チームにその達成の責任を負わせることができる。

ダイバーシティ、公平性、インクルーシブの価値観をサポートする

- 多様性、公平性、包摂性に関する活動やグループに参加する価値を認め、参加を支持する。
- 公平でインクルーシブな仕事のやり方を実現するため、具体的な目標を設定して、チームにその達成責任を負わせる。

本章で挙げてきたインクルーシブなマネジメントの5つの原則は、あなたの意思決定とコミュニケーションとコラボレーションを助け、あなたのチームがたんに機能する以上の働きをできるようにする。誰もが実力を最大限に発揮でき、熱意を保ち、共通の目標に向けて頑張っていると感じられる環境をつくると、あなたのチームは大いに活躍するだろう。同時に、あなたの組織では、特定の行動のインパクトが特に大きかったり、インクルーシブな人材管理に有効な追加措置が見つかったりするかもしれない。チームからのフィードバックを受けて、不平等な状況の是正方法や規範を見直そうと思う可能性もある。本書では取り上げきれなかった、新たな課題と格闘することになるかもしれない。優れた人材管理の定義は時代とともに変わってきたし、今後も変わっていくだろう。インクルーシブな人材管理についての理解も同様だ。筆者らが本章で紹介してきた原則をまと

めたのは、ある大手ハイテク企業が有効な人材管理の特徴を特定して測定しようとしたことがきっかけだった。この会社は、マネジャーに主な原則の訓練を行い、評価するプログラムを実施したところ、マネジメントの成果と有効性が大きく改善した。[20] だが、こうした原則でさえ、時代とともに進化してきた。プロジェクトの立ち上げから10年が経過した2018年、この重要原則のリストは改訂され拡張された。会社が変化して複雑になるにしたがい、その会社で優れたマネジャーになるために必要な資質も変化したのだ。人材管理の性質そのものを考えても、特に現代の複雑な世界では、本章に示した要因は網羅的かつ最終版ではありえない。研究により、不平等を助長していることが明らかになり、是正する必要がある要因が新たに明らかになるだろう。従業員の期待も進化するだろう。社会的なコンテクストも変わっていくだろう。そして、あなた自身の能力、インサイト、そして野心も大きくなり、シフトしていくだろう。

変わらないのは、優れたマネジメントにはインクルージョンが不可欠であるという理解だ。実際、先ほど述べたテクノロジー企業が10年後になした変更のひとつは、インクルーシブな人材管理の3つ目の要素で、2008年は「チームメンバーの成功や個人的なウェルビーイングに関心を示す」だったものが、2018年には「インクルーシブなチーム環境をつくり、成功とウェルビーイングに関心を示す」にアップデートされた。この会社は、チームメンバーに「注意を払う」だけでは、必ずしも全員が成功して平等に評価される環境は生まれないことを認識して、マネジャーのコンピテンシーとしてインクルージョンに重点を置くことを明確にすべきだと考えたのだ。アップデートされた行動リストは、チームメンバーの入れ替わり、満足度、そして成果とこれまで以上に相関関係があることがわかった。[21] インクルーシブなマネジメントは、マネジャーとしてのあなた自身にも、あなたが率いる部下たちにも、そしてあなたのいる組織にも違いをもたらすだろう。

case

ウォール街を変えた男
――ジャック・リブキン

故ジャック・リブキンは金融業界では知られた人物だ。混乱して業績不振に陥っていた投資調査部門を立て直し、その過程で、この業界の標準となる慣行を生み出したのだから。[22] 2016年に死去したときは、老舗証券会社シアソンを、インスティテューショナル・インベスター（II）誌のアナリスト・ランキングで15位から1位に押し上げたことや、ウォール街で最も優秀な人材を数多く育てたことに改めて注目が集まった。だが、男性が圧倒的に多く、あからさまな性差別もはびこる業界で、シアソンの調査部門を、ジェンダー・インクルージョンと女性が公正な待遇を受けられるオアシスにしたことは、あまり知られていない。

1980年代末にリブキンがシアソンのグローバル・エクイティ調査部門のトップに就任したとき、米国の金融業界は超男性的な文化で知られ、女性は明らかにマイノリティだった。エクイティ・アナリスト（業界や企業を研究して顧客に投資銘柄を推奨する調査担当者）に女性が占める割合はわずか15％だった[23]。1987年にリブキンがシアソンに加わったときは、同社の女性アナリストの割合も20％だった。

多くの銀行は特に問題を感じていなかった。バイオ業界担当アナリストのティーナ・ラーナーは次のように説明する。「1980年代後半、業界トップの企業は、女性にとって特に働きにくい場所だと言われていた。『うちじゃ女性はみんな辞めたよ』と自慢げに言う男性もいた」。シアソンの人事担当エグゼクティブのジュディ・サンダースも、「金融業界のほとんどの企業には、特定のタイプの人間しか成功できない強烈な文化があった」と語る[24]。

リブキンの人材管理方法は、この文化と真っ向から対立するものだった。女性が過小評価されたり、無視されたりする慣行に加わるのではなく、女性の価値と、有効な人材管理方法としてのインクルーシブ・マネジメントを声高に擁護したのだ。第5章で、ある投資会社が採用面接担当者に女性を増やしてダイバーシティを確保したところ、女性採用者が大幅に増えたことを紹介したが、これはリブキンの会社のことだ。面接チームにジェンダー・ダイバーシティを持たせたのは、シアソンの調査部門では、成功モデルはひとつではないことを求職者たちに示すためだった。「我が社の採用プロセスは、人物を評価するとともに、『どんな長所や短所を持つ人でも、我々は成功に導く方法を知っている』というメッセージを送るために設計された」と、リブキンは説明している。[25] インクルーシブな採用プロセスをとったことにより、シアソンの調査部門は、女性アナリストの募集と採用でトップに躍り出た。リブキンがトップに就任してから5年後、シアソンの女性アナリストの割合は、業界平均の2倍の30％に膨らんでいた。

ほとんどの銀行の調査部門は、他社から優秀な人材を引き抜くために、伝統的なジェンダー色の強い成功モデルを事実上黙認していた。だがリブキンは、本人のポテンシャルを重視する戦略をとった。また、キャリアの浅い女性を積極的に採用して、バイアスや昇進の停滞に直面する（それは女性が男性よりも高い割合で辞めていく原因となっていた）前に成功を経験させることが重要だと理解していた。シアソンの女性アナリストは業界平均よりも若かったため、業界ランキングに入った女性たちも若かった。シアソンからランクインした女性アナリストの平均年齢は31歳で、業界平均は35歳だった。

リブキンに最初期に採用された一人であるジョージー・エスキベルは、シアソンでも指折りの成績のアナリストに成長した。入社からわずか1年半で、業界で最も信頼されているII誌の顧客が選ぶエクイティ・リサーチャーランキングの第2位に入った。リブキンの下で活躍できたのは、彼が型にはまったことを期待しなかったおかげだと、エスキベルはあるインタビューで語っている。「私たちはいつも、自分らしく振る舞って、自分なりのやり方を確立する自由を与えられた。結果を出している限り、どんなやり方をしてもよかった」（実際、エスキベルはユニークな存在として知られるようになった。リポートは躍動的な筆致で書かれていた上に、ユーモラスなタイトルがつけられ、自身も流行を意識したファッションで身を固めた。どちらも業界の堅苦しい規範から外れていた）。リブキンは総じて、ジェンダー・ダイバーシティが当たり前の文化を育てたと、エスキベルと同期だった女性は語る。「（シアソンには）女性を歓迎し、自分たちが社会のメインストリームだと感じさせるユニークなパワーがあった。職場に溶け込むために、男性みたいに振る舞わなければと感じたことは一度もなかった」。歓迎的でフェアな文化を育むことが基本理念になっていた。リブキンが、「ノー・ジャーク（嫌な奴は不要）・ポリシー」をとっていたことは有名だ。つまり成績は重要だが、そのために仲間との関係を犠牲にしたりするなということだ。悪質な振る舞いは、どんなに優秀な従業員でも許されない。それに見て見ぬふりをすることは、職場全体の文化にとって有害であることを、リブキンは知っていた。「うちが作ろうとしている組織を考えると、どんなに優秀なアナリストでも、嫌な奴は入れるわけにはいかない」と当時説明している。[26]

「ノー・ジャーク・ポリシー」が示すように、リブキンは優秀な女性を阻む障壁を取り除くだけでなく、「女性も男性と同じように能力がある」という考えを共有できない人間を排除したいと考えた。「男性アナリストのなかには辞めていった者もいる。多くの女性アナリストが自分のことを面接し、評価をつけ、もしかするとチームリーダーになるかもしれないのが嫌だったのだ」と彼は説明した。「こちらとしては全く構わないけどね」[27]。リブキンは、バイアスを露呈した同僚を問いただすことも躊躇しなかった。リブキンの部下だったある女性アナリストは、別の女性アナリストと、複数の営業担当男性シニアエグゼクティブ、そしてリブキンとのあるミーティングの思い出を語った。営業幹部の一人が「私たちのほうを向いて、『それで、女の子たちはどう思う?』と聞いた。するとジャック(・リブキン)は私たちに、『この質問には答える必要はない』と言った」[28]。経営幹部との関係よりも女性従業員の尊厳を重視することで、リブキンは自分の価値観と、自分のチームの女性たちの価値について、はっきりメッセージを送ったのだ。

リブキンは有害な文化を排除すると同時に、女性が実績に基づき報酬を受ける環境をつくった。1980年代前半に在籍していた資産運用会社ペイン・ウェバーで、幼い息子を複数抱える女性アナリストを調査部門のディレクターに抜擢するなど、リブキンは昔から子育て中の女性のキャリアをサポートしてきた。シアソンでは、フレックス勤務が普通になり、それを利用すると成績が下がるのではないかと怯える必要はなかった。さらにリブキンは、客観的な評価基準を重視し、具体的なアクションにつながるフィードバックを与えた(本書で述べてきたように、これは女性がなかなか得られないものだ)。その結果、女性は成功につながる明確な道を見定めることができたし、シアソンは競争的な環境を維持できた。それも、優れた成績をあげる機会がジェンダーによって制限されない環境だ。「上層部が私の味方で、私を向上させようとしてくれていると感じた」と、ラーナーは語る。「明確な評価基準を示し、どうすれば高い評価を得られるか教えてくれた[29]」。当時は一般的だった、先輩が自分の選んだ後輩を指導するという、組織としてのビジョンを欠いた人材育成ではなく、シアソンでは教育や情報や助言を得る機会が全員に平等に与えられた。リブキンは、長年右腕を務めたフレッド・フレンケルとともに、各アナリストが自分の強みを生かしながら、トレンドを把握して予測する能力を高める研修を開発した。「ジャックとフレッドは、人材育成の方法はいろいろあると信じていた。『正しい』方法などないのだ、と」と、エスキベルは語る[30]。

こうした採用や教育や成果管理のイノベーションを見て、ウォール街でもトップクラスの女性アナリストがシアソンに集まるようになった。圧倒的に男性優位の業界だったから、女性たちは転職先を検討するとき、報酬や名声以外の要因に注目するようになっていた。女性たちは、「給料はいくらで、ボーナスはいくらか」以上に知りたいことがあったと、フレンケルは語る。「『私は女性が嫌われ、ガラスの天井があり、必要な便宜を図ってくれない泥沼に足を踏み入れようとしているのか』ということのほうが、ずっと気がかりだったのだ[31]」。フレンケルとリブキンの下で、シアソンは「女性にとって泥沼ではない」会社として知られるようになった。泥沼どころか、女性たちはシアソンで、実力を最大限に発揮するためのサポートを期待できた。実際、数字を見ると、シアソンがアナリストの育成に著しく優れていたことがわかる。よその企業では、権威あるＩＩ誌のランキングに入るアナリストの割合は平均８％弱だったのに対して、シアソンは12％近かった。また、シアソンのアナリストは、よその会社のアナリストよりも短い経験年数でランクインを果たした。特に女性の場合は劇的な差があった。よその会社からランクインした女性アナリストの平均経験年数は６・26年だったのに対して、シアソンの女性アナリストは３・73年だった。また、シアソンでは女性アナリストの60％以上がランクインを果たしたのに、ライバル企業では30％以下、業界全体ではわずか２％だった。１９９１年には、ランクインした女性アナリストの約15％がシアソンの所属だった。リブキンがシアソンに来た１９８７年は４％以下だった。業界トップクラスの女性アナリストがこれほど大勢集まっている大手投資銀行は他になかった。シアソンの調査部門はＩＩ誌のランキングで着々と順位を上げて、採用と教育と評価へのインクルーシブなアプローチによって、長期にわたり業界リーダーの座に君臨するかに見えた。

だが、人を重視するリブキンの型破りな経営方法（カジュアルフライデーやオフサイトでのチームビルディングもあった）は、彼の上司たちには好まれなかった。リブキンは、自分の部門には極めて献身的だったが、厄介な社内政治には我慢がならなかった。特にエクイティ・リサーチの複雑さを理解していない（と彼が思った）幹部たちとのやりとりを嫌った。１９９２年、リブキンは突然シアソンを辞め、彼の下でスターになった多くのアナリストたちに衝撃を与えた。[32] それからわずか数年で、エスキベルを含む優秀なアナリストが続々とシアソンを辞めていき、II誌のランキングに入ったアナリストの離職率は1桁台から20％超へと跳ね上がった。1994年だけでも、ランクインした女性アナリストの57％が競合他社に移っていった。フレンケルも辞めた。新たな経費削減の波と、昔ながらの採用方法や人材管理を求める会社上層部の圧力に嫌気が差したためだ。退職者の続出で、シアソンのリサーチ部門はすぐにランク外に転落し、ジェンダー・ダイバーシティでもトップの座を明け渡した。1995年には、女性アナリストの割合は15％以下となり、ジェンダー構成で業界全体に後れをとる存在にさえなってしまった。また、II誌のランキングに入る女性アナリストはゼロになった。[33]

この急激な落ち込みは、平等とインクルージョンの推進・維持においてマネジャーが果たす役割の重要性を浮き彫りにしている。リブキンは、公平な土俵をつくるために多くのプラクティスを導入したが、彼が辞めて、会社の上層部から新たな制約が課されると、こうしたプラクティスを擁護して維持する人はいなくなった。リブキンが培ってきた独特の文化は、会社全体や業界の規範に飲み込まれ、優秀な女性の採用や定着率におけるシアソンの優位は失われた。リブキンがかつて率いた部門は、もはやインクルージョンすなわち優秀な人材のオアシスでなくなり、就職先や転職先として、そして現在の勤務先としても魅力が乏しくなった。エスキベルは辞める数カ月前に、「毎日のようにアナリストが辞めていく。そうでない人も、転職先を探していた」と語っている。[34] シアソンの業界での台頭と転落があっという間に起きたことは、インクルージョンを維持するためには、現場のマネジャーとシステムの連携がいかに重要かを示している。つまり最高経営幹部がシステムを動かし、守る必要があるのだ。それがなかったために、リブキンのイノベーションはシアソン全体には広がらず、上層部が暗黙のサポートを打ち切ると維持できなくなった。トップの許可やサポートがないなか、現場のリーダーだったリブキンとフレンケルが去ると、2人が導入したシステムも消滅した。最も公平でインクルーシブなシステムも、日々動かしていくためには、あらゆるレベルでのリーダーシップが不可欠なのだ。

結論　ブレークスルーのときがきた

「転げ落ちるようにベッドから起き出して、
よろよろとキッチンに行き、1杯の野心を注ぐのよ」
――ドリー・パートン『9時から5時まで』

筆者らが社会人になるずっと前の1980年、映画『9時から5時まで』が米国の年間興行収入第2位となる大ヒットを記録した（1位は『スター・ウォーズ　エピソード5／帝国の逆襲』だった）[1]。職場でのハラスメントや待遇の差、そして女性に対する侮辱的な発言が許されていた時代に、大スターのジェーン・フォンダとドリー・パートン、そしてリリー・トムリン演じる3人の女性事務員が、とんでもなく女性差別的な上司にリベンジするという、胸のスカッとするコメディだ。物語の舞台となる会社（女性は身体的なハラスメントを受け、無能な男性に昇進を横取りされ、屈辱的なジョークやコメントは全くおとがめなし）と比べれば、現代の平均的な職場は大幅にマシになったけれど、パートンが歌った主題歌「9時から5時まで」（パートンはこれによりグラミー賞を受賞した）の歌詞は、今もリアルに響く。この曲は、不平等な現実にやる気を打ち砕かれ、昇進の道を閉ざされ、貢献を認められず報酬にも反映されない環境に対するやり場のない不満を歌う。あれから40年たった今も、そのテーマは、本書で紹介した女性たちの物語に、業界や地域や地位を問わず何度も登場した。

だが、本書は、現状は打破できないと言うために書いたのではない。筆者らが職場におけるジェンダー不平等についてさまざまな調査をしたのは、現在が変化を起こす絶好のチャンスだと考えるからだ。ある女性エグゼクティブは、ジェンダー平等を実現する道のりについて、今は、「エベレストのベースキャンプにいるような」気分だと語った。「まだ先は長いが、ベースキャンプまではたどりついた。ここまで5000メートル超の山道を登ってきた」。彼女の説明は正しい。女性たちは集団として、そのキャリアに立ちはだかる大きな壁を乗り越え、打ち砕いてきた。しかし同時に、目の前にそびえる巨大な山が一段とくっきりと見えてきた。女性の活躍を阻むハードルがしぶとく存在することは、学術研究や報道、そして現実の職場経験で一貫して示されてきた。本書の前半では、こうした障害が女性のキャリアパスでどのように形を変えていくかを明らかにした。第2章で述べたように、当初の戦略は昇進するにつれて効果がなくなっていく。新人から取締役にいたるまでの各段階で、不平等な職場を生き抜くツールキットを用意しておくことは、女性のコアコンピテンシーであるとはいえ、プラスアルファの精神的負担を強いる。こうした壁の性質と、それが残存する原因を理解することは極めて重要だと、筆者らは考えている。だからジェンダーに基づく不利益が生まれる原因を明らかにし、それを切り抜けてきた女性たちの経験を紹介した。現代のジェンダー・ギャップの本質を理解しなければ、それを取り除くことはできない。さもないと、それを取り除く試みが逆効果をもたらす可能性すらある。だが、ベースキャンプまでたどりついたということは、その先のルートを検討できるということだ。それは険しい道のりかもしれないが、乗り越えられるはずだ。

筆者らがそんな希望的な見通しを持つ理由のひとつは、もはや職場にジェンダー不平等は存在しないなどと言えなくなった事実にある。ソーシャルメディアの拡大や、伝統的メディアのソーシャルプラットフォームへの移行により、バイアスや差別に関する女性の生々しい経験が、これまでにない形で世界的に共有されるようになった。本書の構想を練りはじめた頃、#MeToo運動にはまだ火がついておらず、筆者らが調査した企業でも、セクハラ問題はさほど重視されていなかった。だが、#MeToo運動は企業に、見えないセクハラを放置してきた文化に対する責任を突きつけた。筆者らが関わっている研究で得た最新のデータによれば、男性の75％が、#MeToo運動以降は、女性が職場で直面する課題にもっと共感できるようになったと答えた。新たな立法も期待できる。数年前は、米国で企業の取締役会にジェンダー・ダイバーシティが義務づけられることなど、ほぼあり得ないと考えられていた。ところが今、カリフォルニア州議会は、企業の取締役会に最低限の数の女性を加えることを義務づける州法を可決した。その2年後には、ワシントン州も同様の州法を制定した。また、かつては企業がジェンダー賃金格差を公表するなど、ほぼ聞いたことがなかった。だが今、英国の規制当局は、シティグループなどの多国籍企業に、必要最低限を超えるデータの開示を促している。

白人女性よりもずっと多くの障壁に直面する非白人女性、とりわけ黒人女性の経験に注目が集まるようになったことも、将来を楽観させてくれる理由のひとつだ。本書でも、人種とジェンダーの交差する領域を扱った重要な研究を紹介するとともに、非白人女性が特に疎外されていることを批判した。ただ、いくつかの重要な領域は放置されたままだ。たとえば第3章で述べたように、取締役会のダイバーシティは、ごく最近まで、ほぼ完全にジェンダーだけに焦点が当てられてきた（同章の最後に紹介したミシェル・フーパーもこの点を指摘して、取締役会やガバナンス組織を批判している）。コーポレートガバナンスが白人に支配されていることを認めず、対策が講じられていない現状は、取締役会に非白人女性の占める割合が異常に低いことに表れている。それでも、最近は変化が起こりつつあるようだ。最近の業界報告書は、取締役会の人種的ダイバーシティを数字に基づき論じることが増えたし、カリフォルニア州では、ジェンダー・ダイバーシティの義務化に続き、白人のみの取締役会を禁止する州法案が検討されている。[2] 同じように、人種による賃金格差も議論が活発になってきた。英政府はすでに、男女のジェンダー賃金格差の開示を企業に義務づけているが、現在は人種や民族による賃金格差の情報開示義務の導入を検討中だ。[3] また、新型コロナウイルス感染症のパンデミックは、失業率が高く、賃金は安いといった、中南米系や黒人の女性が置かれている困難な状況を明らかにした（しかも悪化している）。[4] 人種差別や人種的バイアスの有害な影響を無視すれば、企業や公的機関のトップに、あらゆる女性を送り込む努力に見落としが生じてしまう。この考え方をとる組織やジェンダー平等擁護者は増えている。

しぶとい壁を突破する出来事が起こるのは物事の移行期であり、不安定な時期でもある。企業と社会は、女性の人生とキャリアに大きな影響を与える不平等に対処する努力を倍増させるのか。それとも公正でインクルーシブな職場をつくる夢は、疑念と反発の重みに押しつぶされてしまうのか。組織や文化の変革に対する懐疑論や反発は、実にリアルに存在する。米国では2020年の大統領令で、連邦政府機関が職員研修で、「白人の特権」や「批判的人種理論」（人種・社会・法律の関係について従来とは異なる視点で検討しようとする運動）を学ぶことを禁止した。こうした研修は「プロパガンダ」だというのだ。[5] 2017年にグーグルのある従業員が、「女性は男性よりもテクノロジー関連の仕事への適性や関心が低い」とする社内向けメモを書いてクビになったときも、メディアでそのメモの内容に同調するコメンテーターがいた。[6] だが、こうした出来事は、幻滅ではなくアクションを起こすきっかけにするべきだ。問題をたちまち解決できる特効薬はないが、本書は変化を起こす試みを支える知識とツールを提供することを目指してきた。

ここでは、現代のジェンダー不平等（捉えにくいことが多い）の性質と、それを存続させている環境を説明することに多くのページを割いてきた。不平等の根本に迫れない中途半端な対策は、限定的な結果しか得られないことが多い。コロナ禍はそれをまざまざと見せつけた。本書を書きはじめたとき、新型コロナウイルスの存在はまだ知られていなかった。だが、本書を書き終えようとしている今、このウイルスは世界経済に打撃を与え、医療システムを疲弊させ、仕事のやり方を一変させている。託児施設が閉鎖され、子育て中の人はほとんどサポートのないなか、仕事と子育ての両方をフルタイムでこなさなければならなくなった。女性がいびつに大きな重荷を担っていることも浮き彫りになった。早くも2020年3月の時点で、新型コロナウイルスによって生活が崩壊したと答えた女性は、男性よりも多かった。その数カ月後に行われた、コロナ禍が家庭に与えた影響に関する調査では、母親は父親の4～5倍も仕事の時間を減らして、育児や家事を担っていることがわかった。[7] 職場の女性を取り巻く環境には多くの進歩があったものの、男性のキャリアのほうが優先される伝統的なパラダイムは、まだ残っていたのだ。その一方で、第4章で紹介したタイプの男性たちは、パートナーとしてもマネジャーとしても、より平等な規範を定めて実行することを選んだ。シエラレオネ教育相のツイートはその象徴と言えるだろう。幼い娘をおんぶしながらオンライン会議に参加する自分の写真をツイートして、「リーダーとして在宅勤務中の姿をシェアしよう」と世界に呼びかけ、大きな反響を呼んだのだ。[8]

ジェンダー平等の推進は、あらゆる人に関係がある。仕事と家庭を人為的かつ不当に切り離すステレオタイプ的な期待が小さくなれば、男性も恩恵を得るだろう。男性が育児とプロフェッショナルとしての仕事を両立しようと奮闘しているのは、その苦労を女性と分担するためだけでなく、家族としての喜びと充実感を等しく分かち合うためでもあるのだ。組織も、ジェンダーと仕事に関する時代遅れの思い込みを捨てれば恩恵を受ける。意識的か否かを問わず、バイアスのかかった思い込みと態度は、女性が雇用主から組織的に過小評価されることにつながる。ジェンダー平等を断固として推進しなければ、企業は知識経済で最も重要なリソースである人材の有効活用を自ら妨げることになる。つまり、企業にとって女性が活躍できる職場をつくることは、慈善行為ではない。システム的な不利益の原因を取り除けば、自社の人材がもたらす恩恵をフルに得ることができるのだ。女性を増やせば利益が増えるといった、単純な話ではない（ダイバーシティと業績に関する研究については、第3章を参照のこと）。ジェンダー平等の優先順位が低いこと、すなわち、あったらいいけれど、最も重要な仕事とは無関係とみなすことの近視眼性に気がつく必要がある。なぜなら、それほど真実から遠く離れた思い込みはないのだから。バイアスを克服して、女性が過小評価されたり成長が妨げられたりする構造を変えれば、ジェンダーに基づく障壁を放置している企業に対して競争優位に立つことができる。

ジャック・リブキンの紹介で、彼が自分の部門を女性アナリストが活躍できる場所にすることに価値を見出し、その環境を整えたところ、競合他社に対して明らかに優位に立ったことを説明した。リブキンのチームが業界ランキングを急上昇したことは、ジェンダー平等な環境が女性を成功（投資調査業界でいう「スター」だ）へと解き放つという有力な実例だ。また、女性を過小評価する構造を解体すると、組織全体の文化を改善することもできる。2000年代半ばに韓国で行われた調査によると、韓国に拠点を置く多国籍企業は、国内企業よりも多くの女性を管理職に登用して、こうしたポジション（特に男性の部下がいるポジション）に女性の居場所はないという文化的認識を一蹴した。女性管理職の存在は、透明性を確保したり、疑問を投げかけたり、議論を排除する偏狭な文化的規範を破壊し、その会社の生産性も高めた。

この研究チームは、女性管理職の存在が企業をどのように活性化させたかを正確に把握するため、さらに突っ込んだフィールドワークを実施した。すると、韓国の男性は家庭でも、学校でも、軍隊（男性のみに義務づけられている）でも、命令に断固従う文化にどっぷり浸かっていたことがわかった。これに対して女性は、状況に応じて協調的で思慮深いマネジメント方法を育むことに長けていた。[9]ここで興味深いのは、女性のほうが企業の要求に柔軟に対応できるのは、不平等な社会を生き抜くために、こうしたスキルを身につけなくてはいけなかったという説明だ。女性は伝統的に、仕事をしたりリーダーになったりするのではなく、家庭や家族に集中するよう強いられてきたため、男性と同じような訓練や能力開発の機会を得られなかった。しかし管理職についた女性たちは、こうした環境で培ったスキルを駆使して、大きな成功を収めたというのだ。

実際、差別される経験は、女性たちが必要に駆られて、自らをリーダーとして著しく適任にするスキルを身につけるきっかけになる。企業がピンチに陥ったときに限って、女性がリーダーに抜擢される現象「ガラスの崖」を考えてみるといい。[10]このパターンは、女性が危機を管理することに慣れている可能性が高いことを示唆している。なにしろ、最高のプロジェクトは上司のお気に入りの男性同僚に任されて、女性はピンチのときの火消し役ばかり任されてきたのだ。女性は、多くの分野で成功に不可欠な社交や人間関係づくりからも排除されるため、身近な同僚よりも組織の外に仲間を探すことになり、それが大きなリソースになる。また、女性が排除されるがゆえに身につける対処戦略は、男性ほど現在の職場に依存しない。だから女性は転職したとき、強力な人脈を持参しており、新しい職場でもすぐに実力を発揮する。[11]第2章で説明した女性のレジリエンスも、不利な状況への対処戦略がリーダーの資質を身につけることにつながったいい例だ。多くの障害を乗り越え、リーダーの座を得た女性たちは、レジリエンスを身につけることが決定的に重要だったと語っている。HBSの研究チームが、経営幹部またはマネジングパートナーのレベルに達したアフリカ系アメリカ人の女性に関する踏み込んだ研究を行ったところ、やはりレジリエンスがカギであることがわかった。[12]職場における根深いジェンダー不平等ゆえに、女性とりわけ非白人女性は、一段と大きな柔軟性とタフさを身につけたのだ。

即応能力と機知とレジリエンス。依然として傾いた土俵で、この3つが女性トップに共通する資質であることは驚きではない。だが、現在も上を目指してスキルと能力を身につけようと奮闘する多くの女性が、昇進できずに挫折を経験していることを忘れてはならない。2019年に行われた企業329社の従業員計1300万人以上の調査によると、経営幹部につながる昇進ルートにいる白人女性の割合は、新人から取締役に達するまでの間に13％減り、非白人女性はなんと半減することがわかった。[13]有能な女性が辞めていき、企業は悪循環に陥っている。女性は昇進の道が見えないと辞めていく。また、権限のあるポジションに女性がいないと、女性従業員は疎外感を覚え、同僚も、女性上司も、信頼できないと思うようになる。[14]

これに対して、『9時から5時まで』の女性主人公3人は、結束して、女性をのけ者扱いする組織に挑戦状を叩きつける。昇進の道を閉ざされた万年マネジャーは、上司の下品なコメントをかわす秘書や、離婚して仕事に復帰した同僚が、自分と同じ戦いをしていることを知る。３人は、自分の目の前のハードルを乗り越えるだけでなく、もっと幅広い根本的な問題を正すために立ち上がる（コメディタッチではあるけれど）。本書に挙げた以外にも、ジェンダーに基づく不平等は無数に存在すること、そして本書で取り上げた女性プロフェッショナルよりも、もっと厳しく、もっと大きな不利益と戦っている女性が大勢いることは、筆者たちも承知している。しかし、システム全体の改革を訴えるなかで、より大きな平等実現に向けた運動には、あらゆるレベルの、あらゆるジェンダーのコミットメントが必要であることを明らかにできたことを願っている。心強いことに、職場における差別との戦いに、新たな形の結束が生まれている。たとえば「タイムズアップ（Time's Up）」は、そうそうたる映画スターらが創設した弁護士費用基金で、あらゆる分野の女性の支援をしている。ジェンダー平等は、あらゆる人の人生と職場を根底から豊かにするものであり、そのために戦い続けなくてはいけない。もはや、個々の女性が壁を突き破るのを見て満足していてはならない。ガラスの天井を砕かれた組織は、依然として女性の活躍を妨げているガラスの破片を一掃するべきだ。そして誰もが――男性も、女性も、企業も、社会全体も――、もっと可能性に満ちた空を目指せるように、天井そのものを取り払うときが来た。

case

起業家マインドで女性をサポート
――アイリーン・H・ラング

「ある先生に、私は女の子だからリーダーになれないと言われた」と、アイリーン・ラングは振り返る。「11歳のときだ。そのとき私はフェミニストになった」。ジェンダー平等を生涯の仕事だと語るラングは、やがて職場における女性の地位向上を目指す非営利団体「カタリスト」に参加することになる。それまでに彼女自身が歩んだ道のりは、プロフェッショナル職における女性の機会の進化と重なる。世の中は、ジェンダー差別が普通のことだった時代から、そこまで決定的な要因ではなくなったけれど、依然として昇進を妨げている時代へと進化してきたのだ。

ラングがラドクリフ・カレッジに入学したのは1961年秋のこと。ハーバードが男性しか受け入れていなかったために、女性はラドクリフに行かなければならなかった時代を経験した最後の世代の一人だ。ラングが入学したとき、ラドクリフの学生はハーバードの教員による出張授業を受け、ハーバードと同じカリキュラムをこなしていたが、ハーバードの学位はもらえなかった。1965年にラングが卒業するときには、その慣行は廃止されていたが、女性は男性と対等な立場ではなかった。「（かつてのハーバードは学生の）男女比が4対1と決まっていて、女性は二級市民扱いだった。たとえば、（ハーバードのキャンパスにある）ラモント図書館は、ハーバードの学部生しか利用できなかった。卒業50周年の同窓会でも、あのことに対する不満が聞かれた。重大な問題だったのだ」と、ラングは語る（1967年には女子学生もラモント図書館を利用できるようになり、1975年にハーバードは共学になった。1977年までにジェンダーを問わない入学審査が導入されて、4対1の比率も撤廃された）[15]。

シカゴで育ったラングは、高校では卒業生総代を務めた。スピーチのタイトルは、「チャンスを観察せよ」で、独自の道を歩みたいという思いが込められていた。その思いは、彼女がコンピューターテクノロジーという新しい分野に入っていくことにつながった。ラドクリフ在学中には、社会を大きく揺るがす女性の権利運動も経験した。そんな彼女が就職活動中に魅力を感じたのは、テクノロジー業界だった。大学のある地域は、ハーバードやマサチューセッツ工科大学（MIT）が近かったため、新しい企業が続々誕生していたし、新しい業界だから女性にもオープンのような気がしたのだ。「ラドクリフの友達と、テクノロジー企業を狙おうと冗談で言っていた。女性を雇うほど人材不足と聞いていたからだ」。実際、女性に門戸を開いている企業がいくつかあった。ラングはテクノロジー系のコンサルティング会社に就職し、友達はＩＢＭに就職した。

ラングが就職した会社は、巨大なデータセンターをつくったＭＩＴのエンジニアたちが始めた会社だった。ラングは、提案書やドキュメンテーションの担当者として採用された。このことが、テクノロジー業界でキャリアを築く足がかりとなった。それだけではない。「社長室長が、ハーバード・ラドクリフ合同ＭＢＡ課程の修了者で、メンターになってくれた」とラングは振り返る。この社長室長が、ハーバードでＭＢＡを取得することをラングに勧めた。ラング自身、テクノロジー業界で何年か仕事をして、コンピューターの研究開発を間近に見ながら、そのことを考えていた。１９７０年に株価が急落して、成長著しかったラングの会社も壁にぶつかると、そのときが来たと彼女は判断した。１９７１年にハーバード・ビジネス・スクール（ＨＢＳ）に入学したとき、８００人以上いる学生のうち、女性は40人足らずだった。その一方で、社会のジェンダー規範は急速に変わりつつあった。「１９６０年代は覚醒の時代で、１９７０年代は大変革の時代だった」と、ラングは語る。「私がＭＢＡを取得して卒業した年、わずか数カ月の間に重要な最高裁判決が2つも下された。ひとつは（人工妊娠中絶を憲法上の権利と認めた）ロー対ウェイド判決。もうひとつはＡＴ＆Ｔに対する集団訴訟で、同社の女性差別が認定された」（ＡＴ＆Ｔは、ジェンダー差別および人種差別を理由に雇用機会均等委員会に起こされた裁判の和解条件として、賃金の未払い分および昇給分の合計３８００万ドルを支払った）。[16] この判決を機に、「女性がビジネスの世界に次々と飛び込んでいった。成功できると確信してね」と、ラングは語る。当時は多くのメディアが、女性が男性と対等の地位になるのは時間の問題だと報じていた。

そんななか、ラングはソフトウェア企業で働いた経験と、MBAという学位、そして持ち前の冒険心を生かしたキャリアをスタートさせた。「私には起業家のDNAがある。2人の祖父はどちらも起業家で、家業を成功させた。だから私も一定のリスクを冒すことに躊躇を感じなかった」と彼女は語る。1980年代には、ベンチャーキャピタルの資金がテクノロジー業界に大量に入ってきて、コンピューターは毎日エキサイティングな進歩を遂げているように見えた。「隣人が買ったシンボリックスという会社のコンピューターがすごかった」と、ラングは振り返る。そこですぐにシンボリックス社で働くことにした。「(シンボリックスは)コミュニケーションとドキュメンテーションの担当者を必要としていて、私の経験とぴったり一致した。ちょうどいいタイミングに、ちょうどいいポジションがあった」。ラングは、シンボリックスで数少ない女性社員の一人になった。経営幹部で唯一の母親でもあった。「幼い子どもが2人いて、さらに3人目を妊娠していた。だから会社が自宅にホームコンピューターを設置して、フレキシブルに働けるようにしてくれた。私は、女性と男性の両方のロールモデルなのだと、とても大きな責任を感じた。何年も後、かつての同僚たちが連絡をくれて、私が前例を作ったおかげで、子育てをしながら仕事ができたと言ってくれた。『あなたも恩送りをして!』と私は返事をしたものだ。

変化はそうやって起きていくのだから」

ラングはソフトウェア担当バイスプレジデントとしてシンボリックスの上場に貢献し、さらにマーケティング担当バイスプレジデントを務めてから同社を離れた。1990年代初めにはロータスに入り、国際製品開発担当バイスプレジデントとして、ダブリン、東京、シンガポール、マサチューセッツ州ケンブリッジにオフィスを構えるグローバルチームを率いた。また、IBMと中国科学院と提携関係を結び、北京にグローバル品質保証ラボを設置し、ロータスがグローバル市場に迅速に製品を供給できる体制をつくった。

「テクノロジーを使うのはもちろんだが、重要なのは、みんなが並行してうまく働けるように、コミュニケーションと明確な手順と信頼関係を確立することだった。当時は『ダイバーシティ&インクルージョン』という表現はなかったけれど、まさにそれだった。ロータスの企業文化は大きく変わった」。ラングはデスクトップ事業部のシニアバイスプレジデントに昇格し、ロータスのグローバル事業の半分を統括することになった。やがてロータスがIBMに買収されると、ラングはディジタル・イクイップメント・コーポレーション（DEC）に移った。DECの研究者らが画期的な初期の検索エンジンである「AltaVista（アルタビスタ）」を開発して独立すると、ラングは関連会社アルタビスタ・インターネット・ソフトウェア社を設立。DECはアルタビスタの新規株式公開（IPO）の準備を開始したが、後に申請を取り下げた。ラングはその時点でDECを離れ、さらに4つのインターネット企業で顧問や取締役やＣＥＯを務めた。

ラングはテクノロジー企業のエグゼクティブとして輝かしいキャリアを築いたが、２０００年にドットコムバブルがはじけると、起業家のＤＮＡが変化を求めてうずうずしはじめた。「５年で３つのドットコム企業の経営に関わったから、ほかのことをしたくなった。複数の企業の取締役を務め、スタートアップに助言し、女性が中心となっているテクノロジーベンチャーに投資し、ボストン地域のベンチャーキャピタルと仕事をしていたが、次はどんなことをしようかと考えていた。私は変化が欲しかった」。やがて、いくつかのＮＰＯの理事を務めたことをきっかけに、非営利活動に関心を持つようになった。ただ、そのとき関わっていたＮＰＯには、大きな情熱をかきたてられなかった。そこに、カタリストがプレジデントを探しているという話が舞い込んできた。カタリストはシンクタンク兼コンサルティング事務所で、１９６２年以降、女性のキャリア育成方法を企業に助言していた。創設者のフェリース・シュワーツが、「アメリカ企業には母親にも活躍の場があるはずだ」と考えたのがきっかけだ。ラングに声をかけるときまでに、カタリストは、女性の経営幹部や取締役の誕生を妨げる壁だけでなく、「女性には野心がない」といったジェンダー・バイアスの退治にも取り組んでいた。ラングは二つ返事で引き受けた。「私のキャリアの集大成になると思った。これまで副業だったことが本業になるんだ、と。私は、女性の活躍と平等の実現に大きな情熱を抱いていた。まさに私のためのの仕事だった」。女性リーダーとしていくつもの壁を打ち破ってきた彼女が、その壁を完全に取り払うことに専念するときが来たのだ。

それはラングのキャリアの集大成だったかもしれないが、キャリアの終わりではまったくなかった。リーダーシップには新たな課題がどんどん生まれていたし、カタリストの本部があるニューヨーク市は、まだ米同時多発テロ事件の衝撃から完全に立ち直っていなかった。カタリストは、ラングがトップに就任した2003年に設立40周年を迎え、テクノロジーの導入を加速させるとともに、複雑化する現代の職場に応じた活動を展開する必要があった。人種や民族、性的指向など、さまざまなアイデンティティが女性の経験に大きな影響を与えていることへの理解が深まり、ジェンダー平等という言葉の意味も変わりつつあった。ラングは次のように語っている。

私の現在の見解は、カタリストでの経験、つまりステレオタイプや無意識のバイアスの枠組みや、構造的・制度的な障壁を理解することによって磨かれたものだ。何兆ドルものお金をかけて、女性たちにもっと多くのお金を使わせると思い込ませ、それを「正す」ために女性たちに自分は不適切な存在だと思い込ませる現代の社会構造を知って驚愕した。必要なのは、職場のポリシーや慣行や文化の是正だ！　私は自分のキャリアにいくつかのパターンがあることに気がついた。たとえば、メンターやスポンサーが重要な役割を果たしたこと。メンターは助言し、スポンサーは一緒になって手伝う。シンボリックスからロータス、アルタビスタ、そしてカタリストまで、私に舞い込んできたチャンスはすべて、スポンサーからもたらされた。私のことを知っている人たちが、自分の評判を私に懸けてくれたのだ。

ラングのリーダーシップの下で、カタリストの活動対象は非白人女性やＬＧＢＴＱに拡大し、米国外での調査やプログラムを増やし、ジェンダー平等の推進に男性の参加を促すイニシアティブも開始した。カタリストの運営がピンチに陥ったとき、特に２００８年の金融危機のときも、ラングは先頭に立って舵取りをした。「新年度が始まり、理事会が活動拡大計画にゴーサインを出し、さあ、というときにリーマン・ブラザーズが破綻した」と彼女は振り返る。「職員や理事の多くは、活動を縮小して経費を抑えるべきだと考えた」。だが、ラング率いる運営チームは、活動縮小の誘惑に負けないでほしいと理事会に訴えた。「会長は、『雨が降ったときのために（万が一に備えて）、銀行に現金を預けてあるけれど、今、外は土砂降りだ。（寄付をくれる）企業が経費削減に走っている。だからカタリストは自立しなくてはいけない』と言った。でも、私たちは人員削減を行わず、給料の支払いも凍結しなかったし、昇給や昇進も実施した。ただ、新規採用はせず、既存のスタッフに投資した。常識外れの措置だが、おかげでチームは結束して、カタリストの価値と未来に意識を集中できた」。これは賢明な戦略だった。カタリストは力強い状態で危機を乗り切り、2年後の創立50周年に向けた大規模な寄付金集めのキャンペーンを開始して、莫大な資金を調達した。それはカタリストのグローバルな影響力と、公平な職場の実現に向けたディスカッションへのインパクトを高める助けになった。

ラングは2014年にカタリストのプレジデント兼CEOを退任し、現在は名誉理事を務める。また、女性取締役紹介会社トゥルースターの顧問を務めるほか、経営幹部にジェンダー・ダイバーシティが確保されている企業に投資する「ウィメンズ・ベンチャー・キャピタル・ファンド」の投資家であり顧問でもある。ラングは特に、ジェンダーに関する理解が進化し続けていることを喜んでいる。「ジェンダーの本質を問うことは、ジェンダー・ステレオタイプの根本を問うことでもある。最近は、ジェンダーと人種は社会の構成要素であるという理解が進んできた。それはこれまでとは違うかたちで問題や機会を定義する役に立つ」。たしかにラングが生きている間に、多くのことが変わってきたが、根本的な不平等はまだ残っていると、彼女は認める。進歩は必然ではないと、彼女は警告する。ジェンダーや人種的な正義に対する反発を見ると、「今は楽観的でいることが難しい」とラングは言う。それでも、平等は誰もが支持する共通のミッションだと彼女は考えている。「リーダーは声をあげ、目標を定め、行動し、責任を負い、説明責任を果たすものだ。リーダーであるということは、困難なときに変化の担い手になることを意味する。私たちの前途には、まだやらなければいけないことがたくさんある」

エピローグ ジェンダー・バランスシート
——ハーバード・ビジネス・スクールのケーススタディ

本書の冒頭で、ハーバード・ビジネス・スクール（HBS）で現在進行中のジェンダー平等推進活動に筆者らが関わっていることを書いた。もちろん多くの面で、HBSこそ男性リーダーシップの砦であることは、筆者たちも知っている。[1] 実業界をはじめさまざまなセクターのトップの地位にある男性（ほとんどは白人だ）には、HBS卒業生が多い。HBSに女性学長がいたことはないし、女子学生が50％を超えた年もない。女性教員は25％程度だし、終身在職権のある教授になった黒人女性は、HBSの歴史で2人しかいない。[2] 働く女性が直面する障壁について書くとき、筆者らの雇用主であり、企業に絶大な影響力を持つHBSを直視しなければ怠慢というものだろう。現在のHBSのジェンダー平等はどのような状況になっているのか。どこまで進歩し、どの部分がまだ不足しているのか。

HBSがMBA課程に女性を受け入れはじめたのは、1960年代初めのことだ。当時、プロフェッショナルの学位を取得することは、女性が経営幹部に食い込むための武器のひとつと考えられた。ＨＢＳのＭＢＡという「お墨付き」は、雑誌「Ms.（ミズ）」の共同創刊者レティ・コティン・ポグレビンが言うところの、秘書室の「冷たい鉄のタイプ台」から、エグゼクティブの「温かいクルミ材のデスク」に上り詰めるための「極めて長く困難な旅」の強力な助けになる。[3] だが、ＨＢＳでＭＢＡを取得する過程も、過酷な旅になる可能性がある。２０１４年の卒業生イベントで、ニティン・ノーリア学長は６００人の女性卒業生を前に、彼女たちがＨＢＳで経験した不当な扱いについて謝罪した。多くの女性が「大学にぞんざいに扱われ、取り残され、愛されていなかった」と認めた。そして「本学はあなた方をもっときちんと扱う責任があった」と言い、「もっと良くする」ことを約束した。[4] 確かに、これから説明するように、ＨＢＳは50年前、20年前、あるいは10年前と比べれば、女性にとってましな場所になったが、まだ改善の余地はある。そしてＨＢＳにおけるジェンダーの歴史と現状は、詳しくたどるに値する。

ある意味で、ＨＢＳの女性たちの物語は、組織改革（その可能性と限界、そして不均一性と部分性）のケーススタディだ。それは、一人のリーダーが不公平を一気に解決した物語ではないし、より良い待遇を求める女性たちの要求が一貫して満たされた物語でもない。きれいな直線のように改善が進んできたわけではなく、画期的な進歩があったかと思えば、停滞期もあった。前進もあれば後退もあった。ここ10年は特に大きな進歩があったが、重要なのはそれを維持することだ。ひとつ例をあげよう。２０１０年代前半、卒業時に贈られる最優秀学生賞「ベーカー・スカラー」の受賞者に占める女性の割合が、その年の卒業生に占める女子学生の割合と同レベルになった。これはジェンダー・ギャップの原因を探り、議論を喚起する女子学生たちの長年の努力のたまものであり、ついにHBSも女性が実力をフルに発揮できる場所になった証拠かと思われた。ところが近年、ベーカー・スカラー受賞者に占める女子学生の割合は、同期生に占める女性の割合を下回るようになった。[5] 再び成績にジェンダー・ギャップが生じることを防ぐためにも、現在の努力を継続することが極めて重要だ。

本章では、HBSがジェンダー平等で真に進歩した領域と、依然として不十分な領域を明らかにする。HBSは現在、さまざまな形の不平等が幅広く認識されていることを前提に学生を教育している。リーダーも企業も、より良い世界を築くために積極的に貢献することが期待されており、権力のあるポジションが依然として白人男性によって圧倒的に占められていることについて、改めて大きな批判が集まっている。[6] HBSに女性の入学が認められるようになったのは1963年だが、黒人女性が初めて入学したのはその4年後だ（その学生はアフリカ系アメリカ人学生自治会を共同創設した）。また、非白人女性は、総じて、HBSのジェンダーに関する議論では目立たない存在で、彼女たちの経験が白人女性のそれとは異なることが考慮に入れられてこなかった。ジェンダー不平等を是正するための過去と現在の取り組みを検証することが、HBSが欠点を認識し、誰もが活躍できる場になるという決意を新たにすることにつながることを願ってやまない。同時に、うまくいった試みを明らかにすることで、組織改革の重要な要素を明らかにし、変革は常に可能であることを思い出してもらえればと思う。

共学にはなったけれど

HBSの教授陣が女性を教えるようになったのは、1930年代のことだ。ラドクリフ・カレッジの人材管理の課程で授業を担当するという、いわばアルバイトだった。1959年、HBSはこの課程の修了者を、HBSの2年次に編入できるようにした。それでもまだ、女性は2年間の経営学修士課程に最初から入ることはできなかった。[7] 故ルース・ベイダー・ギンズバーグ米最高裁判事は、HBSが女性に門戸を閉ざしていた時代を身をもって知っている世代の一人だ（ギンズバーグは1956年にハーバード・ロースクールに進学した）。2015年のニューヨーク・タイムズ紙のインタビューで、ギンズバーグは「ビジネススクールが女性を受け入れていなかったから、ロースクールに行くしかなかった」と、法曹界を目指すことにした理由を語っている。[8] 1962年、HBSの教授会は、女性を正式に受け入れることを決定し、翌年8人の女性が入学した。この女性第一期生は、同期の男性とほとんど同じように、全員白人女性だった。そして1967年、初の黒人女性リリアン・リンカーン・ランバートが入学した。

HBSの教授会が女性の受け入れを決めた頃には、女性の大学院進学自体は、もはや議論を招くものではなくなっていた。つまり女性の社会進出に関して、HBSは全米をリードするどころか、後れをとっていた。1962年の教授会に出席したある教員は、「あの件に関しては、すでに多くの議論がなされており、提案の可決は確実だった」と回想している。「だから会議はいい雰囲気だった。とうに下されているべき決定だったからね」。だが、男女共学になったものの、女性と男性の待遇は違っていた。早期出願者は別枠で審査されたし、女子学生は当初ラドクリフ・カレッジの寮に住み、タクシーでHBSと行き来していた（費用はHBSが負担した）。HBSのダイニングホールで食事をすることもできなかった。[9] 女性たちはキャンパスで、自分たちが異例であり、異常な存在とさえ見られていることに十分気づいていた。「どうしてここにいるんだ」と問われることにも慣れていた。ある1967年生は、巧みな答えを用意していた。「当初は、コンサルタントになりたいから、と真面目に答えていた」と彼女は言う。「でも、同じことを3回も4回も聞かれるから、『ゼネラル・モーターズのCFOになりたいの』と答えるようになった。『親切にしてくれたら、将来仕事を紹介してあげるわよ』ってね」。困難な経験にユーモアで応じたのは彼女だけではない。HBSの学生新聞ハーバスは1969年、「細かく詮索されるビジネススクールの女子学生」という見出しの記事を掲載した。この中で記者（女性だった）は、「HBSで女性であることの利点のひとつは、希少だから目立つコモディティであることだ（これは皮肉だ）」と辛辣に書いている。[10]

女性たちは、多くの男性クラスメートから敵対的な態度をとられた（また少なくとも1人の教授は、自分の人気授業を女性が履修することを禁止した）が、HBSは当時の女性には手に入らないチャンスをたぐり寄せることを可能にする場所だった。第1章で紹介したバーバラ・フランクリンは、「私たち女性は、男性以上に（仕事が見つかるか）不安だった」ため、卒業時に複数の内定を受けて喜んだという。あるリーダー志望の女性は、伝統的な出世ルートに乗ることは（ましてやそれを登っていくことは）困難と気づいて、ＭＢＡ取得を決意した。大手テクノロジー企業に勤務し、シニアエグゼクティブのほぼ全員が営業部の管理職経験者であるのを見た彼女は、営業部に異動させてもらえないかと上司に尋ねたという。「すると、『うちの会社の営業に女性がいたのは第二次世界大戦のときだけだ。それくらいの大事件がなければ、女性の営業部配属は検討さえされないだろう』と言われた」と振り返った。そして、ハーバードの学位があれば、ジェンダーにとらわれずに自分を評価してもらえるのではないかと考え、ＨＢＳに進むことにしたという。

女性の入学が認められるようになった当初、ＨＢＳにはそれに伴う変化はほとんどなかったようだ。１９６０年代に卒業した数十人の女性たちは、女性向け設備のないキャンパスで、男性に囲まれて授業を受けた。ＨＢＳでＭＢＡと博士号を取得した後、教授陣に加わり、後に学長となったジェイ・ライトは、当時の女子学生を待ち受けていた環境について語った。

私は１９６６年にＨＢＳに入学したが、１９６７年生に女性は７人しかいなかったと思う。彼女たちにとっては困難で、孤独で、イラだたしい経験だっただろう。真のパイオニアだったわけだから。彼女たちがＨＢＳに来たのは、そこが快適だと思ったからでも、誰かに招かれたからでもない。それどころか、彼女たちの存在は期待されていなかった。彼女たちの親にも、ここの教員にも、だ。それなのにＨＢＳに来たのは、本当にそうしたかったからだ。だが、物理的なインフラも、社交も、彼女たちを受け入れるための準備は何もされていなかった。

だが、1960年代の終わりには、少しずつ変化が起こりはじめた。社会における女性の役割について全米で議論が盛り上がってくると、HBSのキャンパスでもこうした議論がなされるようになった。1969年には女性寮が開設され、女性初のベーカー・スカラーも誕生した。[11]より本格的に大学の一員になってくると、女性たちは大学にもっと多くのことを求めるようになった。

女子学生の数は増えていたが（1969〜1970年度は50人）、HBSの統合アプローチは、かなり場当たり的だった。多くの女性卒業生は、「自分の見解が妥当だとか、真面目に受け止められていないと感じた」と、語っている。1976年生で、HBSに来る前は大手多国籍企業に2年間いた女性は、次のように回想している。「テキサスの工場勤務は、HBSでやっていく準備にはあまりならなかった。HBSもあまり女性を歓迎していなかった。アルドリッチ（主な教室がある建物）には女性用トイレが1カ所しかなかった。大学は私たち女性をどう扱っていいかわからない様子だった。どう呼ぶべきかもわからなかった。当時は社会の変動期で、みんなが手探りの状態だった」

一部の男性は、女子学生をあざけり、敵意をあらわにすることもあったし、誰であれ伝統的な白人男性の型にはまらない学生のことを侮辱したりした。1971年生は、600人以上の学生のうち、黒人は58人しかいなかった。[12]

ある1971年生は、次のように語った。

入学当初は、大学は合格基準を下げて、レベルの低いアフリカ系アメリカ人や女性を入学させてやったという感情が、一部の（白人）男性の間にあった。そのせいで、1セクション（MBA課程は1学年が10セクションに分けられており、各セクションは90人ほどの学生からなる。1年目の講義はすべてセクション別に受講する）につき10人の白人男性が入学できなかったというのだ。（白人男性の）ポジションを奪われたという不満の矛先は、女性よりも黒人に向けられていたようだが、女性はみな、ある意味でお飾り的な存在とみられていた。

ある1972年生は、自分の存在に対するクラスメートの反応について、もっと悲惨な思い出があるという。

廊下で男性が歩み寄ってきて、「ここで何してるんだ。何の権利があってここにいるんだ」と非難されることも何度かあった。面と向かってね。そういうときはこう返した。「MBAがほしいの。それを使ってあなたがやりたいと思っているのと同じことを私もしたい」と。それでも終わらなかった。「ああ、結婚相手を探しにきたのか」と言われたりね。私がもう結婚していることも知らずに。「俺の親友が出願したけど入れなかった。君のせいだ」と言われたこともある。

一方、教員の女子学生に対する態度は、大学の方針よりも、教員個人の考え方によって違った。HBSの教員は1970年代も男性が大半を占めた。180人の教授のうち女性は6人だけで、終身在職権を持つ女性教授はゼロだった。（1908〜1960年代前半で、HBSの女性教授はヘンリエッタ・ラーソンとエリザベス・アボット・バーナムの2人だけだった）[13]。女性にHBSに出願することを積極的に勧める教授がいる一方で、教室に女性がいることに明らかに不快感を示す教授もいた。ある卒業生は、教授陣の態度は無関心から無視までさまざまだったと言う。「女性がいることがほとんど気にならない教授も数人いた。ちゃんと質問に答えられて、課題をこなせるなら男でも女でもいいという考えだ。その一方で、女性向け商品や家庭用商品がトピックになっているのでもない限り、女性を絶対に当てない教授もいた」

授業中にあからさまな偏見を示された学生もいた。ある1971年生は、「授業中に突然、女性やアフリカ系アメリカ人の学生を見て、『君には難しすぎるかな』と言う教授がいた」と語る。別の卒業生は、「とても差別的な教授もいた」と言う。「女性を絶対に当てず、相手にしないのだ」。さらに別の卒業生は、「ある教授は、この教室には女性の居場所はないという態度を明確にしていた。2年次の選択科目で自分の授業を履修しないようにと、女子学生に働きかけている教授もいた」と話す。

女子学生協会（WSA）の誕生

こうした環境に女性たちは不満をつのらせ、声を上げはじめた。1年生のアイリーン・ラング（前章の終わりに紹介した実業家だ）は、ハーバス紙への寄稿で、女子学生は「（能力に対する）不信感」や「見下した態度」や「あざけり」に直面していると指摘した。それは「女性の仕事や女性の解放や、女性の肉体的・精神的・情緒的な弱さをジョークのネタにすること」から「ケース執筆者が女性労働者を女の子と表現する慣習」にまで及ぶという。[14] 1971年初め、何人かの女性たちが集まって、女性の学生団体の設立を話し合った。これが「ハーバード・ビジネス・ウィメン」で、この年の4月に正式な初会合が開かれた。その後、女子学生協会（WSA）と名称を変更したものの、現在もHBSで最大かつ最も活動的な学生団体のひとつとなっている。創設時の2人のリーダーであるマーニー・タターソルとベティ・エベイラードはハーバス紙に、この団体は女子学生のニーズや興味の「情報センター」であり、女子学生のコミュニティを育てるとともに、女性の「最適な教育経験」を「妨げる原因」に対処することを目指していると説明した。[15] 当初、メンバーは、この組織が実務的な性質のものであり、「ウーマンリブ団体でも、過激な女性団体でもない」ことを強調した。「多くの男性が、『女性団体』と聞くと鼻であしらう」ことをよくわかっていたのだ。[16]

このように、戦略的な理由からフェミニズムとのつながりは目立たないようにしたものの、女子学生の成功をサポートするためには、相変わらず女子学生を過小評価する現状に対峙する必要があると、リーダーたちは理解していた。HBSの事務局はハーバード・ビジネス・ウィメンの設立に反対はしなかったが、まだ女性のニーズに対処しているとはとうてい言えなかったのだ。事実上すべての授業が行われるアルドリッチ・ホールに女性用トイレを設けるというごく基本的なことでさえ、女性の入学を受け入れるようになってから10年以上たっても実現していなかった。1975～1976年にWSAのプレジデントを務めたレスリー・レビーは、女性用トイレの問題はインフラの不備以上のことを意味していたと語る。「女性はトイレに行きたくなったら、地下に行かなければならなかった。その後ようやく、1階おきに男性用トイレが女性用に変更されたけれど、小便器は撤去されなかったので、いろんなジョークも言われた」。1977～1978年のWSAプレジデントだったスーザン・ポズナーも、トイレはより大きな問題の縮図だったと説明する。「大学は、女性が正当に評価され、求められているという正しいメッセージを発信できていなかった」

実際、男女共学になってから10年以上がたっても、キャンパスのインフラが整っていない上に、HBSの権威ある地位に女性がほとんどいないことも、自分たちは本当に歓迎されているのかと、女性たちが疑問に思う原因になっていた。「女性の教授が2人いたことは、はっきり覚えている」と、ある卒業生は語った。「でも、それ以外には、大学の幹部にも、ケースにさえも、女性はいなかった」（現在もそうだが、HBSのカリキュラムの大半はケーススタディが占める）。設立間もないWSAは、女性たちがこうした懸念を表明するとともに、もっとジェンダー・インクルーシブな文化を作るよう学校に求めるプラットフォームになった。そこでＷＳＡが最初に掲げた目標のひとつは、女性出願者を増やすことだった。１９７２年生では、エベイラードやターソルら女性の割合は５％にも満たなかった。

ＷＳＡは女性出願者を増やすための提案書を大学事務局に提出したが、さほど賛同を得られなかった。そこで若い女性たちにＨＢＳのことをもっと知ってもらうためのイニシアティブを独自に展開しはじめた。やはり１９７２年生のビバリー・ブラントも、この活動に加わった。

「私たちは、大学院の選択肢にＨＢＳを加えてくれる優秀な女性を増やしたいと考えた。もちろん広告宣伝費はなかったので、国内外や各界のトップの女性たちを招いて、キャンパスで講演してもらった。それを女子学生がいる地元の大学すべてに知らせて、ＨＢＳの存在を知ってもらい、出願を歓迎していることを知らせた」

ＭＢＡ取得者が目指すタイプのポジションが、ほぼ完全に男性に占められていた時代に、著名な女性リーダーを招くことは、女子学生たちが自分のポテンシャルを再認識する機会にもなった。「私たちの多くがもがいていた理由のひとつは、女性ロールモデルの不在だった」と、ターソルはあるインタビューで語っている。ＷＳＡは１９７１年に著名フェミニストのグロリア・スタイネムの講演会を開き、1972年の女性経営者の日には、女性で初めてニューヨーク証券取引所の会員となったミュリエル・シーバートに講演してもらった。[17] 1973年には、初めてキャリアデーを開き、さまざまな業界で活躍する卒業生を招いた。

WSAは、カリキュラムにおける女性の描写（またはその不在）にも目を向けた。1972年には、「講義資料で女性差別をしないためのガイドライン」をHBSの研究者らに提示した。[18] 1975年には、企業や卒業生に声をかけて、女性が重要な役割を果たすケースの提案を求めた。また、ケースに使われている性差別などの差別的表現を調べはじめた。[19] 1980年には、「HBSのケースにおける男女の対等な扱い」に注目するケース編集委員会を正式に発足させた。[20] この年、ジョン・マッカーサーが学長に就任すると、大学事務局はWSAをもっと積極的にサポートするようになった。1985〜1986年にWSAのプレジデントを務めたジンジャー・グラムは、大学との協力が拡大したことを次のように語った。

女性が主人公のケースはほぼゼロで、女性が登場するとすれば、秘書や妻、アシスタントであることが多かった。ケースの冒頭で女性が登場するとしても、「ジムが出張の準備をしている。妻はシャツをたたみながら、重要な出張に思いをはせる夫を見つめていた」といった具合だ。WSAは事務局と協力して、ケースの一部表現をもっと現代的にするとともに、女性主人公の不足を是正するプロジェクトを立ち上げた。

大学側のコミットメントも必要だった。なにしろケース教材の変更はひとつひとつ承認が必要だし、著者に連絡を取り、見直しを提案して承認をもらい、ケース教材を印刷しなおす必要もあった。大学にとっても簡単な約束ではなかった。ケース教材に、もっと女性が登場し、ジェンダーなどのバイアスを排した適切な表現が使われるように、全学生にいわばケース教材の編集者になってもらう必要があった。ケースの主人公になるような女性を探すイニシアティブも始まり、新しいケース教材が作成された。マッカーサー学長と、WSAの顧問であるレジーナ・ハーズリンガー教授が尽力してくれたし、大学は改革を実行に移すためのリソースを提供してくれた。おかげで、ケース教材の質が高まったと思うし、女子学生が女性リーダーについて読んだり、リーダーシップのポジションにある女性についてディスカッションをしたり、自分を未来のリーダーとして思い描くためのコンテクストを改善したりできた。

カリキュラムの進化と同時に、教授陣のジェンダー構成も変わってきた。このエピローグの終わりに紹介するハーズリンガー教授は、1980年にHBSで女性初の終身在職権を得たが、教授陣のジェンダー・ダイバーシティが一気に進んだわけではない。女性教授の数は徐々に増えていったけれど、ジェンダー不均衡は対立の種になった。ある女性のマーケティング学教授は、1983年に自分が終身在職権を得られなかったのは、ジェンダー差別が原因だとしてHBSを相手取って訴訟を起こした。[21] この事件はキャンパスを二分した。当時学生だった人物は、「はっきり線が引かれた」と振り返る。「賛成か反対かのどちらかで、中間はなかった」と語っている。

女性の受け入れ開始から20周年が近づくなか、変化は起きていたが、依然としてキャンパスの大多数を占めていたのは、白人で、異性愛者で、米国生まれの男性だった。この型にはまらない学生は、違いを最小限に抑える必要性を感じた。ある1982年生は、「私のセクションには、ゲイやレズビアンの学生が私を含め5人いたが、誰一人カミングアウトしていなかった。居心地が悪い思いをするか、安全ではないと思ったからだ。女性蔑視的な発言や、同性愛者嫌悪的なコメントをたくさん聞いていた。とてもネガティブな経験だった」。別の女性卒業生は、HBSの学生といえば男性だという思い込みがあると語る。「私の夫のところに園芸クラブの招待状が届いた。……（卒業生は男性で、配偶者は女性に決まっていて、園芸に興味があるだろうという思い込みに基づき）機械的に送られたものだった。彼は気を悪くしてはいなかったけれど、私は気まずかった。女性を受け入れるようになって20年近くたつのに、女性用トイレにはまだ小便器があるし、ハーバードが当時、女性をあまり歓迎していなかったのは明白だった」

セクハラスキャンダルの波紋

一定の進歩はあったものの、女性や社会的に疎外された人たちや、十分に代表されていない人たちに門戸を開放するだけでは、ＨＢＳの真の多様化は図れないことは明らかだった。ＨＢＳが均質な学生ばかりだったルーツを超えて進化するためには、より協調的な取り組みが必要だった。１９６０年代後半にアフリカ系アメリカ人学生自治会が大学事務局と協力して、黒人学生の出願者を増やす試みを始めると、ＷＳＡもそれに続いた。１９８２年には、ＷＳＡは入学事務局と協力して、卒業生が女性出願者を推薦できるシステムを構築した。[22] １９８８〜１９８９年にＷＳＡプレジデントを務めたキャロル・シュワーツは次のように語る。「大学は非伝統的な経歴や環境出身の女性を見つけて、ＨＢＳに来てもらおうとしていた。私のプレジデント時代には、このことについて話し合うミーティングが何度もあった」。１９８８年には、「ＨＢＳ女性増加委員会」が立ち上げられ、なぜ女性が出願者のわずか25％なのかが調査されることになった。当時ほとんどのロースクールで、女性出願者は全体の40〜50％を占めていた。１９８９〜１９９０年のＷＳＡプレジデントを務めたジュリア・サス・ルービンは、「（事務局は）数字を意識していたのだと思う」と語る。「純粋に努力していたけれど、社会ではもっと大きな変化が起きていた。だから私たちは、事務局が対策を講じるのを手伝った。この問題に注力する方法を示してやったのだ」。ＷＳＡは、入学しそうな女性向けプログラムも拡充した。「合格者デー」を開催して、実際に入学手続きを取るよう女性合格者たちに積極的に働きかけた。手書きのメモを添えてＷＳＡのパンフレットを送ったり、合格者に電話をかけて入学を促すようメンバーに呼びかけたりもした。[23]

ＷＳＡは既存の女子学生のためのアドボカシーも続けていた。「なんで女がここにいるんだ」といった類いのことはほぼ言われなくなったが、女性は、ＭＢＡのカリキュラムの恩恵をフルに受けていなかった。ＷＳＡは１９８５年、聞き取り調査やアンケート調査、そして入学事務局のデータに基づき、１年生の女性は「授業であまり快適ではない」と感じ、ケースディスカッションでの発言頻度について男性よりも満足度が低いことを発見した。授業への参加レベルが成績の50％を占めることを考えると、これは特に憂慮すべき発見だった。実際、ＷＳＡの調査では、女性はブラインド試験〔ジェンダーがわからないようにした試験〕では、男性よりも高得点をマークすることが多いのに、成績上位者に占める割合は小さかった。授業参加点が低いことが、女性の成績を押し下げていたのだ。[24] １９８０～１９８１年にＷＳＡプレジデントを務めたカレン・ドーズは、女子学生の数が少ないことが授業での発言を難しくしていたことを説明した。「教室には学生が80人いるけれど、女性は10人ほどしかいない。初授業の日に教室に入ると、自分と同じような見た目の人（女性）があまりいないことに気づく。女性たちから聞いた話や、私自身の経験からも、ディスカッションに飛び込み、その一部を担うのは少し大変だ」

そこで、女性教職員や学生がこうした課題について話し合うとともに、女子学生もＨＢＳに帰属していることを再認識できるようにするプログラムをつくった。１９８６年にＨＢＳに来たリンダ・アップルゲート教授は、女性たちを結束させ、教室で彼女たちの居場所を確認し、インクルージョン拡大に向けて大学にプレッシャーをかけ続けるよう励ましたという。

ＨＢＳでは、1年生の授業はすべて数十人の学生からなる「セクション」で受けることになっている。私がＨＢＳで教えはじめたとき、最初に気づいたことのひとつは、女子学生がセクションに溶け込むことに必死になっていたことだ。各セクションに女性は数人しかいなかった。そこで他の女性教員や職員と協力して、「女子学生の歓迎会（Women Students' Welcome）」を立ち上げた。教員と全職員、そして2年生の女子学生が、女性新入生を歓迎する取り組みだ。新学期に講堂で会合を開き、その冒頭で、この会場を埋め尽くす優秀な女性たちを見てほしいと呼びかける。そして、そのときの感覚を、教室での経験と比べてもらう。すると素晴らしいディスカッションが生まれる。最後はいつも、ＷＳＡに加わって、これからも一致団結してＨＢＳにおける女性のパワーを高めようと呼びかけて閉会する。

女性を軽視する出来事が、人数が少ないこととは無関係の場合もあった。1983〜1984年のＷＳＡプレジデントを務めたロビン・ハックは次のように語っている。

当初は、ＷＳＡに入るつもりはなかったのだけれど、私のセクションである事件が起こった。学年の半ばのある日、ある男性が座席についていたネームカードを外して、女性全員を1カ所に集めたらすごく面白いと言い出した。あれから何年もたった今話すと、誰がどこに座るかを気にするなんてばかばかしいようにも思える。でも、当時はショックだった。女性をまとめて片隅に追いやるという発想だったのだから。それでＷＳＡという組織に興味を抱いた。当時は、誰かの誕生日にベリーダンサーやストリッパーを教室に呼ぶのが普通だった時代だ。そこで、ここは女性にとって心地よい環境ではないとはっきり思った。当時、私のセクションは学生91人のうち女性が19人だったと思う。それでＷＳＡに参加することにした。

ハックを奮起させたような出来事は、１９９０年代も続いた。１９９８年春には、６人の男性が女性のクラスメートや授業見学者に性的な内容のメモを渡すセクハラ行為をしたとして懲戒処分を受け、全米の注目を浴びる事件もあった。まず Inc. 誌が事件をすっぱ抜くと、ＡＰ通信、ボストン・グローブ紙、ニューヨーク・タイムズ紙、ウォール・ストリート・ジャーナル紙などが次々と報じる事態に発展した。被害を受けた学生たちは、１９９６年の時点で大学事務局に相談していたが、大学側が対応に苦慮しているうちに大きく報道されてしまった格好だ。当初、問題の学生たちが正式な処分を受けることはなく、１９９７年春に数人の教員と事務局のメンバー（ＭＢＡ課程部長や学生基準部長を含む）が連名で、「こうした問題について考える」とともに、「不適切な行動の特定に協力する」よう訴えるメールを全学生宛てに送るにとどまった。[25] この控えめな対応にＷＳＡは満足できなかった。「まるで、なだめられている気がした」と、メンバーの一人は振り返る。

WSAは、一般的な警告以上の措置に尻込みする学校側の態度に納得がいかなかった。事務局は当初、学生が正式な申し立てをしない限り、個別の事件について大学ができることはほとんどないと主張していた。だが、当時の学生新聞によると、被害者たちはそうした申し立てをすれば、自分の将来やネットワークに悪影響が及ぶことを恐れた。[26] WSAは大学側にアクションを促すため、学生と事務局のやりとりを確認し、関連法規を調べ、共感してくれそうな教員にサポートを求めた。「ある意味で私たちはプロジェクトマネジャーだった」と、ある卒業生は語る。「(情報を)集めて、影響力のありそうな人を見つける。粘り強くメモを集め、体験談を集めて、事件がいつのまにか忘れられることを許さなかった」

教授陣のサポートを得ることは、決定的に重要だった。「私たちは面会の約束を取りつけ、誰がアライ(味方)になってくれるか、誰がこの問題に関心を持ってくれるかを探った。それも戦略的に進めた。誰が影響力を持ち、誰がこの問題に理解を示してくれるかを考え、助けになってくれそうな教授をどうにか十分な数だけ見つけることができた」と、別の卒業生は振り返る。こうして事件が公になった頃に学生たちに送られた新たなメールは、ハラスメントにパターンがあることを認め、6人の学生は正式に懲戒処分を受けることになった。[27] このプロセスには欠陥があったし、スムーズにはいかなかったが、最終的にはHBSのコミュニティにハラスメントの存在を認めさせ、対策を講じることを強いた。「(WSAがなければ)放置されていただろう」と、ある卒業生は語る。

また、この事件をきっかけに、「コミュニティ価値観」が定められ、現在も教室などキャンパス各所に掲示されるようになった。

成績優秀者のジェンダー・ギャップ

21世紀初めまでに、キャンパスのダイナミクスは大きく変化した。これは、1990年代のハラスメント事件への反省によるところが大きい。HBSの風景も大きく変わろうとしていた。かつて教室を埋めていたのは、ネクタイを締めた短髪の白人男性ばかりだったが、今はもっと多様化している。2005年には、学生の35％が女性になり、30％以上が留学生だ。[28] それでも、女子学生が真の帰属意識を得るのはまだ難しい。ある2006年生は、HBSは一定の文化的差異についてはインクルーシブで、リスペクトするようになったが、ジェンダー・ダイナミクスとなると、やや時代に逆行していると感じたという。「非常にグローバルな学校だから、他人が自分と違うことに慣れていると思う。でもまだ、女性は特定の役割を担うべきでないとか、特定の形で扱っていいという感覚が残っている。論調が与える影響は大きい」。2000年代前半に必修科目の組織行動学を教えていたニティン・ノーリア（のちのHBS学長）は、女性リーダーが登場するケーススタディのディスカッションでは、いつもこうした態度が見られることに気づいていた。

ケースの主人公が女性の場合、仕事と家庭をどう両立しているのかという質問が出てくる。男性にも家庭があるが、そういう質問がされることはない。女子学生たちが、女性主人公についてディスカッションをするとき、いつもこうしたジェンダーがらみの問いがなされるのを経験していたら、自分が男性と対等に扱われる姿を想像しにくくなるだろう。

ジェンダー不平等が、ＨＢＳの上層部でも取り上げられるようになると、ＷＳＡはさらなる対話を求めた。２００９年に、ＷＳＡは再び成績に関するデータを分析して、依然として成績優秀者に女性は少なく、1年目に落第した学生に女性が多すぎることを発見した。[29] ２００８~２００９年にＷＳＡプレジデントを務めたメアリー・エレン・ハモンドはこのギャップに愕然としたという。

> 1年生の成績優秀者が発表されたので、そのリストを見てみた。データを調べて、共同プレジデントのアン・ヒンペンズに送ったのを覚えている。「(学生全体に占める女性の割合は) 約40%なのに、成績優秀者に占める割合は10%以下?」というメモを添えてね。そこでアンがグーグル検索をしたところ、数年前のリストが出てきたので計算してみると、同じような結果だった。「ちょっと話し合うことがありそう」と私は言った。

翌年、ある女子学生のグループがキャスリーン・マッギン教授の協力を得て、このギャップの根本原因を探った。すると教官の無意識のバイアスや、教官とケースの主人公における女性の不足など、それらしい要因がいくつも見つかった。女性リーダーに関するバイアスも教室に蔓延していた。ノーリアは自分が担当した授業から、ひとつのパターンに気がついた。「ケースの主人公が女性の場合はほぼ必ず、『この人たちが成功したのは、運がよかったからなのか、それとも能力があったからなのか』という質問が出る。男性主人公にはこうした質問は出てこないようだった」

授業中に発言をすることはまだ緊張が伴い、女性は自分の意見を言うことに制約を感じることが多かった。ハーバス紙は、「多くの女性が、教室外での自分のイメージを管理するために、教室内での行動を自己検閲していることを認めた」と報じている。[30] 男女共学になって60年がたとうとしているが、多くの人がハーバス紙で、WSAのミーティングで、そしてお互いの会話で、男性にとってのMBAの価値と、女性にとってのMBAの価値は同じなのかと疑問を感じている。「フォーチュン500企業のCEOのうち何人がHBS出身者かを自慢げに語るなら、女性の割合や欠如にも責任を負うべきだ」と、ある2011年生は語る。「その一因は学習環境にあると思う」

2010年に学長に就任したノーリアは、成績のジェンダー格差を解決することが自分に課せられた任務だと考えていた。「合格者と入学者の統計を見ると、入学時の成績や経験、実績、適性は男女とも同等であることがわかる」と、ノーリアは語る。「また入学直後の成績にも性差はない」。WSAのアドボカシーと調査が、この問題の存在を明らかにして、学生も教員も無視できないものにした。成績優秀者における女性の割合の低さが、教授会とキャンパス全体でも正式に認識され、議論されるようになった。2013年の女性の受け入れ開始50周年は、根深いジェンダー・ギャップに一段と注目が集まるきっかけになった。ノーリアにとってこの年は、ジェンダー平等の実現を自分の学長としてのミッションの中核に据えることを強調する機会となった。2013年春の創立記念式典では、800人以上の卒業生を前に、「フェミニズムが男女の平等に深くコミットすることを意味するならば、私はフェミニストだ」と宣言している。[31]

ケースを書き直せ

2010年代前半は、ジェンダー・ギャップを解消するために多くのプログラムが導入された。教員が学生を当てるパターンが調査され、授業中に女性が対等な発言の機会を与えられているかがチェックされた。教室付きの「スクライブ（書記）」が配置され、学生の発言等を記録して、教員が授業参加度（成績の30～50％を占める）を評価するとき参照できるようになった。また、全学生向けに、有効な授業参加はどういうものかを教えるワークショップが開かれるようになった。これは、女性は知識や専門性があるのに、授業に貢献していない可能性があるという指摘がきっかけで始まった。実際、女性に発言を促す仕組みをつくると、特に金融など一般に男性の業界と思われがちな分野でも、専門性を持つ女子学生が確実に発言するようになることが調査でわかった。[32]また、従来のケースメソッドを使わず、少人数の体験的な学習法を取り入れた新しい必修科目も設けられた。HBSは、教室の外でも新しい規範づくりに取り組んだ。たとえば、スタディグループを学生が自分で選ぶのではなく、多様な学生が混在するように事務局が割り当てるようになった。こうした試みには抵抗や反発もあった。2013年のニューヨーク・タイムズ紙の記事によると、この変更を「押し付けがましい社会操作」だと考える学生もいた。それでも学生全体の満足度は上昇し、男女間の満足度のギャップも縮まった。[33]

個々の介入措置のインパクトを完全に把握するのは困難だが、それらが文化の変化を促したことは間違いなかった。必須科目の成績と成績優秀者におけるジェンダー・ギャップは、介入策を実施する前に解消されたものも多い。対話が活発化したことが、幅広い取り組みに拍車をかけた結果だ。さらに、大学が導入したツールやイノベーションが、ジェンダー・ギャップを解消したいという共通の願いを後押しし、正当化し、変革を軌道に乗せた。HBSがこうした措置を正式に導入したことは、この問題に重点的に取り組むという姿勢の表れであり、変化を促す上で不可欠の役割を果たす。HBSがジェンダー平等に適切なリソースと関心を長期的に注いできたかどうかは、時間がたたなければわからないが、大学としての正式な取り組みは、この問題が重要で、緊急に取り組むべき課題であるという意識を高めることになった。

なかにはしぶとい格差もある。また、満足度に性差が乏しくなったのは、白人女性の経験に牽引されたものであって、人数の少ない非白人女性が変化の恩恵を享受できていない現実を見えにくくしている可能性もある。それでも、女子学生はもはや異質な存在とは見られていないし、キャンパスにいること自体を男性クラスメートに疑問視されることはなくなった。2016年の学生自治会のプレジデント選挙では、ラトーヤ・マークとリビー・レフラーが初めて女性2人組の候補になった。2019年には、10のセクションのうち過去最高の8つで女性がプレジデントになった[34]（各セクションはコミュニティリーダー「プレジデント」を1人選出する）。

筆者らは多くの同僚と、ジェンダー不平等を長引かせている根本原因と思われること、すなわちカリキュラムに白人男性リーダーが多すぎる実態の是正に取り組んできた。HBSでは、ケースが課題図書の圧倒的多数を占め、ほとんどの授業の基礎をなす。全学生が標準的な科目群を履修する1年次は特にそうだ。筆者らは2015年に、それまでの6年間に使われたケースのダイバーシティを徹底的に分析した。その結果、女性を主人公にしたケースは増加し、全体の4分の1に近づいていた。また、必修科目と選択科目、そしてHBSのエグゼクティブ教育課程で比較すると、女性主人公の割合が最も大きかったのは必修科目で、その後もじりじりと増えている。ただ、最新のデータでもまだ23％だ（これに対して男性が主人公のケースは67％、主人公のアイデンティティを特定できないものは11％だった）[35]。選択科目とエグゼクティブ教育課程については最新データがないが、どちらの課程にも女性リーダーを中心に据えた科目が新たに設けられた。選択科目「スターウーマンの成功法則」と、エグゼクティブ課程の「取締役会における女性」だ。このエグゼクティブ課程のクラスは、これまでに400人以上の女性が受講しており、年々人気が高まっている（「取締役会における女性」の詳細は第3章を参照のこと)。

ケースメソッドは学生のアカデミックな経験の中核をなすため、女性主人公が欠けていると、リーダーシップそのものが男性に偏っているという印象を与えてしまう。ある最近の卒業生は、「リーダーシップのクラスでは、25人ほどの主人公のうち、女性は3人程度だったと思う。多くの偉大なリーダーの話を読んだが、自分をその立場に置き換えるのは難しかった」と語る。ある教員も、リーダーのイメージがあまりにも限定的だとし、「学生も教員も、誰もが、さまざまなタイプのリーダーを知る必要があると思う」と言う。「ロールモデルの問題とも言える。学生が『自分がその立場にあることを想像できる』と思えるようにしないといけない」。実際、社会科学の分野では、長年の研究により、女子学生の自己認識と成績が、女性ロールモデルの有無に影響されることがわかっている。成功した女性の話を読んだり写真を見たりすると、自分のコンピテンシーと人前で話す能力に関する女子学生の自信を高めることがわかった[36]。

男性リーダーは、経営学教育で圧倒的な存在だ。HBSのカリキュラムだけではない。さまざまなケースを無料提供する英国の非営利団体ケースセンターのデータによると、2009~2015年に最も売れて、何らかの賞を得たケースのうち、女性が主人公のケースはわずか11%だった[37]。また、HBSに次ぐ世界第2位のケース出版社であるアイビーの調査では、1年間に出版されるケースのうち、女性が主人公のものは19%だった。たとえケースに登場しても、女性リーダーは過小評価される場合がある。アイビーの調査によると、女性主人公は、他の登場人物と比べて最小限に扱われることや、女性主人公のケースは、男性主人公のケースよりも、本人の言葉の引用が少ないことがわかった。[38]さらに、学生はケースを読むとき、無意識のバイアスがかかっていることが多い。筆者らは教室におけるジェンダーについてHBSの十数人の教員の話を聞くとともに、ある必修科目について学生の評価を分析した。すると、女性主人公のケースは、男性の学生の間で評価が低かった（女子学生は違った）。これは担当教員などの要因を考慮しても変わらなかった。その原因を突き止めるだけの情報はないが、ジェンダーとリーダーシップに関する無意識のバイアスを反映しているのではないかと、筆者らは考えている。大きな成功を収めた女性のケースは、懐疑的な目を向けられることもあるという。黒人女性エグゼクティブのケースを教えたある教員は、「学生たちは『全部PRだ』と言って、女性主人公を真剣に受け止めない」と語る。こうしたコメントも、教員次第では学習の機会にできる。ある教員は、女性リーダーの能力を疑う理由を学生たちに考えさせたという。「フレッドは優秀だけれど、ジェーンは運がよかっただけだという考えが授業中に出てきたら、ディスカッションの素晴らしいきっかけになる」と彼は言う。「『この前の授業でフレッドが主人公のときは、彼はすごい、頭がいい、といった意見が出たけど、主人公がジェーンやイングリッドやクリスティンだと、どうして運がよかっただけだと思うんだい？』と指摘すればいい」

女性リーダーは異質であるという根深い意識を退治する方法のひとつは、むしろ女性リーダーの存在を当たり前とみなす授業を提供することではないかと、筆者らは考えた。こうして設けられた「スターウーマンの成功法則」という科目は、職場で直面した問題を切り抜けるための必須スキルや、自分のチームの女性が成功できるようにする方法を教える。金融、法曹、ＩＴ、コンサルティングなど幅広い分野で活躍する女性リーダーの経験を学ぶことで、男性中心のカリキュラムに慣れ、多くの場合、ビジネススクールに来る前に男性中心の職場にいた学生たちに異なる経験を提供するのだ。この授業を受講した２０１３年生は次のように語った。

この授業を履修することにしたのは、ＨＢＳの必修科目や選択科目で学ぶケースには女性主人公が極めて少ないからだ。このクラスで、女性のリーダーシップには何か違いがあるのか、また、女性がジェンダーゆえの困難やチャレンジをどうナビゲートするのかを学んでみたいと思った。それは私にとってリアルな課題だった。近く卒業したら、女性が管理職に少ない職場に戻るからだ。自分が昇進するにしたがい、周囲に女性は減っていくだろう。だからこの授業は、自分のキャリアで参考にできる経験や事例やロールモデルを知る貴重な機会だった。

この科目を履修した卒業生の話を聞くうちに、女性リーダーのキャリアパスを学ぶ（ときには授業に招かれた女性リーダーから直接話を聞く）と、卒業後にキャリア上の決断を下したり、ハードルを乗り越えたりするときの能力が高まることがわかった。ある卒業生は、「他の女性がやってきたことを知って、自分の行動や振る舞いに見直すべきところがあることに気がついた」と語った。別の卒業生は、「エピソードやストーリーや教訓を知るだけでも、より良い準備ができた」と語った。「同じような状況に陥ったとき、（授業で学んだ）教訓やケースを思い出して、自分の場合どうするべきか判断したり、特定の状況を完全に回避したりできた」。この授業で実践的な戦術を学んだだけでなく、野心が大きくなったと語る卒業生もいた。「あの授業をきっかけに、大きな視点を持ち、もっと戦略的に考えて、積極的なキャリアプランを練るようになった」というのだ。別の卒業生も、「『これって私が本当にやりたいことなの？』と自問するようになった」と語る。「どうしてこの仕事をしているのか、何を得られるのか、長期的な目標は何かを考えるようになった」

同じくらい重要なのは、この授業でジェンダー・インクルージョンを擁護する方法を学んだと、複数の卒業生が語っていることだろう。履修者のほとんどは女性だったが、男性も履修していた。ある男性は、自分の周囲のジェンダー・バイアスにもっと気がつくようになったと語る。

（この授業で）学んだことは、現在の職場でいつも応用している。問題のある態度はきちんと指摘するようになった。また（2016年の米大統領）選挙について多くの会話をすることになった。やはりこの授業を履修していた男性と、ほぼ毎日メッセージをやりとりしているのだが、ヒラリーがやることすべてについて、「#HSWS（How Star Women Succeed）」というハッシュタグをつけている。ダブルスタンダードだらけであることに、とても敏感になった〔2016年米大統領選は、民主党候補ヒラリー・クリントンと、共和党候補ドナルド・トランプの戦いとなったが、トランプの過去のセクハラや人種差別発言が見逃される一方で、クリントンは一挙手一投足が非難を浴びた」。

別の男性は、HBS卒業後に復帰した金融業界で、会社の採用方法を変更するよう働きかけたという。

この問題について自分には知識があると思えると、ずっと簡単に声を上げられるようになる。つい最近も、一次面接の候補者リストを見て、同僚と人事部に行き、「50人の面接対象者のうち女性が1人だけなんておかしくないか」と問い詰めた。でも、向こうは平然と「パイプライン」のせいだと言う。そこで私たちは、とりあえず自分たちで問題に対処する一方で、長期的な解決策を求めていこうと決めた。

女性のリーダーシップ推進がテーマの授業を履修した男性は、たしかに少数派で、もともとこの問題に関心があった。しかしキャンパスでジェンダー平等についての会話に参加した男性は彼らだけではない。その一方で、2010年代前半は、ジェンダーへの関心の高まりをサポートする男性ばかりではなかった。2013〜2014年にWSAの共同プレジデントを務めたアレクザンドラ・ダウムによると、「女性が注目を浴び過ぎている。それは女性にとっても、大学にとってもいいことではない」と感じる男性もいたという。しかし同時に、自分もジェンダー平等に貢献したいけれど、やり方がわからないとか、貢献すべきなのかわからないという声も聞かれた。長年、HBSにおけるジェンダーの問題は、純粋に「女性問題」だった。ジェンダー不平等との戦いはキャンパスライフの一部になっていたが、男性が関与することはほとんどなかった。それが女性の受け入れ開始から50周年を機に変わりはじめた。この戦いに加わる男性が増えてきたのだ。

マンバサダーと歩む新しい時代

男性からの批判と参加意欲の両方を踏まえて、WSAは2013年に、「マンバサダー」というプログラムを立ち上げた。その牽引役となったのは、WSAの男性参加担当バイスプレジデントだったタラ・ヘーガンだ。ヘーガンは、学内の男性たちに、「この会話に招かれている」ことを知ってほしかったという。「ジェンダー平等について話したことがない男性もいた。『そんな話をしたこともない』状態から、『その問題について雄弁に語れるし、正しい情報を語れる』という状態にいきなり飛躍するのは難しい。まだ、それがどういうものなのか理解している最中なのだから。マンバサダーは、その会話を可能にするだけでなく、そこに加わるためのハードルを下げる試みだった」。1年目は、200人（MBA課程で学んでいた男性の30％以上）がマンバサダーに参加した。ヘーガンは、このプログラムの重要な目標は、「女性たちが、ジェンダー問題を擁護する男性が教室にいることを知り、これまでとは違う居心地を感じられるようにすること」だと考えた。それは「社会運動を起こして、ダイナミクスを変える」ことでもあった。ダウムも、マンバサダーがHBSの文化を変えられると感じた。「参加登録をするだけで、この運動を活気づけることができる。『私はこの問題を気にしている』『私も参加する』と意思表明をするだけでいい」。このプログラムは、ジェンダー問題で男性にもやれることがあることも示した。それは「WSAに明確かつオープンに関わること」であり、「女性にダメージを与える問題は全員に関わる問題だと理解すること」だと、マンバサダーの共同創設者である2014年生のデービッド・ウォルフィッシュは語る。ウォルフィッシュのクラスメートであるサンティアゴ・オセオは、このプログラムが、より洗練されたディスカッションを促したと語る。「マンバサダーは女性を単純に『サポート』する手段ではなく、男性がこの問題に関わる場所になった。男性はこれを（HBSにおける）訓練や教育の重要な一部ととらえるべきだ」

マンバサダーは、WSAの常設プログラムとなり、時間がたつにつれて、表だった活動も増えてきた。2010年代後半に、職場におけるジェンダー差別について全米に対話が拡大したときは特にそうだ。2017〜2019年にマンバサダーの一人として活躍し、2018〜2019年はWSA理事会のメンバーを務めたマット・ピルチは、「#MeToo運動は、この問題の構造的な側面について、HBSを含む世界に極めて大きな気づきをもたらした」と語る。ピルチの同期生カイル・エモリーは、マンバサダーの参加者拡大を図るキャンペーンを指揮した。「（HBSの）コミュニティ全体を巻き込むべく強力な運動を展開した。マンバサダーのプレッジ（約束）を改定して、ジェンダー平等について話をするだけでなく、もっと行動を起こすことに重点を置いた」とエモリーは語る。マンバサダーに登録した男性の数は480人（2019年生の男性のほぼ90%）に達した。もはや大学事務局に、性差別問題に対処するよう要求する学生は女性だけではなくなった。ピルチは、「大学事務局は2017年12月まで、（#MeToo運動について）何らコメントを出していなかった。私はそれに驚いたし、率直に言って問題だと思った」と語る。「だからマンバサダーの同期で、HBSがダイバーシティとインクルージョン全般についてできること、とりわけ性暴力とジェンダー不平等の問題についてできることをリストアップした」。ピルチは、WSAの共同プレジデントであるエリカ・サントーニとアレクシス・ウォルファーとも協力して、カリキュラムのさらなる改訂（ケースの主人公のダイバーシティ拡大など）と、教員向けコーチングの実施、そして無意識のバイアスなど学生向けダイバーシティ研修を提案した。アライ（味方）を組んだ男女学生たちは、ジェンダーなどの不平等問題は、経営者教育の一環であるべきだと強く主張して、学校だけでなく実業界にもインパクトを与えたいと考えた。

MBAの学生がキャンパスにいるのはわずか2年間だが、彼らが企業や業界やさまざまなコミュニティに与える影響は何十年も続くかもしれない。世界を変えるということは、学生のマインドセットを変えるということでもあると、エモリーは語る。「私たちは成長したいけれど、これは居心地のよい領域ではないのも事実だ。男性として、アライとして、どうすれば少しずつ前進できるのか」。1960年代以降、企業の世界と社会には大きな変化があったが、まだ課題は山積していると、現代の多くの学生リーダーは考えている。数字はその感覚が正しいことを示している。HBSの2021年生では、まだ女性の数は男性よりも少なく、全体の43％にとどまっている。HBSだけでなく全米のMBA課程における女性の少なさは、高等教育全般のトレンドと一致しない。2018年のMBA取得者に占める女性の割合は38％で、2017年の調査では、MBA課程の出願者に占める女性の割合は、2012年以降ほぼ変わっていない。[39] ところが、米国の医学生に占める女性の割合は2016年にはわずかに50％を超えており、ロースクールでも2017年に女性が50％を超えた。[40]

さらに、今日のMBA課程は、50年前、30年前、あるいは20年前と比べても変わったのに、女性卒業生のキャリア展望は相変わらず男性のそれに後れをとっている。いわゆるエリートの間でさえ、MBAの提供価値はジェンダー平等になっていないのだ。筆者らも関わるHBS卒業生の追跡研究では、女性卒業生は男性卒業生よりも、経営を監督するポジションについたり、損益責任を担ったり、最高経営幹部の地位につく可能性が大幅に低いことがわかっている。女性は自分のキャリア展開についても満足度が低い。昇進の機会や、プロフェッショナルな実績、そして有意義な仕事を任される機会など、さまざまな面で男性よりも満足度が低いのだ。[41] 黒人と白人の卒業生を比較した関連調査でも、同じようなギャップが明らかになっている。白人卒業生は黒人卒業生よりも監督的ポジションやリーダーのポジションにつく可能性が高い。最もギャップが大きいのは、白人男性と黒人女性だ。黒人の卒業生は、白人卒業生よりキャリア満足度も低かった。[42]

こうした発見は他の研究結果とも一致する。たとえば、世界のビジネススクールのMBA取得者4000人を対象とした調査によると、女性は男性よりも昇進のスピードが遅く、キャリア満足度が低いことがわかった。また、男性MBA取得者は女性よりもCEOやシニア・エグゼクティブになる可能性が2倍高かった。[43]同じように、シカゴ大学が1990〜2006年のMBA取得者を調べたところ、卒業後の女性の初任給は男性よりも平均1万5000ドル低く、その差は年々拡大していることがわかった。[44]フィナンシャル・タイムズ紙が最近、同紙が選ぶ上位ビジネススクールの卒業生を調べたところ、全業種で卒業から3年後の男性の収入は女性よりも高かった。ヘルスケアや教育など、女性労働者が大半を占める業界も例外ではない。[45]

本書は、こうしたトレンドを変えるためには、組織や業界のさらなる改革が必要であることを強調してきた。だが、職場における不平等を縮小する上で、HBSのような教育機関が果たせる役割があることは明らかだ。HBSはそのミッションとして、世界を変えるリーダーの育成を掲げている。ビジネスリーダーにダイバーシティが欠けていれば、世界にポジティブなインパクトを与える能力は制限される。HBSの黒人女性卒業生は、同期（黒人男性、白人男性、そして白人女性）と比べて、自分と似た見た目の人がシニアマネジメントにいる可能性が低く、自分の人種とジェンダーがキャリアの障害になっていると答える可能性が高い。[46]間違いなく、世界は彼女たちの才能の恩恵を享受し損なっている。しかもHBSは、真に対等な教育経験を必ずしも提供できていない。現在もそうだ。2020年夏、警察や自警団による黒人市民殺害事件が全米で起きていることを受けて、HBSで人種と人種差別に関する全校討論会が開かれた。そこでスピーチをした2年生のチチ・アニヨクは、教室の内外で目撃したり、自分が標的となったりした人種差別的な出来事を語った。[47] それはHBSが、学生たちの経験を傷つける文化的・構造的な障壁を取り除けていないことを痛感させる討論会だった。

だが、HBSが女性（とりわけ、ここまではい上がってきた非白人女性）によって大きく変貌を遂げてきたのも事実だ。本書執筆のきっかけは、約10年前、HBSが女性の入学許可50周年を機に立ち上げた学校の歴史を振り返るプロジェクトだった。キャンパスにおける女性の経験を調べているうちに、HBSが今も（いくつもの制約があるものの）女性を大いに歓迎していることが明らかになった。それは女性たち自身が、真のインクルージョンを強く求めたからだ。女性の割合がごくわずかだった時代も、彼女たちは教室に自分たちの居場所を求め、強力な組織に自分たちのニーズと野心を満たす場所を作るよう求めた。このエピローグでは、HBSにまだ欠けていることを明らかにする上で、WSAが重要な役割を果たしたことを紹介した。彼女たちは、女性教員がほとんどいなかった時代に女性リーダーをキャンパスに招いたり、自分たちが学ぶ教材に潜むバイアスを指摘したりした。また、重要な問いかけもした。なぜ女性に門戸を開いてから20年もたつのに、女性の入学希望者がこんなに少ないのか。なぜ学生は匿名でセクハラを訴えることができないのか。なぜカリキュラムには、女性のリーダーがほとんど登場しないのか。なぜ女性は、男性のクラスメートと同じ割合で成績優秀者に選ばれないのか。

　こうした問題を提起したことが、大学がそれに対処し、その問いが明らかにした根本的な問題に真の前進をもたらすことができた。多くの企業の従業員支援グループと同じように、ＷＳＡは、重要なアイデンティティを共有する学生たちが、自分たちが直面する問題について声を上げ、可視化する場となってきた。こうしたグループが有効に活用されないことは実に多い。不平等を診断し、組織改革への道筋をつけるためのリソースではなく、不平等に関する懸念の「ガス抜きの場」となってしまうことが多いのだ――そうすれば不満を抱いた従業員が満足してくれることを期待して。また、こうしたグループは、その組織がダイバーシティと公平性に力を入れている証拠とみなされて、求職者が増えることにつながるが、実際に行動を起こしたり、組織の意思決定に影響を与える権限は与えられていない。こうしたリップサービス的なアプローチは、甚大な機会損失となる。ＨＢＳでは、ＷＳＡなどのマイノリティ・コミュニティを擁護する学生団体が、大学事務局が不平等の原因を理解するのを助け、それに対抗するプログラムを試験的に導入し、さまざまな不平等を議論のテーブルに載せた。これを受け、ＨＢＳのリーダーたちは、重要な場面で身を乗り出し、そのパワーを駆使して組織を変えてきた。このエピローグで明らかにしてきたように、真の平等とインクルージョンに向けた旅はマラソンであり、短距離走ではない。そしてＨＢＳは、まだそのレースの途上にある。本書が紹介してきた歩みが教育関係者と、ＨＢＳ卒業生たちが働く企業を刺激し、前進を続けるきっかけになることを願ってやまない。

case

HBSから「世界を修復」する
――レジーナ・E・ハーズリンガー

レジーナ・ハーズリンガーは、1950年代にブルックリンのユダヤ教正統派の緊密なコミュニティで生まれ育った。大人になったら働くと決めていた。「本が大好きで、とても好奇心が強い子どもだった。5歳までに子ども向けの百科事典を読破した。でも、子ども心に経済的な安定も欲しいと思っていた」と振り返る。「私の家族は、ホロコーストによって家も財産もすべて失っていた。だから、誰にも奪われない経済的安定が欲しかったし、プロフェッショナルになりたかった」。そのために、ハーズリンガーはユダヤ教正統派のコミュニティから離れるという並外れた決断を下し、マサチューセッツ工科大学（MIT）に進学して、経済学を学んだ。1960年代前半のことだ。ただ、働く女性のロールモデルがほぼ存在しなかったため、MIT卒業後は、自分の能力と野心を生かす道を自分で切り開かなければならなかった。そして限られた選択肢のなかから、経営学に足がかりを見出した。

私が最初に選んだ職業は金融だった。現在女性が著しく不足している業界だが、1960年代半ばもそうだった。投資銀行で働きたかったけれど、採用される可能性はゼロ。そこでコンサルティング会社に就職して、26歳までに40人の部下を持つようになった。とても成功していたが、子どもがほしかった。コンサルタントの仕事は出張が多く、夫と過ごす時間がほとんどなかった（ハーズリンガーは、1966年にMITの同級生と結婚していた）。そこで、自分はどうしたいのか自問してみた。コンサルタントとしてリサーチをしたり、人と交流したりするのは大好きだったから、それを出張せずにできる仕事を探した。

ハーバード・ビジネス・スクール（HBS）は、その目標を達成するのに理想的な場所に見えた。「HBSしか受験しなかった。そこで博士号を取り、教員になろうと思った」と、ハーズリンガーは言う。「（現状を）無視した行動だった。なにしろ、当時は女性教官はいなかったし、学生にも女性はほとんどいなかった。でも、こういう性格だから、自分の道が見えたら、簡単には引き下がらない」

その決意は実を結んだ。ハーズリンガーはHBSの博士課程に進み、財務管理を学び、非営利組織の経営に興味を持つようになった。さらに博士論文で、近隣の医療センターの生産性を調べたことがきっかけで、ヘルスケア業界に関心を抱き、それを中心に研究と教育活動を構築した。とはいえ、HBSにはこの分野の研究は前例がなかった。「終身在職権を得たとき、『彼女は悪くないが、変わったことに興味がある』と言われていた」。ハーズリンガーの非営利組織やヘルスケアへの関心は、HBSの昇進モデルには合わなかった。だが、いつものように「全く気にしていなかった」と彼女は言う。1980年代初め、ハーズリンガーはHBSで女性として初めて終身在職権を獲得し、現在はヘルスケア業界で有名な研究者となっている。もはや奇妙な研究分野だと思われることもない。むしろ多くの人に研究されるようになった。[48] ハーズリンガーは2020年までに50件以上のケース（教材）を執筆し、ニューヨーク・タイムズ紙やウォール・ストリート・ジャーナル紙に数え切れないほど寄稿し、本も6冊書いてきた。ヘルスケア業界のイノベーションについて、新たな著書と教材の作成中でもある。

だが、HBSで学者としてキャリアを築けるかどうかわからない時期もあった。1971年に博士号を取得すると、助教として教員に加わることを提案されたが、最初は学長から、女性だからMBAの学生を教えることはできないと言われたという。これは自分のキャリアの大きな妨げになると考えた彼女は、HBSを去ることに決めた。「ここは教える学校なのだから」と思ったという。「（教壇に立てなければ）昇進はできない。ここでキャリアを積むことはできない。でも、怒って辞めたわけではない。ただ、今はここにいるべきときではないと思った」。そこでハーズリンガーは、マサチューセッツ州知事のスタッフとして働きはじめたが、ほどなくしてHBSから復帰の誘いを受けた。今度は正式な教員としてのポジションだった。「学長が電話をしてきて、『我々の考えが変わった。戻ってきて、教えていい』と言われたので、HBSに戻ることにした。もともとそれが私の希望だったしね」。のちに学生が「最優秀教員」を選ぶようになったとき、ハーズリンガーは最初の2人の受賞者の1人になった。

HBSには、教員はもとより、学生にも女性がほとんどいなかったけれど、ハーズリンガーの成長が妨げられることはなかった。確かに彼女は先駆者だったが、彼女を突き動かしていたのは、伝統を打ち破りたいという願望ではなく、自分が緊急の課題だと思うものに取り組むプラットフォームとしてHBSを利用したいという気持ちだった。

私の年代の女性は、職場でやることはなんでも「初の～」であることが多かった。でも、私は「初の～」になることよりも、「ティクーン・オラム（世界を修復する）」というヘブライ語の概念に突き動かされていた。もちろん女性の地位のことは気づいていたし、仲間の役に立とうとした。たとえば、1990年代に「ガラスの天井」がしきりに議論されていたとき、女性の

MBA志望者が減っていた。私は女性たちが、素晴らしいキャリアをみすみす捨てているのではないかと心配になり、ウォール・ストリート・ジャーナル紙に寄稿して、「女性CEOが不足しているのは、性差別だけでなく、現時点で有力な候補者が足りないことが原因だ」と訴えた。そして、関心とスキルを持つ女性のパイプラインが大きくなれば、21世紀には上場企業の女性CEOは20人を超えているだろうと予測した。こうした寄稿が、HBSの出願者における女性の減少傾向を覆す役に立ったと思う。

ハーズリンガーは、一連の壁を打ち砕いた後も、新たな専門領域を開拓し続けた。1980年代には、物理学博士である夫とともに医療機器会社を立ち上げた。それは「HBSに行こうと思ったときと、さほど変わらない。やるだけやってみようと思っただけだ」と、言う。このときハーズリンガー夫妻は2人の子どもを育てていたところで、女性のキャリアに関する会話で、仕事と家庭の両立が大きなトピックになってきていた時期だった。夫妻はお互いがプロフェッショナル職を続けられるように、対等な協力関係を築いた。それは時代の先を行くアプローチだった。

私の場合は違ったけれど、ほとんどの夫婦では、女性が子どもや家族の社会的側面などの主たる担い手になる。だからそれをこなせるキャリアを選ばなければならない。多くの学生が私のところに仕事と家庭の両立について相談に来るが、ほとんどは女性で、男性はこの50年で片手で数えられるほどしかいなかった。女性にとっては非常に重要な問題なのにね。

教師、研究者、起業家としての役割を通じて、ハーズリンガーは無数の学生や研究者、そして医療従事者やその患者に影響を与えてきた。多くの取締役会で画期的な存在となってきたし、政策論争にも影響を与えてきた。取締役を務めた上場企業は十数社に上る。会計学の博士号を持っているため、取締役会での監査委員会や年金委員会の委員や委員長を務めることが多い。たいていはその会社初の女性取締役だ。率直な彼女は、均質な取締役会の欠点を次のように語っている。

取締役会には、あらゆるタイプのダイバーシティが必要だと思うが、本当に必要なのは、会社の事業をよく理解している人物だ。それなのに多くの取締役会のメンバーは、同じ立場の人、つまり、よその会社のＣＥＯばかりだ。こうした社外取締役と経営陣の立場の類似性が、究極的にはマイナスの影響を与えることになりかねない。その会社のＣＥＯがトラブルに陥ったとき、社外取締役は不適切なほど同情的になるのだ。会社がトラブルに陥ったときこそ、取締役会が重要になる。そんなとき取締役会が、その会社の事業をよくわかっていないＣＥＯだらけなのは間違いだ。

ハーズリンガーは今も、ヘルスケア分野のイノベーションと消費者重視を唱えるリーダー的な存在だ。ＨＢＳの多くの同僚と同じように、研究から得たインサイトを政策立案に役立たせることにも力を入れてきた。２００８年には共和党の大統領候補となったジョン・マケイン上院議員の医療保険政策をまとめ、連邦下院でヘルスケア関連の証言もしている。ビル・クリントン大統領時代に司法次官補を務めたジョエル・クラインと２０１８年に共同執筆したウォール・ストリート・ジャーナル紙の論説は、医療費還付制度の拡大を訴えるもので、連邦政府は翌年このアイデアを採用している。また、消費者における医療保険の選択拡大に関するハーズリンガーの研究は、厚生長官、労働長官、そして財務長官が共同執筆したウォール・ストリート・ジャーナル紙のエディトリアルで引用されており、その掲載後、彼女はヘルスケア・イノベーションに関する政府パネルの議長を務めることになった。[49]

ハーズリンガーがヘルスケア分野に与えてきた影響は、ＨＢＳで長年担当してきた授業「ヘルスケアにイノベーションを起こす」から広がった側面もある。この授業は、ＨＢＳ

初のヘルスケア関連科目で、業界の変化とともに進化してきた（この授業で学生が作成したビジネスプランから10億ドル企業が現在までに6社誕生している）。２０１４年には、「ヘルスケアにイノベーションを起こす」を自由参加のオンライン授業として提供しはじめた。これによりＨＢＳ以外の数千人の学生も、この授業を受講できるようになった。現在も、ヘルスケア・イノベーションに関する型破りなテキストを作成するなどしている。

「（テキスト作りには）とてもワクワクしている。なにしろ通常はない科目だ。イノベーションも、ヘルスケアも、医学研究の方法も教えられているのに、このような環境下でどのようにイノベーションを起こすかは教えられていない。私の授業はそこに焦点を当てている。標準的な授業とは違う」。ヘルスケア・イノベーション教育を促進するため、ハーズリンガーは非営利団体「ヘルスケア・イノベーションのための世界の教育者ネットワーク（thegeniegroup.org）」を設立して、学校や教員のカリキュラム作成を支援している。その設立以来、世界中の20以上の教育機関で、ヘルスケア・イノベーションに関するプログラムや授業を作る支援をしてきた。

レジーナ・ハーズリンガーが歩んできた道のりは、それ自体がイノベーションだった。60年にわたるキャリアで、彼女はしばしば重要な問題を最初に探り、通常は男性が占めていた場所に居場所を築いた。彼女の先駆的な研究とパイオニア的な存在は、企業や社会における女性の役割が劇的に変化する前兆となった。ハーズリンガーは、経営とリーダーシップにおける女性の割合拡大など、ダイバーシティのさらなる実現という不可避的な流れをずっと信じてきたと語る。そして、長生きをしてきたおかげで、有意義な進歩を見ることができたと顔をほころばせた。

謝辞

知的作品はなんでもそうだが、本書も多くの知性の産物だ。本書のためにライフストーリーやアイデアや時間を提供してくれた人たち、そして私たちを励まし、助言を与えてくれた人たちに深く感謝する。本書に含まれる新しい知識はどれも、私たちだけで生み出したものではなく、私たちおよび本プロジェクトのために時間を割いてくれた研究者、実務家、そしてジェンダー平等の擁護者たちの集合的インサイトから生み出されたものだ。

著者である私たち2人が出会ったのは、10年ほど前、ハーバード・ビジネス・スクール（ＨＢＳ）がＭＢＡ課程に女性の入学を認めるようになってから50周年を記念するプロジェクト「Ｗ50」の実行委員会に参加したときだった。私たちはまず、学生として、そして教職員としての女性の経験を調べて、ＨＢＳが長年にわたり学内のジェンダー平等を促進してきただけでなく、女性たちが現在も残る障壁を取り除くために奮闘してきたことを発見した。こうした発見はエピローグにまとめている。ここではＨＢＳの歩みをたどるとともに、まだ到達できていない節目に光を当てた。Ｗ50の年は、ＨＢＳの現状について新たな会話を促し、新たな進歩の試みを勢いづけた。それ以降、私たちは、毎年開催される「ジェンダー&仕事研究シンポジウム」や、リーダーシップにおけるジェンダーや人種などのダイバーシティをカリキュラムに反映する努力など、W50で始まった試みを形にする努力に関わってきた。2015年にはロビン・イーリー教授とともに、職場における不平等に関するHBSの研究ハブ「ジェンダー・イニシアティブ」の立ち上げに関わった。

W50の記念プロジェクトで一緒に仕事をしたことが、私たち2人のパートナーシップの始まりとなり、一緒に執筆活動や共同研究をするようになった（その多くは本書で紹介した）。これによりジェンダー不平等について共同執筆した（そして執筆する計画の）論文が増えてきたことが、本書を刊行するきっかけのひとつになった。HBSの女性研究で発見したパターンは、社会一般のパターンを投影しているという認識も、本書を書くきっかけとなった。すなわち、職場におけるジェンダーについては、多くのことが変わってきたが、まだ平等は達成されていない。なぜこうしたパターンが今も続いているのかを探り、それを変える方法について明確な手引きを示すべきタイミングがやってきたように感じられた。

変化を起こす方法については、多くのことが知られていると思う。本書で紹介した多くの研究をなさった方々に、私たちは大変な恩義を感じている。彼らは不平等が続いている背景やメカニズムを解き明かすことにより、不平等を縮小し、根絶さえもする方法について重要な手がかりを与えた。私たちがこの本を執筆した理由のひとつは、彼らの研究がもたらすインサイトや提案を、企業などビジネスの現場で変化を起こそうとしている人たちに届けて、アクションを起こしやすくすることだった。私たちは、本書で説明した内容や処方箋に自信がある。なぜなら、その元となった研究が厳格かつ厳密なものであると信頼できるからだ。本書では私たち自身の研究も引用している。これには私たちの共同研究と単独研究、そして別の仲間との共同研究が含まれる。読みやすくするために、これらの研究は「筆者らの研究」とまとめて表現したが、詳細は脚注をご覧いただければと思う。

本書の草稿の一部や全部を丹念に読み、貴重な批判をしてくださった方々に特に感謝したい。これにはロビン・エイブラムス、デービッド・アルワース、クリスティーナ・バーミンガム、シリ・シャラジ、アリソン・アライアス、ロビン・イーリー、グレチェン・ギャベット、パメラ・ジョイナー、デボラ・コーブ、レイノルド・リービー、トニー・メイヨー、ローラ・ムーン、ジェニファー・ナッシュ、イン・パイク、ローラ・モーガン・ロバーツ、キム・スコット、マット・エニエリ、そして3人の匿名の査読者が含まれる。彼らの感想は、私たちの思考に非常に建設的なプレッシャーを与えてくれた。ハーバード・ビジネス・レビュー誌のエイミー・バーンスタインとサラ・クリフのフィードバックは、本書の多くのアイデアを膨らませるのに役立った。ハーバード・ビジネス・レビュー・プレスで、最初に筆者らの担当をしてくれた編集者ティム・サリバンは、このプロジェクトを信じ、どのような本にできるのか、またどのような本にするべきかを考えるのを助けてくれた。メリンダ・メリノは、その素晴らしい編集技術で、本書執筆のほとんどに付き合い、私たちを励まし、厳しい質問を投げかけて本書を最高の形にしてくれた。

ほかにも、さまざまな形のサポートに恵まれた。ＨＢＳのリーダーたちは本書の価値を信じてくれたし、同僚たちとの会話に時間をさいてくれた。それがなければ、長期を要した執筆作業は、継続はもとより実行不可能だっただろう。無数の公式・非公式の会話は、私たちの思考に影響を与え、本書が進化する余地をもたらした。とりわけ私たちと直接関わったＨＢＳのイニシアティブ局と組織行動学ユニットの同僚たちは、貴重な思考パートナーとなってくれた。本書のためのリサーチは、チームワークのたまものだ。無数のコラボレーターが聞き取り調査や統計分析を行い、記録資料の解釈を助けてくれたし、これらがスムーズに進むよう手配してくれた人たちもいた。とりわけサラ・アボット、エチオピア・アルマハディ、シャン・アオ、シェルビー・オースティン＝マニング、ケイト・コノリー・バーデン、デボラ・ベル、ジーン・カニンガム、ビッキー・グッド、エリザベス・ジョンソン、ヤン・ハモンド、カルパナ・ジャイン、ジューミン・ルオ、エリカ・ミラビター、ドリー・ネミッツ、ヤン・リブキン、ローリー・シャノン、そしてデボラ・スパーに感謝したい。また、ケース・リサーチ＆ライティング・グループ、ベーカー図書館、ＨＢＳのリサーチ＆ファカルティー・デベロップメント部も手伝ってくれた。

　さらに本書は、ビジネスにおける女性の地位向上に長年取り組んできた多くの組織の活動を基礎にしている。いくつかの組織は貴重な助言とインサイトも与えてくれた。その代表格はカタリスト、コミッティー・オブ・２００、フォルテ財団、リーン・イン、スタンフォード・ＶＭウェア・ウィメンズ・リーダーシップ・イノベーション・ラボ、女性取締役協会、ハーバード・ケネディスクールの女性および公共政策課程だ。また、リンダ・ラビットの寛大な支援のおかげで、ＨＢＳエグゼクティブ教育課程に「ウィメン・オン・ボード」を立ち上げることができたことに感謝したい。彼女は私たちの活動と、リーダーシップを発揮する女性の地位向上という目標をサポートし続けてくれている。

なにより、本書のためのインタビューや調査に応じてくれた何百人もの人たちに感謝したい。その全員の名前を挙げることはできないが（匿名希望者もいた）、計り知れない感謝の念を抱いている。これにはハーバード・カレッジとＨＢＳの卒業生、ＨＢＳエグゼクティブ教育課程の参加者、そして世界中の大小さまざまな組織で働く女性と男性が含まれる。その多くが、話を聞くべき人を紹介してくれた。本書をより充実させてくれた重要人物を何人か紹介してくれたスーザン・スタウトバーグにはとりわけ感謝している。また、ロズ・アトキンス、バーバラ・ハックマン・フランクリン、レジーナ・ハーズリンガー、ミシェル・フーパー、アイリーン・ラング、そしてアナ・ポーラ・ペソアら、本書の人物紹介に取り上げた人たちは、自分のキャリアをはじめジェンダー平等を推進する取り組みについて数時間にわたり話をしてくれた（ジャック・リブキンは２０１６年に死去しており、彼の紹介原稿は生前のインタビューと公表されている資料に基づき作成した）。インタビューに応じてくれた人たちの経験と考察は、本書の要をなす。彼女／彼らのストーリーは、不平等とは抽象的なものではないことを思い出させてくれる。不平等は実在する人の活躍を制限し、苦しめ、萎縮させ、そのポテンシャルを本人と世界から奪っているのだ。しかし本書は、希望と可能性を感じながら締めくくりたい。なぜなら私たちは、平等を実現するために最善を尽くす多くの人たち（世界中のあらゆる業界の、あらゆるキャリア段階にある女性と男性）の話を直接聞かせてもらったからだ。彼女／彼らから学んだことを、本書で読者のみなさんと共有できることをこの上なく光栄に思う。

最後に、私たちの愛する人たちに感謝したい。

まず、コリーンより。このプロジェクトへの興味と喜びを絶えず示してくれた（私自身の熱意が揺らいだときでさえも）友人や家族に深く感謝したい。彼らは節目ごとに祝福し、壁にぶつかるごとに励ましてくれた。特に私以上に本書の出版を喜んでくれている両親に感謝したい。現在の私があるのは、誰よりも母パトリシア・カロール・スワリーのおかげだ。私が生まれたときから、私の野心と知性と独立心を育んでくれた。母は私に声を与えてくれた。私がなすことはすべて、声をあげることのパワーを信じる母の姿勢を称える試みだ。

次は、ボリスより。私にとって家族はつねに重要な存在だが、このプロジェクト中は一段と重要になった。特に平等とインクルージョンの深遠な重要性を教えてくれた両親に感謝したい。両親のおかげで、私は多様な視点の価値を理解できるようになった。両親は私がこれまで出会ってきた誰よりもインクルーシブな人間だ。また、姉と妻にも感謝したい。2人は、女性が職場で直面する課題を私が理解するのを、真っ先に助けてくれて、このテーマに関する私の見解に誰よりも影響を与えてくれた。私はいつも姉のような人間になりたいと思っていた。また、私が自分よりも優れた人物と結婚したことに疑問の余地はない。

私が本書を書いた理由のひとつは、娘たちと息子たちのためだ。子どもたちは、私が最も深い情熱を注ぎ、パーパスを感じる存在だ。毎朝、子どもたちを見て、それぞれがいかに違っていて、いかに才能があるかを見るときほど、もっとインクルーシブになるために研究し、執筆し、組織と協力しようという意欲に駆られることはない。

first-time.html?smid=url-share.

41 Robin J. Ely, Pamela Stone, Laurie Shannon, and Colleen Ammerman, *Life & Leadership after HBS*, Harvard Business School, 2015, https://www.hbs.edu/race-gender-equity/projects/life-and-leadership-after-hbs/Pages/default.aspx.

42 Mayo and Roberts, "Spheres of Influence."

43 Nancy M. Carter and Christine Silva, *Pipeline's Broken Promise*, Catalyst, 2010, https://www.catalyst.org/wp-content/uploads/2019/01/Pipelines_Broken_Promise_Final_021710.pdf.

44 Marianne Bertrand, Claudia Goldin, and Lawrence F. Katz, "Dynamics of the Gender Gap for Young Professionals in the Financial and Corporate Sectors," *American Economic Journal: Applied Economics* 2, no. 3 (2010): 228–255.

45 Andrew Garthwaite, "Masters in Management Data Highlights Gender Pay Gap," *Financial Times*, October 21, 2019, https://www.ft.com/content/794ee6a8-ea4b-11e9-85f4-d00e5018f061.

46 Mayo and Roberts, "Spheres of Influence."

47 "Community Conversation on Race: June 11, 2020," Harvard Business School, 2020, https://www.hbs.edu/news/articles/Pages/community-conversation-on-race-june-2020.aspx.

48 "The First Tenured Women Professors at Harvard University," https://hwpi.harvard.edu/files/faculty-diversity/files/timeline-final_32.pdf.

49 Regina Herzlinger and Joel Klein, "The IRS Can Save American Health Care," *Wall Street Journal*, July 1, 2018, https://www.wsj.com/articles/the-irs-can-save-american-health-care-1530477705; "Health Reimbursement Arrangements and Other Account-Based Group Health Plans," *Federal Register* 84, no. 119 (June 20, 2019), https://www.federalregister.gov/documents/2019/06/20/2019-12571/health-reimbursement-arrangements-and-other-account-based-group-health-plans; Alexander Acosta, Steven Mnuchin and Alex Azar, "New Health Options for Small-Business Employees," *Wall Street Journal*, October 22, 2018, https://www.wsj.com/articles/new-health-options-for-small-business-employees-1540249941.

31 Monisha Kapila, "Three Ways Harvard Business School Can Change the World for Women," *Quartz*, April 6, 2013, https://qz.com/71684/three-ways-harvard-business-school-can-change-the-world-for-women/.

32 Katherine Baldiga Coffman, "Evidence on Self-Stereotyping and the Contribution of Ideas," *Quarterly Journal of Economics* 129, no. 4 (2014): 1625–1660.

33 Jodi Kantor, "Harvard Business School Case Study: Gender Equity," *New York Times*, September 7, 2013; Anne Morriss and Frances X. Frei, *Unleashed: The Unapologetic Leader's Guide to Empowering Everyone around You* (Boston: Harvard Business Review Press, 2020).

34 Poorvi Vijay and Anoothi, "Record-Breaking Women Class Presidents: Is the World Ready for This Change?," *The Harbus*, December 5, 2019, https://harbus.org/2019/record-breaking-women-class-presidents-is-the-world-ready-for-this-change/.

35 "MBA Profile and RC Case Protagonists," Harvard Business School, 2020, https://www.hbs.edu/racialequity/data/Pages/default.aspx.

36 Ioana M. Latu, Marianne Schmid Mast, Joris Lammers, and Dario Bombari, "Successful Female Leaders Empower Women's Behavior in Leadership Tasks," *Journal of Experimental Social Psychology* 49, no. 3 (2013): 444–448; Penelope Lockwood, "'Someone Like Me Can Be Successful': Do College Students Need Same-Gender Role Models?," *Psychology of Women Quarterly* 30, no. 1 (2006): 36–46.

37 Lesley Symons, "Only 11% of Top Business School Case Studies Have a Female Protagonist," *Harvard Business Review*, March 9, 2016, https://hbr.org/2016/03/only-11-of-top-business-school-case-studies-have-a-female-protagonist.

38 Colleen Sharen and Rosemary McGowan, "Invisible or Clichéd: How Are Women Represented in Business Cases?," *Journal of Management Education* 43, no. 2 (2019): 129–173.

39 Association to Advance Collegiate Schools of Business, *Business School Data Guide 2018*, 2018; Shelby Colby and Paula Bruggeman, *What Women Want: A Blueprint for Change in Business Education*, Graduate Management Admission Council, 2017, https://www.gmac.com/-/media/files/gmac/research/research-report-series/2017-gmac-white-paper_what-women-want-web.pdf.

40 Ilana Kowarski, "U.S. News Data: A Portrait of the Typical MBA Student," U.S. News, March 14, 2017, https://www.usnews.com/education/best-graduate-schools/top-business-schools/articles/2017-03-14/us-news-data-a-portrait-of-the-typical-mba-student; Elizabeth Olson, "Women Make Up Majority of U.S. Law Students for First Time," *New York Times*, December 16, 2016, https://www.nytimes.com/2016/12/16/business/dealbook/women-majority-of-us-law-students-

15 "Harvard Business Women Organize New Association," *The Harbus*, April 1, 1971.

16 "Harvard Business Women," *The Harbus*, April 1, 1971.

17 Judith. Gehrke, "Women in Management: Some Gains Being Made," *The Harbus*, May 11, 1972.

18 Karen Passage, "Discrimination Guidelines Presented," *The Harbus*, January 20, 1972.

19 "Women's Student Association," *WSA Newsletter*, October 11, 1975.

20 Women's Student Association, "WSA Case Editing Committee Report," December 1980.

21 *Barbara Jackson v. Harvard University and John McArthur*, Civil Action No. 84-4101-WD (US District Court for the District of Massachusetts 1989).

22 Nancy Chandler, "President's Summary 1981–1982," *WSA Newsletter*, April 1982.

23 Women's Student Association, "Help Needed for New Admit Brochures," *WSA Newsletter*, January 1981; Women's Student Association, "Phone-a-thon for 1989–1990 Women Admits," *WSA Newsletter*, March 13, 1989.

24 Karen Cmar, "WSA Targets Participation," *The Harbus*, May 20, 1985.

25 Robert J. Dolan, "Heading down the Stretch," e-mail message to students, March 24, 1997; Steven C. Wheelwright and Janice McCormick, letter to students. May 6, 1997.

26 Peter Howley and Andrew Farquharson, "Harassment Case Explodes One Year Later," *The Harbus*, April 13, 1998; Wheelwright and McCormick, letter to students.

27 Faculty and Staff Standards Committee to HBS Community, memorandum, April 9, 1998; Steven Wheelwright, "Community Standards Case Update," e-mail message to students, November 26, 1997.

28 Groysberg, Herman, and Lobb, "Women MBAs at Harvard Business School: 1962–2012."

29 Julia Brau, Paayal Desai, Alex Germain, and Akmaral Omarova, "Gender Discrepancies in Academic Performance," *The Harbus*, May 2010; Ruhana Hafiz, "WSA Academic Initiative Survey," *The Harbus*, December 7, 2009, https://harbus.org/2009/wsa-academic-initiative-survey-4737/.

30 "As Academic Gender Gap Declines, There Is Still Work to Be Done," *The Harbus*, April 25, 2011, https://harbus.org/2011/gender-gap/.

2 "Black Faculty Members at Harvard Business School, 1954–Present," Harvard Business School, 2018, https://www.library.hbs.edu/hc/AASU/thought-leadership/hbs-faculty-members/.

3 Letty Cottin Pogrebin, *How to Make It in a Man's World* (Garden City, NY: Doubleday, 1970).

4 John A. Byrne, "HBS Dean Makes an Unusual Public Apology," Poets and Quants, January 28, 2014, https://poetsandquants.com/2014/01/28/hbs-dean-makes-an-unusual-public-apology/.

5 "MBA Class of 2020 Baker Scholars," Harvard Business School, Commencement 2020, https://www.hbs.edu/commencement/2020/awards/Pages/baker-scholars.aspx.（2020年9月30日にアクセス）

6 Denise Lu, Jon Huang, Ashwin Seshagiri, Haeyoun Park, and Troy Griggs, "Faces of Power: 80% Are White, Even as U.S. Becomes More Diverse," *New York Times*, September 9, 2020, https://www.nytimes.com/interactive/2020/09/09/us/powerful-people-race-us.html?.

7 "Building the Foundation: Business Education for Women at Harvard University: 1937–1970," Baker Library Special Collections, Harvard Business School, 2013, https://www.library.hbs.edu/hc/wbe/index.html.

8 Philip Galanes, "Ruth Bader Ginsburg and Gloria Steinem on the Unending Fight for Women's Rights," *New York Times*, November 14, 2015, https://www.nytimes.com/2015/11/15/fashion/ruth-bader-ginsburg-and-gloria-steinem-on-the-unending-fight-for-womens-rights.html.

9 Catherine Cerach, "The History of Women at Harvard Business School." *WSA Newsletter*, Summer 1989.

10 Ellen Marram, "Female B-Schoolers Get Screw-tinized," *The Harbus*, September 12, 1969.

11 Groysberg, Herman, and Lobb, "Women MBAs at Harvard Business School: 1962–2012."

12 Anthony J. Mayo and Laura Morgan Roberts, "Spheres of Influence: A Portrait of Black MBA Program Alumni," Paper presented at the Conference on African American Business Leadership, Harvard Business School, 2018.

13 Groysberg, Herman, and Lobb, "Women MBAs at Harvard Business School: 1962–2012."

14 Ilene Lang, "Women at HBS: A Woman's View," *The Harbus*, February 10, 1972.

10 Michelle K. Ryan and S. Alexander Haslam, "The Glass Cliff: Exploring the Dynamics Surrounding the Appointment of Women to Precarious Leadership Positions," *Academy of Management Review* 32, no. 2 (2007): 549–572; Michelle K. Ryan and S. Alexander Haslam, "The Glass Cliff: Evidence that Women Are Over-represented in Precarious Leadership Positions," *British Journal of Management* 16, no. 2 (2005): 81–90.

11 Boris Groysberg, "How Star Women Build Portable Skills," *Harvard Business Review*, February 2008, 74–81.［ボリス・グロイスバーグ著「女性プロフェッショナルのキャリア開発　女性アナリストへの調査が明かす」『DIAMOND ハーバード・ビジネス・レビュー』2008年6月号］

12 Laura Morgan Roberts, Anthony J. Mayo, Robin J. Ely, and David A. Thomas, "Beating the Odds," *Harvard Business Review*,March-April 2018, 126–131.［ローラ・モーガン・ロバーツ、アンソニー・J・メイヨー、ロビン・イーリー、デイビッド・トマス著「彼女たちはなぜキャリアで成功できたのか」『DIAMOND ハーバード・ビジネス・レビュー』2018年12月号］

13 Rachel Thomas, Marianne Cooper, Ellen Konar, et al., *Women in the Workplace 2019*, https://wiw-report.s3.amazonaws.com/Women_in_the_Workplace_2019.pdf.

14 Robin J. Ely, "The Effects of Organizational Demographics and Social Identity on Relationships among Professional Women," *Administrative Science Quarterly* 39, no. 2 (June 1994): 203–238.

15 Colleen Walsh, "Hard-Earned Gains for Women at Harvard," *Harvard Gazette*, April 26, 2012, https://news.harvard.edu/gazette/story/2012/04/hard-earned-gains-for-women-at-harvard/.

16 Eileen Shanahan, "A.T. & T. to Grant 15,000 Back Pay in Job Inequities," *New York Times*, January 19, 1973, https://www.nytimes.com/1973/01/19/archives/att-to-grant-15000-back-pay-in-job-ineouities-women-and-minority.html.

エピローグ

1 この章は以下のハーバード・ビジネス・スクールの教材に基づく。Boris Groysberg, Kerry Herman, and Annelena Lobb, "Women MBAs at Harvard Business School: 1962–2012," Harvard Business School Case 413-013, February 2013 (revised May 2014), https://www.hbs.edu/faculty/Pages/item.aspx?num=44334; Boris Groysberg, Kerry Herman, Matthew Preble, "Women MBAs in the Workplace," Harvard Business School Technical Note 413-089, February 2013 (revised May 2014), https://www.hbs.edu/faculty/Pages/item.aspx?num=44362.

and 'Critical Race Theory'," National Public Radio, September 5, 2020, https://www.npr.org/2020/09/05/910053496/trump-tells-agencies-to-end-trainings-on-white-privilege-and-critical-race-theor.

6 Abby Ohlheiser, "How James Damore Went from Google Employee to Right-Wing Internet Hero," *The Washington Post*, August 12, 2017, https://www.washingtonpost.com/news/the-intersect/wp/2017/08/12/how-james-damore-went-from-google-employee-to-right-wing-internet-hero/.

7 Titan Alon, Matthias Doepke, Jane Olmstead-Rumsey, and Michèle Tertilt, "The Impact of COVID-19 on Gender Equality," Northwestern University, March 2020, http://faculty.wcas.northwestern.edu/~mdo738/research/COVID19_Gender_March_2020.pdf; Jessica Bennett, "'I Feel Like I Have Five Jobs': Moms Navigate the Pandemic," *New York Times*, March 20, 2020, https://www.nytimes.com/2020/03/20/parenting/childcare-coronavirus-moms.html; Caitlyn Collins, Liana Christin Landivar, Leah Ruppanner, and William J. Scarborough, "COVID-19 and the Gender Gap in Work Hours," *Gender, Work & Organization*, 2020: 1–12, doi:10.1111/gwao.12506; Lucia Graves, "Women's Domestic Burden Just Got Heavier with the Coronavirus," *The Guardian*, March 16, 2020, https://www.theguardian.com/us-news/2020/mar/16/womens-coronavirus-domestic-burden; Liz Hamel, Lunna Lopes, Cailey Muñana, Jennifer Kates, Josh Michaud, and Mollyann Brodie, "KFF Coronavirus Poll: March 2020," Kaiser Family Foundation, March 17, 2020, https://www.kff.org/global-health-policy/poll-finding/kff-coronavirus-poll-march-2020/; Scott Keeter, "People Financially Affected by COVID-19 Outbreak Are Experiencing More Psychological Distress Than Others," Pew Research Center, March 30, 2020, https://www.pewresearch.org/fact-tank/2020/03/30/people-financially-affected-by-covid-19-outbreak-are-experiencing-more-psychological-distress-than-others/; Itika Sharma Punit, "Social Distancing from House Helps Is Exposing the Indian Family's Unspoken Sexism," *Quartz India*, March 26, 2020, https://qz.com/india/1823823/with-coronavirus-lockdown-working-indian-women-face-family-sexism/; Laura M. Giurge, Ayse Yemiscigil, Joseph Sherlock, and Ashley V. Whillans, "Uncovering Inequalities in Time-Use and Well-Being during COVID-19: A Multi-Country Investigation," Harvard Business School Working Paper No. 21-037, September 2020, https://www.hbs.edu/faculty/Pages/item.aspx?num=58886.

8 "Coronavirus Lockdown: Sierra Leone 'Role Model' Minister Carries Baby and Holds Zoom Meeting," BBC News, April 30, 2020, https://www.bbc.com/news/world-africa-52487213.

9 Jordan Siegel, Lynn Pyun, and B. Y. Cheon, "Multinational Firms, Labor Market Discrimination, and the Capture of Outsider's Advantage by Exploiting the Social Divide," *Administrative Science Quarterly* 64, no. 2 (2019): 370–397.

26 Nanda, Groysberg, and Prusiner, "Lehman Brothers (A)."

27 Groysberg and Morgan Roberts, "Leading the Josie Esquivel Franchise (A)."

28 Nanda, Groysberg, and Prusiner, "Lehman Brothers (A)."

29 Groysberg, *Chasing Stars*.

30 Groysberg and Morgan Roberts, "Leading the Josie Esquivel Franchise (A)."

31 Groysberg, *Chasing Stars*.

32 Nanda, Groysberg, and Prusiner, "Lehman Brothers (B)."

33 Nanda and Groysberg, "Lehman Brothers (C)."

34 同上。

結論

1 "Domestic Box Office for 1980," Box Office Mojo, n.d., https://www.boxofficemojo.com/year/1980/.

2 Kim Borjorquez, "Put People of Color on California Boards or Pay $100K, Proposed Law Says," *Sacramento Bee*, July 23, 2020, https://www.sacbee.com/news/politics-government/capitol-alert/article244255597.html; Heidrick & Struggles, "Board Monitor US 2020," September 9, 2020, https://www.heidrick.com/Knowledge-Center/Publication/Board_Monitor_US_2020; Sir John Parker and the Parker Review Committee, *Ethnic Diversity Enriching Business Leadership: An Update Report from the Parker Review*, February 5, 2020, https://assets.ey.com/content/dam/ey-sites/ey-com/en_uk/news/2020/02/ey-parker-review-2020-report-final.pdf.

3 Eshe Nelson, "In Britain, an Idea to Reduce Racial Inequality Gains Momentum," *New York Times*, August 26, 2020, https://www.nytimes.com/2020/08/26/business/britain-pay-gaps-racial-inequality.html.

4 Kristen Bellstrom and Emma Hinchliffe, "Black Women Are Bearing the Economic Brunt of the Pandemic," *Fortune*, June 3, 2020, https://fortune.com/2020/06/03/black-women-coronavirus-economy/; Michelle Miller and Vidya Singh, "Gender Pay Gap May Not Close 'for More Than 100 Years' for Black and Latina Women, and Pandemic Could Make It Worse," CBS News, August 8, 2020, https://www.cbsnews.com/news/gender-pay-gap-covid-pandemic-black-latina-women/.

5 Matthew S. Schwartz, "Trump Tells Agencies to End Trainings on 'White Privilege'

16 John F. Dovidio, Erin L. Thomas, Corinne A. Moss-Racusin, Victoria L. Brescoll, Mark J. Graham, and Jo Handelsman, "Included but Invisible? The Benefits and Costs of Inclusion," paper presented at Gender & Work: Challenging Conventional Wisdom, Harvard Business School, 2013.

17 Audrey Gelman, "'Where I Got It Wrong': The Wing's Audrey Gelman Confronts the Realities of Rapid Growth," *Fast Company*, February 26, 2020, https://www.fastcompany.com/90466019/where-i-got-it-wrong-the-wings-audrey-gelman-confronts-the-realities-of-rapid-growth.

18 Anna T. Mayo, Anita Williams Woolley, and Rosalind M. Chow, "Unpacking Participation and Influence: Diversity's Countervailing Effects on Expertise Use in Groups," *Academy of Management Discoveries* 6, no. 2 (2020): 300–319.

19 Thomas et al., *Women in the Workplace 2019*.

20 David A. Garvin, Alison Berkley Wagonfeld, and Liz Kind, "Google's Project Oxygen: Do Managers Matter?," Harvard Business School Case 313-110, April 2013 (revised October 2013), https://www.hbs.edu/faculty/Pages/item.aspx?num=44657.

21 Melissa Harrell and Lauren Barbato, "Great Managers Still Matter: The Evolution of Google's Project Oxygen," re:Work, February 27, 2018, https://rework.withgoogle.com/blog/the-evolution-of-project-oxygen/.

22 ジャック・リブキンの略歴は以下に基づく。Ashish Nanda, Boris Groysberg, and Lauren Prusiner, "Lehman Brothers (A): Rise of the Equity Research Department," Harvard Business School Case 906-034, January 2006 (revised June 2008), https://www.hbs.edu/faculty/Pages/item.aspx?num=32959; Nanda, Groysberg, and Prusiner, "Lehman Brothers (B)"; Ashish Nanda and Boris Groysberg, "Lehman Brothers (C): Decline of the Equity Research Department," Harvard Business School Case 902-003, July 2001 (revised January 2007), https://www.hbs.edu/faculty/Pages/item.aspx?num=28331; Boris Groysberg and Laura Morgan Roberts, "Leading the Josie Esquivel Franchise (A)," Harvard Business School Case 404-054, November 2003 (revised October 2005), https://www.hbs.edu/faculty/Pages/item.aspx?num=30567.

23 Boris Groysberg, *Chasing Stars: The Myth of Talent and the Portability of Performance* (Princeton, NJ: Princeton University Press, 2010); Boris Groysberg and Linda-Eling Lee, "Star Power: Colleague Quality and Turnover," *Industrial and Corporate Change* 19, no. 3 (2010): 741–765.

24 Nanda, Groysberg, and Prusiner, "Lehman Brothers (A)."

25 Groysberg and Morgan Roberts, "Leading the Josie Esquivel Franchise (A)."

https://wiw-report.s3.amazonaws.com/Women_in_the_Workplace_2019.pdf.

5 Terry Stone, Becky Miller, Elizabeth Southerlan, and Alex Raun, *Women in Healthcare Leadership 2019*, Oliver Wyman, 2019, https://www.oliverwyman.com/content/dam/oliver-wyman/v2/publications/2019/January/WiHC/WiHCL-Report-Final.pdf.

6 John T. Jost, Laurie A. Rudman, Irene V. Blair, et al. "The Existence of Implicit Bias Is beyond Reasonable Doubt: A Refutation of Ideological and Methodological Objections and Executive Summary of Ten Studies That No Manager Should Ignore," *Research in Organizational Behavior* 29 (2009): 39–69.

7 Michelle M. Duguid and Melissa C. Thomas-Hunt, "Condoning Stereotyping? How Awareness of Stereotyping Prevalence Impacts Expression of Stereotypes," *Journal of Applied Psychology* 100, no. 2 (2015): 343–359.

8 Stefanie K. Johnson and Jessica F. Kirk, "Dual-Anonymization Yields Promising Results for Reducing Gender Bias: A Naturalistic Field Experiment of Applications for Hubble Space Telescope Time," *Publications of the Astronomical Society of the Pacific* 132, no. 1009 (2020), https://iopscience.iop.org/article/10.1088/1538-3873/ab6ce0/pdf.

9 Jeff Green, "Managers Pick Mini-Me Proteges of Same Race, Gender," Bloomberg, January 8, 2019, https://www.bloomberg.com/news/articles/2019-01-08/managers-pick-mini-me-proteges-of-same-gender-race-in-new-study.

10 Catherine H. Tinsley and Robin J. Ely, "What Most People Get Wrong about Men and Women: Research Shows the Sexes Aren't So Different," *Harvard Business Review*, May–June 2018, 114–120.［キャサリン・H・ティンズリー、ロビン・J・イーリー著「職場の男女格差はどのように生まれるのか」『DIAMONDハーバード・ビジネス・レビュー』2018年11月号］

11 同上。

12 Thomas et al., *Women in the Workplace 2019*.

13 Zoë B. Cullen and Ricardo Perez-Truglia, *The Old Boys' Club: Schmoozing and the Gender Gap*, Working Paper No. 26530, National Bureau of Economic Research, September 2020, https://www.nber.org/papers/w26530.

14 Ashish Nanda, Boris Groysberg, and Lauren Prusiner, "Lehman Brothers (B): Exit Jack Rivkin," Harvard Business School Case 906-035, January 2006 (revised January 2007), https://www.hbs.edu/faculty/Pages/item.aspx?num=32960.

15 Robin J. Ely, Debra Meyerson, and Martin N. Davidson, "Rethinking Political Correctness," *Harvard Business Review*, September 2006, 78–87.

98 "Equal Pay Act Charges (Charges Filed with EEOC) (Includes Concurrent Charges with Title VII, ADEA, ADA, and GINA) FY 1997–FY 2019," U.S. Equal Employment Opportunity Commission, 2018, https://www.eeoc.gov/eeoc/statistics/enforcement/epa.cfm.

99 *Dandan Pan et al. v. Qualcomm Incorporated & Qualcomm Technologies, Inc.*

100 "Sanford Heisler and Tech Giant Qualcomm Agree to $19.5 Million Gender Discrimination Settlement." Sanford Heisler Sharp, July 26, 2016, https://sanfordheisler.com/press-release/qualcomm-gender-discrimination-settlement/.

101 *Dandan Pan et al. v. Qualcomm Incorporated & Qualcomm Technologies, Inc.*

102 Sara Randazzo, "Qualcomm to Pay $19.5 Million to Settle Claims of Bias against Women," *Wall Street Journal*, July 26, 2016, https://www.wsj.com/articles/qualcomm-to-pay-19-5-million-to-settle-claims-of-bias-against-women-1469571756; Qualcomm, *2019 Corporate Responsibility Report*, https://www.qualcomm.com/content/dam/qcomm-martech/dm-assets/documents/2019-qualcomm-corporate-responsibility-report.pdf.

第6章

1 Boris Groysberg and Katherine Connolly, "JPMorgan Chase: Tapping an Overlooked Talent Pool," Harvard Business School Case 415-066, March 2015 (revised May 2018), https://www.hbs.edu/faculty/Pages/item.aspx?num=48876.

2 Frank Dobbin and Alexandra Kalev, "Why Diversity Programs Fail," *Harvard Business Review*, July–August 2016, 52–60. ［フランク・ドビン、アレクサンドラ・カレフ著「差別の心理学」『DIAMOND ハーバード・ビジネス・レビュー』2017年7月号］

3 Klea Faniko, Naomi Ellemers, Belle Derks, and Fabio Lorenzi-Cioldi, "Nothing Changes, Really: Why Women Who Break through the Glass Ceiling End Up Reinforcing It," *Personality and Social Psychology Bulletin* 43, no. 5 (2017): 638–651; Belle Derks, Naomi Ellemers, Colette van Laar, and Kim de Groot, "Do Sexist Organizational Cultures Create the Queen Bee?," *British Journal of Social Psychology* 50, no. 3 (2011): 519–535; Robin J. Ely, "The Effects of Organizational Demographics and Social Identity on Relationships among Professional Women," *Administrative Science Quarterly* 39, no. 2 (1994): 203–238; Rosabeth Moss Kanter, *Men and Women of the Corporation* (New York: Basic Books, 1977). ［R・M・カンター著『企業のなかの男と女』（生産性出版、1995年）］

4 Rachel Thomas, Marianne Cooper, Ellen Konar, et al., *Women in the Workplace 2019*,

about High-Achieving Women," *Harvard Business Review*, December 2014, 101.

87 Correll, Benard, and Paik, "Getting a Job."

88 Pamela Stone, *Opting Out? Why Women Really Quit Careers and Head Home* (Berkeley: University of California Press, 2007).

89 Sara A. Rogier and Margaret Y. Padgett, "The Impact of Utilizing a Flexible Work Schedule on the Perceived Career Advancement Potential of Women," *Human Resource Development Quarterly* 15, no. 1 (2004): 89–106.

90 Leslie A. Perlow and Erin L. Kelly, "Toward a Model of Work Redesign for Better Work and Better Life," *Work and Occupations* 41, no. 1 (2014): 111–134.

91 Boris Groysberg and Sarah L. Abbott, "Canada Mortgage and Housing Corporation: 'One CMHC' and Version 3.0," Harvard Business School Case 419-068, May 2019, https://www.hbs.edu/faculty/Pages/item.aspx?num=56155.

92 Nick Bastone, "Salesforce's Chief People Officer Explains How and Why the Company Has Spent $8.7 Million to Close Its Gender Pay Gap," *Business Insider*, December 16, 2018, https://www.businessinsider.com/cindy-robbins-salesforce-equal-pay-2018-11.

93 Tina Lee and Julie Sweet, *Advancing Women as Leaders in the Private Sector*, Canada–United States Council for Advancement of Women Entrepreneurs & Business Leaders, 2018, https://advancingwomeninbusiness.com/wp-content/uploads/2018/10/Advancing-women-as-leaders-in-the-private-sector_report.pdf.

94 Melonie Parker, "How Retention Helps Make Google More Representative," Google Blog, February 28, 2019, https://blog.google/perspectives/melonie-parker/how-retention-helps-make-google-more-representative/.

95 Rebecca Glasman, Tina Shah Paikeday, Harsonal Sachar, Alix Stuart, and Cissy Young, *A Leader's Guide: Finding and Keeping Your Next Chief Diversity Officer*, Russell Reynolds, 2019, https://www.russellreynolds.com/en/Insights/thought-leadership/Documents/Chief%20Diversity%20Officer_1218_FINAL.pdf.

96 Rosabeth Moss Kanter, "The Interplay of Structure and Behavior: How System Dynamics Can Explain or Change Outcomes by Gender or Social Category" (presentation at Gender & Work: Challenging Conventional Wisdom, Harvard Business School, Boston, February 28 and March 1, 2013).

97 *Dandan Pan, Carrie Haluza, Carolina Dealy, Laura Paquin, Wei Shi, Blanche Matulich and Connie Jacobson on Behalf of Themselves and All Others Similarly Situated v. Qualcomm Incorporated & Qualcomm Technologies, Inc.*, No. 3:16-cv-01885-JLS-DHB (United States District Court Southern District of California 2016).

in Change in Pay among Job-Switching Executives," *Industrial & Labor Relations Review*, doi:10.1177/0019793920930712.

76 Cecilia Kang, "Google Data-Mines Its Approach to Promoting Women," *The Washington Post*, April 2, 2014, https://www.washingtonpost.com/news/the-switch/wp/2014/04/02/google-data-mines-its-women-problem/.

77 Cristian L. Dezsö, David Gaddis Ross, and Jose Uribe, "Is There an Implicit Quota on Women in Top Management? A Large-Sample Statistical Analysis," *Strategic Management Journal* 37, no. 1 (2016): 98–115.

78 Michelle K. Ryan, S. Alexander Haslam, Thekla Morgenroth, Floor Rink, Janka Stoker, and Kim Peters, "Getting on Top of the Glass Cliff: Reviewing a Decade of Evidence, Explanations, and Impact," *Leadership Quarterly* 27, no. 3 (2016): 446–455.

79 Kathleen L. McGinn, Deborah M. Kolb, and Cailin B. Hammer. "Cathy Benko: WINning at Deloitte (A)," Harvard Business School Case 907-026, September 2006, https://www.hbs.edu/faculty/Pages/item.aspx?num=33577.

80 Trond Petersen, Ishak Saporta, and Marc-David L. Seidel, "Offering a Job: Meritocracy and Social Networks," *American Journal of Sociology* 106, no. 3 (2000): 763–816.

81 Jane Giacobbe Miller and Kenneth G. Wheeler, "Unraveling the Mysteries of Gender Differences in Intentions to Leave the Organization," *Journal of Organizational Behavior* 13, no. 5 (1992): 465–478.

82 Rita Mano-Negrin, "Gender-Related Opportunities and Turnover: The Case of Medical Sector Employees," *Gender, Work & Organization* 10, no. 3 (2003): 342–360.

83 Kathleen L. McGinn and Katherine L. Milkman, "Looking Up and Looking Out: Career Mobility Effects of Demographic Similarity among Professionals," *Organization Science* 24, no. 4 (2013): 1041–1060.

84 Frank Dobbin and Alexandra Kalev, "Training Programs and Reporting Systems Won't End Sexual Harassment. Promoting More Women Will," *Harvard Business Review*, November 15, 2017, https://hbr.org/2017/11/training-programs-and-reporting-systems-wont-end-sexual-harassment-promoting-more-women-will.

85 Marianne Cooper, "The 3 Things That Make Organizations More Prone to Sexual Harassment," *The Atlantic*, November 27, 2017, https://www.theatlantic.com/business/archive/2017/11/organizations-sexual-harassment/546707/.

86 Robin J. Ely, Pamela Stone, and Colleen Ammerman, "Rethink What You 'Know'

Evaluations and Promotions of Upper-Level Female and Male Managers," *Journal of Applied Psychology* 91, no. 4 (2006): 777–785.

67 Alexia Fernández Campbell, "They Did Everything Right—and Still Hit the Glass Ceiling. Now, These Women Are Suing America's Top Companies for Equal Pay," Vox, December 10, 2019, https://www.vox.com/the-highlight/2019/12/3/20948425/equal-pay-lawsuits-pay-gap-glass-ceiling; Michael Sainato, "Walmart Facing Gender Discrimination Lawsuits from Female Employees," *The Guardian*, February 18, 2019, https://www.theguardian.com/us-news/2019/feb/18/walmart-gender-discrimination-supreme-court; Anastasia Tsioulcas, "Top Flutist Settles Gender Pay-Gap Suit with Boston Symphony Orchestra," National Public Radio, February 21, 2019, https://www.npr.org/2019/02/21/696574690/top-flutist-settles-gender-pay-gap-suit-with-boston-symphony-orchestra.

68 Samantha Schmidt, "'Victory for Equal Pay': Judge Rules Trump Administration Must Require Companies to Report Pay by Gender, Race," *The Washington Post*, March 5, 2019, https://www.washingtonpost.com/dc-md-va/2019/03/05/victory-equal-pay-judge-rules-trump-administration-must-require-companies-report-pay-by-gender-race/?utm_term=.7e18bb0dd295.

69 Lisa Nagele-Piazza, "EEOC Reduces Employee Pay Data Requirements," Society for Human Resource Management, September 11, 2019, https://www.shrm.org/ResourcesAndTools/legal-and-compliance/employment-law/Pages/Employers-Should-Review-EEO-1-Guidance-Before-Pay-Data-Reporting-Deadline.aspx.

70 "Senate Bill 973 (Jackson)," California Women's Law Center, 2020, https://www.cwlc.org/2020/03/senate-bill-973-jackson/.

71 Rebecca Greenfield, "Citigroup Reveals Female Employees Earn 29% Less Than Men Do," *Bloomberg*, January 16, 2019, https://www.bloomberg.com/news/articles/2019-01-16/citigroup-reveals-its-female-employees-earn-29-less-than-men-do.

72 Hannah Riley Bowles, Linda Babcock, and Kathleen L. McGinn, "Constraints and Triggers: Situational Mechanics of Gender in Negotiation," *Journal of Personality and Social Psychology* 89, no. 6 (2005): 951–965.

73 Andreas Leibbrandt and John A. List, "Do Women Avoid Salary Negotiations? Evidence from a Large-Scale Natural Field Experiment," *Management Science* 61, no. 9 (2015): 2016–2024.

74 Nina Roussille, *The Central Role of the Ask Gap in Gender Pay Inequality*, University of California, 2020, https://ninaroussille.github.io/files/Roussille_askgap.pdf.

75 Boris Groysberg, Paul Healy, and Eric Lin, "Determinants of Gender Differences

and What to Do about It," *Harvard Business Review*, April 12, 2017, https://hbr.org/2017/04/how-gender-bias-corrupts-performance-reviews-and-what-to-do-about-it.

56 Herman Aguinis, Young Hun Ji, and Harry Joo, "Gender Productivity Gap among Star Performers in STEM and Other Scientific Fields," *Journal of Applied Psychology* 103, no. 12 (2018): 1283–1306.

57 M. Ena Inesi and Daniel M. Cable, "When Accomplishments Come Back to Haunt You: The Negative Effect of Competence Signals on Women's Performance Evaluations," *Personnel Psychology* 68, no. 3 (2015): 615–657.

58 Janice Fanning Madden, "Performance-Support Bias and the Gender Pay Gap among Stockbrokers," *Gender & Society* 26, no. 3 (2012): 488–518.

59 John T. Jost et al., "The Existence of Implicit Bias Is beyond Reasonable Doubt: A Refutation of Ideological and Methodological Objections and Executive Summary of Ten Studies That No Manager Should Ignore," *Research in Organizational Behavior* 29 (2009): 39–69; Mahzarin Banaji and Anthony Greenwald, "Implicit Gender Stereotyping in Judgments of Fame," *Journal of Personality and Social Psychology* 68, no. 2 (1995): 181–198.

60 Michelle M. Duguid and Melissa C. Thomas-Hunt, "Condoning Stereotyping? How Awareness of Stereotyping Prevalence Impacts Expression of Stereotypes," *Journal of Applied Psychology* 100, no. 2 (2015): 343–359.

61 Aguinis, Ji, and Joo, "Gender Productivity Gap among Star Performers in STEM and Other Scientific Fields."

62 Cecchi-Dimeglio, "How Gender Bias Corrupts Performance Reviews"; Shelley J. Correll and Caroline Simard, "Research: Vague Feedback Is Holding Women Back," *Harvard Business Review*, April 29, 2016, https://hbr.org/2016/04/research-vague-feedback-is-holding-women-back.

63 Lily Jampol and Vivian Zayas, "Gendered White Lies: Women Are Given Inflated Performance Feedback Compared with Men," *Personality and Social Psychology Bulletin*, doi:10.1177/0146167220916622.

64 Shelley J. Correll, "SWS 2016 Feminist Lecture: Reducing Gender Biases in Modern Workplaces: A Small Wins Approach to Organizational Change," *Gender & Society* 31, no. 6 (2017): 725–750.

65 Emilio J. Castilla, "Gender, Race, and Meritocracy in Organizational Careers," *American Journal of Sociology* 113, no. 6 (2008): 1479–1526.

66 Karen Lyness and Madeline Heilman, "When Fit Is Fundamental: Performance

Reactions to Men's and Women's Altruistic Citizenship Behavior," *Journal of Applied Psychology* 90, no. 3 (2005): 431–441.

43 Ibarra, Ely, and Kolb, "Women Rising."

44 Herminia Ibarra, Nancy M. Carter, and Christine Silva, "Why Men Still Get More Promotions Than Women," *Harvard Business Review*, September 2010, 80–126.

45 Rachel Thomas, Marianne Cooper, Ellen Konar, et al., *Women in the Workplace 2017*, https://womenintheworkplace.com/2017.

46 Francine D. Blau, Janet M. Currie, Rachel T. A. Croson, and Donna K. Ginther, "Can Mentoring Help Female Assistant Professors? Interim Results from a Randomized Trial," *American Economic Review* 100, no. 2 (2010): 348–352.

47 Jennifer L. Berdahl, Marianne Cooper, Peter Glick, Robert W. Livingston, and Joan C. Williams, "Work as a Masculinity Contest," *Journal of Social Issues* 74, no. 3 (2018): 422–448.

48 Amy J. C. Cuddy, Peter Glick, and Anna Beninger, "The Dynamics of Warmth and Competence Judgments, and Their Outcomes in Organizations," *Research in Organizational Behavior* 31 (2011): 73–98; Alice H. Eagly and Steven J. Karau, "Role Congruity Theory of Prejudice toward Female Leaders," *Psychological Review* 109, no. 3 (2002): 573–598.

49 Victoria L. Brescoll and Eric Luis Uhlmann, "Can an Angry Woman Get Ahead? Status Conferral, Gender, and Expression of Emotion in the Workplace," *Psychological Science* 19, no. 3 (2008): 268–275.

50 Victoria L. Brescoll, "Who Takes the Floor and Why: Gender, Power, and Volubility in Organizations," *Administrative Science Quarterly* 56, no. 4 (2011): 622–641.

51 David G. Smith, Judith E. Rosenstein, Margaret C. Nikolov, and Darby A. Chaney, "The Power of Language: Gender, Status, and Agency in Performance Evaluations," *Sex Roles* 80 (2019): 159–171.

52 Anne Morriss and Frances X. Frei, *Unleashed: The Unapologetic Leader's Guide to Empowering Everyone around You* (Boston: Harvard Business Review Press, 2020).

53 Martha Foschi, "Double Standards in the Evaluation of Men and Women," *Social Psychology Quarterly* 59, no. 3 (1996): 237–254.

54 Monica Biernat, M. J. Tocci, and Joan C. Williams, "The Language of Performance Evaluations: Gender-Based Shifts in Content and Consistency of Judgment," *Social Psychological and Personality Science* 3, no. 2 (2012): 186–192.

55 Paola Cecchi-Dimeglio, "How Gender Bias Corrupts Performance Reviews,

fortune.com/2019/12/10/goldman-sachs-removed-this-one-word-from-some-recruiting-materials-and-saw-female-hires-soar/.

31 Groysberg, *Chasing Stars*.

32 Louise Marie Roth, *Selling Women Short: Gender and Money on Wall Street* (Princeton, NJ: Princeton University Press, 2006).

33 Boris Groysberg and Deborah Bell, "Dysfunction in the Boardroom," *Harvard Business Review*, June 2013, 88–95.

34 Herminia Ibarra, "Homophily and Differential Returns: Sex Differences in Network Structure and Access in an Advertising Firm," *Administrative Science Quarterly* 37, no. 3 (1992): 422–447.

35 Alexandra Kalev, "Cracking the Glass Cages? Restructuring and Ascriptive Inequality at Work," *American Journal of Sociology* 114, no. 6 (2009): 1591–1643.

36 David A. Thomas, "The Truth about Mentoring Minorities: Race Matters," *Harvard Business Review,* April 1, 2001, 98–107; David A. Thomas and John J. Gabarro, *Breaking Through: The Making of Minority Executives in Corporate America* (Boston: Harvard Business School Press, 1999).

37 Irene E. De Pater, Annelies E. M. Van Vianen, and Myriam N. Bechtoldt, "Gender Differences in Job Challenge: A Matter of Task Allocation," *Gender, Work & Organization* 17, no. 4 (2010): 433–453.

38 Christine L. Nittrouer, Michelle R. Hebl, Leslie Ashburn-Nardo, Rachel C. E. Trump-Steele, David M. Lane, and Virginia Valian, "Gender Disparities in Colloquium Speakers at Top Universities," *Proceedings of the National Academy of Sciences* 115, no. 1 (2018): 104–108.

39 Eden B. King, Whitney Botsford, Michelle R. Hebl, Stephanie Kazama, Jeremy F. Dawson, and Andrew Perkins, "Benevolent Sexism at Work: Gender Differences in the Distribution of Challenging Developmental Experiences," *Journal of Management* 38, no. 6 (2012): 1835–1866.

40 Curtis K. Chan and Michel Anteby, "Task Segregation as a Mechanism for Within-Job Inequality: Women and Men of the Transportation Security Administration," *Administrative Science Quarterly* 61, no. 2 (2016): 184–216.

41 Linda Babcock, Maria P. Recalde, Lise Vesterlund, and Laurie Weingart, "Gender Differences in Accepting and Receiving Requests for Tasks with Low Promotability," *American Economic Review* 107, no. 3 (2017): 714–747.

42 Madeline E. Heilman and Julie J. Chen, "Same Behavior, Different Consequences:

20 Heather Sarsons, "Recognition for Group Work: Gender Differences in Academia," *American Economic Review* 107, no. 5 (2017): 141–145.

21 Katherine B. Coffman, Christine L. Exley, and Muriel Niederle, "The Role of Beliefs in Driving Gender Discrimination," Harvard Business School Working Paper No. 18-054, December 2017 (revised January 2020), https://www.hbs.edu/faculty/Pages/item.aspx?num=53686.

22 Shelley J. Correll, Stephen Benard, and In Paik, "Getting a Job: Is There a Motherhood Penalty?," *American Journal of Sociology* 112, no. 5 (2007): 1297–1338.

23 Lauren A. Rivera and András Tilcsik, "Class Advantage, Commitment Penalty: The Gendered Effect of Social Class Signals in an Elite Labor Market," *American Sociological Review* 81, no. 6 (2016): 1097–1131.

24 Boris Groysberg, *Chasing Stars: The Myth of Talent and the Portability of Performance* (Princeton, NJ: Princeton University Press, 2010); Ashish Nanda, Boris Groysberg, and Lauren Prusiner, "Lehman Brothers (A): Rise of the Equity Research Department," Harvard Business School Case 906-034, January 2006 (revised June 2008), https://www.hbs.edu/faculty/pages/item.aspx?num=32959.

25 Jordan Siegel, Mimi Xi, and Christopher Poliquin, "Baxter's Asia Pacific 'Talent Edge' Initiative," *Harvard Business Review*, October 21, 2010, https://store.hbr.org/product/baxter-s-asia-pacific-talent-edge-initiative/711408?sku=711408-PDF-ENG.

26 Iris Bohnet, Alexandra van Geen, and Max Bazerman, "When Performance Trumps Gender Bias: Joint vs. Separate Evaluation," *Management Science* 62, no. 5 (2016): 1225–1234.

27 Frank L. Schmidt and John E. Hunter, "The Validity and Utility of Selection Methods in Personnel Psychology: Practical and Theoretical Implications of 85 Years of Research Findings," *Psychological Bulletin* 124, no. 2 (1998): 262–274.

28 Stefanie K. Johnson and Jessica F. Kirk, "Dual-Anonymization Yields Promising Results for Reducing Gender Bias: A Naturalistic Field Experiment of Applications for Hubble Space Telescope Time," *Publications of the Astronomical Society of the Pacific* 132, no. 1009 (2020), https://iopscience.iop.org/article/10.1088/1538-3873/ab6ce0/pdf; Goldin and Rouse, "Orchestrating Impartiality."

29 Jeanna Smialek, "How the Fed Is Trying to Fix Its White Male Problem," *New York Times*, October 2, 2019, https://www.nytimes.com/2019/10/02/business/economy/federal-reserve-diversity-hiring.html.

30 Anne Sraders, "Goldman Sachs Removed This One Word from Some Recruiting Materials—and Saw Female Hires Soar," *Fortune*, December 11, 2019, https://

11 Marise Ph. Born and Toon W. Taris, "The Impact of the Wording of Employment Advertisements on Students' Inclination to Apply for a Job," *Journal of Social Psychology* 150, no. 5 (2010): 485–502.

12 Kieran Snyder, "Language in Your Job Post Predicts the Gender of Your Hire," Textio, June 22, 2016, https://textio.ai/gendered-language-in-your-job-post-predicts-the-gender-of-the-person-youll-hire-cd150452407d.

13 Katherine B. Coffman, Manuela Collis, and Leena Kulkarni, *Whether to Apply?*, Harvard Business School Working Paper, November 2019, https://www.hbs.edu/faculty/Pages/item.aspx?num=57230.

14 Lisa Abraham and Alison Stein, *Words Matter: Experimental Evidence from Job Applications*, Working paper, August 9, 2020, https://drive.google.com/file/d/1YKifRzy_kWuIIdB3MLS4VHht3okJa8pa/view.

15 Roberto M. Fernandez and Isabel Fernandez-Mateo, "Networks, Race, and Hiring," *American Sociological Review* 71, no. 1 (2006): 42–71; Roberto M. Fernandez and M. Lourdes Sosa, "Gendering the Job: Networks and Recruitment at a Call Center," *American Journal of Sociology* 111, no. 3 (2005): 859–904; Brian Rubineau and Roberto M. Fernandez, "Missing Links: Referrer Behavior and Job Segregation," *Management Science* 59, no. 11 (2013): 2470–2489.

16 Corinne A. Moss-Racusin, John F. Dovidio, Victoria L. Brescoll, Mark J. Graham, and Jo Handelsman, "Science Faculty's Subtle Gender Biases Favor Male Students," *Proceedings of the National Academy of Sciences* 109, no. 41 (2012): 16474–16479; András Tilcsik, "Pride and Prejudice: Employment Discrimination against Openly Gay Men in the United States," *American Journal of Sociology* 117, no. 2 (2011): 586–626; Marianne Bertrand and Sendhil Mullainathan, "Are Emily and Greg More Employable Than Lakisha and Jamal? A Field Experiment on Labor Market Discrimination," *American Economic Review* 94, no. 4 (2004): 991–1013; Claudia Goldin and Cecilia Rouse, "Orchestrating Impartiality: The Impact of 'Blind' Auditions on Female Musicians," *American Economic Review* 90, no. 4 (2000): 715–741.

17 Boris Groysberg and Katherine Connolly, "BlackRock: Diversity as a Driver for Success," Harvard Business School Case 415-047, February 2015, https://www.hbs.edu/faculty/Pages/item.aspx?num=48640.

18 Isabelle Régner, Catherine Thinus-Blanc, Agnès Netter, Toni Schmader, and Pascal Huguet, "Committees with Implicit Biases Promote Fewer Women When They Do Not Believe Gender Bias Exists," *Nature Human Behaviour* 3 (2019): 1171–1179.

19 Eric Luis Uhlmann and Geoffrey L. Cohen, "Constructed Criteria: Redefining Merit to Justify Discrimination," *Psychological Science* 16, no. 6 (2005): 474–480.

aboutthebbc/reports/reports/5050-april-2020.pdf.

58 同上。

第5章

1 Boris Groysberg and Katherine Connolly, "JPMorgan Chase: Tapping an Overlooked Talent Pool," Harvard Business School Case 415-066, March 2015 (revised May 2018), https://www.hbs.edu/faculty/pages/item.aspx?num=48876.

2 J. Yo-Jud Cheng and Boris Groysberg, "Innovation Should Be a Top Priority for Boards. So Why Isn't It?," *Harvard Business Review*, September 21, 2018, https://hbr.org/2018/09/innovation-should-be-a-top-priority-for-boards-so-why-isnt-it.

3 Tina Lee and Julie Sweet, *Advancing Women as Leaders in the Private Sector*, Canada–United States Council for Advancement of Women Entrepreneurs & Business Leaders, 2018, https://advancingwomeninbusiness.com/wp-content/uploads/2018/10/Advancing-women-as-leaders-in-the-private-sector_report.pdf.

4 Sheryl Estrada, "Leaders Say Gender Equity Is Important, but Less Than 50% Have Multi-year Strategy," HR Dive, March 9, 2020, https://www.hrdive.com/news/leaders-say-gender-equity-is-important-but-less-than-50-have-multi-year-s-1/573741/.

5 Herminia Ibarra, Robin J. Ely, and Deborah M. Kolb, "Women Rising: The Unseen Barriers," *Harvard Business Review*, September 2013, 60–67.

6 Miller McPherson, Lynn Smith-Lovin, and James M. Cook, "Birds of a Feather: Homophily in Social Networks," *Annual Review of Sociology* 27(2001): 415–444.

7 Paul A. Gompers, Kevin Huang, and Sophie Calder-Wang, *Homophily in Entrepreneurial Team Formation*, Harvard Business School Working Paper, May 24, 2017, https://ssrn.com/abstract=2973329.

8 Matt L. Huffman and Lisa Torres, "It's Not Only 'Who You Know' That Matters: Gender, Personal Contacts, and Job Lead Quality," *Gender & Society* 16, no. 6 (2002): 793–813.

9 LinkedIn Talent Solutions, "LinkedIn's Former Head of Global Solutions on Hiring Diverse Teams," YouTube, January 31, 2019, https://www.youtube.com/watch?v=mUpogdpzaqM&feature=youtu.be.

10 Danielle Gaucher, Justin Friesen, and Aaron C. Kay, "Evidence That Gendered Wording in Job Advertisements Exists and Sustains Gender Inequality," *Journal of Personality and Social Psychology* 101, no. 1 (2011): 109–128.

46 Scheiber, "Couple's Suit over Parental Leave Is New Challenge to Big Law Firm."

47 Brad Harrington, Fred Van Deusen, Jennifer Sabatini Fraone, and Samantha Eddy, *The New Dad: Take Your Leave*, Boston College Center for Work & Family, 2014, https://www.fatherhood.gov/sites/default/files/resource_files/e000003047.pdf.

48 Jennifer Petriglieri, *Couples That Work: How Dual-Career Couples Can Thrive in Love and Work* (Boston: Harvard Business Review Press, 2019).［ジェニファー・ペトリリエリ著『デュアルキャリア・カップル――仕事と人生の３つの転換期を対話で乗り越える』（英治出版、2022年）］

49 Alexis Ohanian, "Alexis Ohanian: Paternity Leave Was Crucial after the Birth of My Child, and Every Father Deserves It," *New York Times*, April 15, 2020, https://parenting.nytimes.com/work-money/alexis-ohanian-paternity-leave.

50 Yoon Min-sik, "Korean Fathers Can Get Longest Paid Leave in OECD," *Korea Herald*, December 2, 2015, https://www.koreaherald.com/view.php?ud=20151202001017.

51 Ben Waber, "Why I Require New Fathers Who Work for Me to Take Paternity Leave," *Quartz*, May 22, 2018, https://qz.com/work/1284912/paid-parental-leave-why-i-require-new-fathers-who-work-for-me-to-take-it/.

52 John West, "Japan Is a Poor Performer on Gender Equality. Can the 'Womenomics' Initiative Help?," Brink, August 1, 2019, https://www.brinknews.com/japan-is-a-poor-performer-on-gender-equality-can-the-womenomics-initiative-help/; Brook Larmer, "Why Does Japan Make It So Hard for Working Women to Succeed?," *New York Times*, October 17, 2018, https://www.nytimes.com/2018/10/17/magazine/why-does-japan-make-it-so-hard-for-working-women-to-succeed.html.

53 Mokoto Rich, "Japan's Working Mothers: Record Responsibilities, Little Help from Dads," *New York Times*, February 2, 2019, https://www.nytimes.com/2019/02/02/world/asia/japan-working-mothers.html.

54 Mokoto Rich, "A Japanese Politician Is Taking Paternity Leave. It's a Big Deal," *New York Times*, January 15, 2020, https://www.nytimes.com/2020/01/15/world/asia/japan-koizumi-paternity-leave.html.

55 ロズ・アトキンスの略歴は以下に基づく。Siri Chilazi, Aneeta Rattan, and Oriane Georgeac, "Ros Atkins and the 50:50 Project at the BBC (A)," London Business School Case Study 20-010, March 2020.

56 *50:50 Project, Impact Report 2019*, http://downloads.bbc.co.uk/aboutthebbc/reports/reports/5050-may-2019.pdf.

57 *50:50: The Equality Project, Impact Report 2020*, http://downloads.bbc.co.uk/

Street Rule for the #MeToo Era: Avoid Women at All Cost," Bloomberg, December 3, 2018, https://www.bloomberg.com/news/articles/2018-12-03/a-wall-street-rule-for-the-metoo-era-avoid-women-at-all-cost.

38 Promundo-US, *So, You Want to Be a Male Ally for Gender Equality (and You Should): Results from a National Survey, and a Few Things You Should Know*, 2019, https://www.equimundo.org/resources/male-allyship/.

39 Chio Verastegui, Freek Jorna, Jenny Boddington, and Sue Morphet, "Better Together: Increasing Male Engagement in Gender Equality Efforts in Australia," Bain & Company, March 19, 2019, https://www.bain.com/insights/better-together-increasing-male-engagement-in-gender-equality-efforts-in-australia/.

40 Emily Shaffer, Negin Sattari, and Alixandra Pollack, *Interrupting Sexism at Work: How Men Respond in a Climate of Silence*, Catalyst, 2020, https://www.catalyst.org/research/interrupting-sexism-silence/.

41 Mary King, Malin Ortenblad, and Jamie J. Ladge, "What Will It Take to Make Finance More Gender-Balanced?," *Harvard Business Review*, December 10, 2018, https://hbr.org/2018/12/what-will-it-take-to-make-finance-more-gender-balanced; Katie Abouzahr, Jennifer Garcia-Alonso, Matt Krentz, Michael Tan, and Frances Brooks Taplett, "How Millennial Men Can Help Break the Glass Ceiling," Boston Consulting Group, November 01, 2017, https://www.bcg.com/en-us/publications/2017/people-organization-behavior-culture-how-millennial-men-can-help-break-glass-ceiling.aspx.

42 Robin J. Ely, Pamela Stone, Laurie Shannon, and Colleen Ammerman, *Life & Leadership after HBS*, Harvard Business School, 2015, https://www.hbs.edu/gender/faculty-research/life-and-leadership-after-hbs/Pages/default.aspx.

43 Valentin Bolotnyy and Natalia Emanuel, "Why Do Women Earn Less Than Men? Evidence from Bus and Train Operators," Working paper, Harvard University, July 5, 2019, https://scholar.harvard.edu/bolotnyy/publications/why-do-women-earn-less-men-evidence-bus-and-train-operators-job-market-paper.

44 Anne-Marie Slaughter, *Unfinished Business: Women Men Work Family* (New York: Random House, 2015)〔アン＝マリー・スローター著『仕事と家庭は両立できない？――「女性が輝く社会」のウソとホント』（NTT出版、2017年）〕; Lisa Belkin, "Huggies Pulls Ads after Insulting Dads," *HuffPost*, March 12, 2012, https://www.huffpost.com/entry/huggies-pulls-diaper-ads_b_1339074?guccounter=1.

45 Gretchen Livingston and Kim Parker, "8 Facts about American Dads," Pew Research Center, June 12, 2019, https://www.pewresearch.org/fact-tank/2019/06/12/fathers-day-facts/.

27 Diana C. Mutz, "Status Threat, Not Economic Hardship, Explains the 2016 Presidential Vote," *Proceedings of the National Academy of Sciences* 115, no. 19 (2018): E4330–E4339; Robert Schrank, "Two Women, Three Men on a Raft," *Harvard Business Review*, May–June 1994, 68–76.

28 Juliana Menasce Horowitz and Ruth Igielnik, "A Century after Women Gained the Right to Vote, Majority of Americans See Work to Do on Gender Equality," Pew Research Center, July 7, 2020, https://www.pewsocialtrends.org/2020/07/07/a-century-after-women-gained-the-right-to-vote-majority-of-americans-see-work-to-do-on-gender-equality/.

29 "The WSA and Manbassadors Team Up to Survey Student Views on Gender Inequity," *The Harbus*, March 6, 2019, http://www.harbus.org/2019/the-wsa-and-manbassadors-team-up-to-survey-student-views-on-gender-inequity/.

30 Robin J. Ely, Pamela Stone, Laurie Shannon, and Colleen Ammerman, *Life & Leadership after HBS*, Harvard Business School, May 2015, https://www.hbs.edu/gender/faculty-research/life-and-leadership-after-hbs/Pages/default.aspx.

31 Elad N. Sherf, Subrahmaniam Tangirala, and Katy Connealy Weber, "It Is Not My Place! Psychological Standing and Men's Voice and Participation in Gender-Parity Initiatives," *Organization Science* 28, no. 2 (2017): 193–210.

32 Adam M. Grant, "Why So Many Men Don't Stand Up for Their Female Colleagues," *The Atlantic*, April 29, 2014, https://www.theatlantic.com/business/archive/2014/04/why-men-dont-stand-up-for-women-to-lead/361231/.

33 W. Brad Johnson and David G. Smith, "How Men Can Become Better Allies to Women," *Harvard Business Review*, October 12, 2018, https://hbr.org/2018/10/how-men-can-become-better-allies-to-women.

34 Jeanine Prime and Corinne A. Moss-Racusin, *Engaging Men in Gender Initiatives: What Change Agents Need to Know*, Catalyst, 2009, https://www.catalyst.org/research/engaging-men-in-gender-initiatives-what-change-agents-need-to-know/.

35 Boris Groysberg and Katherine Connolly, "Great Leaders Who Make the Mix Work," *Harvard Business Review*, September 2013, 68–76.

36 Paul A. Gompers, Vladimir Mukharlyamov, Emily Weisburst, and Yuhai Xuan, "Gender Gaps in Venture Capital Performance," SSRN, June 4, 2014, https://papers.ssrn.com/sol3/papers.cfm?abstract_id=2445497; Paul Gompers and Silpa Kovvali, "The Other Diversity Dividend," *Harvard Business Review*, July–August 2018, 72-77.［ポール・ゴンパース、シルパ・コバリ著「ダイバーシティは明らかに収益に貢献する」『DIAMONDハーバード・ビジネス・レビュー』2019年4月号］

37 Bennhold, "Another Side of #MeToo"; Gillian Tan and Katia Porzecanski, "Wall

shift-on-paid-leave-dads-sue-too.html.

16 Isabella Jibilian and Kate Taylor, "SoulCycle's Ex-CEO Said 'Paternity Leave Is for Pussies,' a New Lawsuit Filed by an Exec Who Was Fired 32 Days after Giving Birth Alleges," *Business Insider*, August 12, 2020, https://www.businessinsider.com/soulcycle-fired-pregnancy-discrimination-exec-lawsuit-2020-8.

17 Michelle Obama, *Becoming* (New York: Crown, 2018).［ミシェル・オバマ著『マイ・ストーリー』（集英社、2019年）］

18 Max Abelson and Rebecca Greenfield, "Wall Street Dads Find Parental Leave Easier to Get Than to Take," Bloomberg, June 13, 2019, https://www.bloomberg.com/news/articles/2019-06-13/wall-street-dads-find-parental-leave-easier-to-get-than-to-take.

19 "Parental Leave Survey," Deloitte, 2016, https://www2.deloitte.com/content/dam/Deloitte/us/Documents/about-deloitte/us-about-deloitte-paternal-leave-survey.pdf.

20 Sarah Thébaud and David S. Pedulla, "Masculinity and the Stalled Revolution: How Gender Ideologies and Norms Shape Young Men's Responses to Work–Family Policies," *Gender & Society* 30, no. 4 (2016): 590–617.

21 Michelle Peluso, Carolyn Heller Baird, and Lynn Kesterson-Townes, *Women, Leadership, and the Priority Paradox*, IBM, 2019, https://www.ibm.com/thought-leadership/institute-business-value/report/womeninleadership.

22 Rachel Thomas, Marianne Cooper, Ellen Konar, et al., *Women in the Workplace 2017*, https://womenintheworkplace.com/2017.

23 Hannah Fingerhut, "In Both Parties, Men and Women Differ over Whether Women Still Face Obstacles to Progress," FACTANK: News in the Numbers, August 16, 2016, https://www.pewresearch.org/fact-tank/2016/08/16/in-both-parties-men-and-women-differ-over-whether-women-still-face-obstacles-to-progress/.

24 Jillesa Gebhardt, "On Equal Pay Day 2019, Lack of Awareness Persists," SurveyMonkey, https://www.surveymonkey.com/curiosity/equal-pay-day-2019/#.

25 Ellen Wulfhorst, "Men Still Don't Grasp the Depth of Gender Inequality at Work," *HuffPost*, August 13, 2020, https://www.huffpost.com/entry/gender-inequality-work-politics_l_5f353430c5b6fc009a62674a.

26 William J. Scarborough, Danny L. Lambouths III, and Allyson L. Holbrook, "Support of Workplace Diversity Policies: The Role of Race, Gender, and Beliefs about Inequality," *Social Science Research* 79 (2019): 194–210.

Society of Women Engineers Magazine, April 11, 2019.

6 L. Morrow, S. Allis, J. F. Stacks, and B. B. Dolan, "Why Not a Woman?," *Time* 123, no. 23 (1984): 20.

7 Pam Belluck, "N.I.H. Head Calls for End to All-Male Panels of Scientists," *New York Times*, June 12, 2019, https://www.nytimes.com/2019/06/12/health/collins-male-science-panels.html.

8 David R. Hekman, Stefanie K. Johnson, Maw-Der Foo, and Wei Yang, "Does Diversity-Valuing Behavior Result in Diminished Performance Ratings for Non-White and Female Leaders?," *Academy of Management Journal* 60, no. 2 (April 2017): 771–797; Sarah J. Gervais and Amy L. Hillard, "Confronting Sexism as Persuasion: Effects of a Confrontation's Recipient, Source, Message, and Context," *Journal of Social Issues* 70, no. 4 (2014): 653–667; Benjamin J. Drury and Cheryl R. Kaiser, "Allies against Sexism: The Role of Men in Confronting Sexism," *Journal of Social Issues* 70, no. 4 (2014): 637–652; Alexander M. Czopp and Margo J. Monteith, "Confronting Prejudice (Literally): Reactions to Confrontations of Racial and Gender Bias," *Personality and Social Psychology Bulletin* 29, no. 4 (2003): 532–544.

9. David M. Mayer, "How Men Get Penalized for Straying from Masculine Norms," *Harvard Business Review*, October 8, 2018, https://hbr.org/2018/10/how-men-get-penalized-for-straying-from-masculine-norms.

10 Michael S. Kimmel, "What Do Men Want?," *Harvard Business Review*, November-December 1993, 50–63.

11 Claire Cain Miller, "Millennial Men Aren't the Dads They Thought They'd Be," *New York Times*, July 30, 2015, https://www.nytimes.com/2015/07/31/upshot/millennial-men-find-work-and-family-hard-to-balance.html.

12 Jeff Green, "Dads Say They Deserve Parental Leave but Only in Theory," Bloomberg, April 18, 2018, https://www.bloomberg.com/news/articles/2018-04-18/dads-say-they-deserve-parental-leave-even-if-they-don-t-take-it.

13 Emily Peck, "Big Bank Settles Claims That It Discriminated against Men," *HuffPost*, May 30, 2019, https://www.huffpost.com/entry/jpmorgan-chase-parental-leave-discrimination_n_5ceec71ce4b0888f89d06ab8?ncid=engmodushpmg00000004&guccounter=1.

14 Noam Scheiber, "Couple's Suit over Parental Leave Is New Challenge to Big Law Firm," *New York Times*, August 14, 2019, https://www.nytimes.com/2019/08/14/business/economy/jones-day-lawsuit.html.

15 Noam Scheiber, "Attitudes Shift on Paid Leave: Dads Sue, Too," *New York Times*, September 15, 2015, https://www.nytimes.com/2015/09/16/business/attitudes-

55 Heidrick & Struggles, *Board Monitor*.

56 "Women on Boards: A Course Becomes a Movement," HBS Alumni Stories, June 5, 2017, https://www.alumni.hbs.edu/stories/Pages/story-bulletin.aspx?num=6265.

57 "The Data on Women Leaders," Pew Research Center, 2018, https://www.pewsocialtrends.org/fact-sheet/the-data-on-women-leaders/.

58 "Susan Schiffer Stautberg '67 Remarks," Wheaton College, May 20, 2017, https://wheatoncollege.edu/commencement/past-commencements/commencement-2017-archive/honorary-degrees-2017/susan-schiffer-stautberg-67-remarks/.

第4章

1 Taffy Brodesser-Akner, "The Company That Sells Love to America Had a Dark Secret," *New York Times Magazine*, April 23, 2019, https://www.nytimes.com/2019/04/23/magazine/kay-jewelry-sexual-harassment.html; Jenny Singer, "Here Are All the Famous Men Who Have Tried to Come Back from #MeToo," *Forward*, April 25, 2019, https://forward.com/schmooze/420038/here-are-all-the-famous-men-who-have-tried-to-come-back-from-metoo/.

2 Jena McGregor, "How #MeToo Is Reshaping Employment Contracts for Executives," *The Washington Post*, October 31, 2018, https://www.washingtonpost.com/business/2018/10/31/how-metoo-is-reshaping-employment-contracts-executives/?utm_term=.5f9a6d3da7f1; Aliya Ram, "Tech Investors Include #MeToo Clauses in Start-up Deals," *Financial Times*, March 18, 2019, https://www.ft.com/content/5d4ef400-4732-11e9-b168-96a37d002cd3.

3 Katrin Bennhold, "Another Side of #MeToo: Male Managers Fearful of Mentoring Women," *New York Times*, January 27, 2019, https://www.nytimes.com/2019/01/27/world/europe/metoo-backlash-gender-equality-davos-men.html; Victoria Brescoll, *Has #MeToo Unintentionally Increased Male Managers' Fear of Mentoring & Interacting with Female Colleagues?*, presented at the Harvard Business School Gender & Work Symposium, Boston, MA, 2019, https://www.hbs.edu/about/video.aspx?v=1_0cnfry9u; Sheryl Sandberg and Marc Pritchard, "The Number of Men Who Are Uncomfortable Mentoring Women Is Growing," *Fortune*, May 17, 2019, https://fortune.com/2019/05/17/sheryl-sandberg-lean-in-me-too/.

4 Elizabeth R. Johnson, *Life and Leadership after HBS: Sexual Harassment Experiences and Beliefs*, presented at the Harvard Business School Gender & Work Symposium, Boston, MA, 2019, https://www.hbs.edu/about/video.aspx?v=1_w8fm8m1b.

5 Roberta Rincon, "The Importance of Men as Allies: A Review of the Literature,"

44 Sir John Parker and the Parker Review Committee, *Ethnic Diversity Enriching Business Leadership: An Update Report from the Parker Review*, February 5, 2020, https://assets.ey.com/content/dam/ey-sites/ey-com/en_uk/news/2020/02/ey-parker-review-2020-report-final.pdf.

45 PricewaterhouseCoopers, *The Evolving Boardroom: Signs of Change*, 2018, https://www.pwc.com/us/en/governance-insights-center/annual-corporate-directors-survey/assets/pwc-annual-corporate-directors-survey-2018.pdf.

46 Hugh Son, "Goldman Won't Take Companies Public without 'At Least One Diverse Board Candidate,' CEO Says," CNBC, January 23, 2020, https://www.cnbc.com/2020/01/23/goldman-wont-take-companies-public-that-dont-have-at-least-one-diverse-board-candidate-ceo-says.html.

47 Michelle Chapman and Stan Choe, "Nasdaq Seeks Mandatory Board Diversity for Listed Companies," Associated Press, December 2, 2020, https://apnews.com/article/business-board-of-directors-38bceb1f1579518b5b1d97df5b029569.

48 M. J. Anderson, "Investors Back Proposal Targeting C-Suite Diversity," *Agenda*, 2019, http://www.agendaweek.com/.

49 Jason Del Rey, "Amazon Employees Are Outraged by Their Company's Opposition to a Plan to Add More Diversity to Its Board," Vox, May 8, 2018, https://www.vox.com/2018/5/8/17328466/amazon-jeff-bezos-board-diversity-proposal-shareholder-vote; Jason Del Rey, "Amazon Will Adopt a 'Rooney Rule' to Increase Board Diversity after Its Initial Opposition Sparked Employee Outrage," Vox, May 14, 2018, https://www.vox.com/2018/5/14/17353626/amazon-rooney-rule-board-diversity-reversal-shareholder-proposal.

50 Heidrick & Struggles, *Board Monitor: US 2019*, May 28, 2019, https://www.heidrick.com/-/media/heidrickcom/publications-and-reports/board_monitor_us_2019.pdf.

51 Amanda Gerut, "From One Woman to Three—Networks Expand as Women Join Boards," *Agenda*, 2020, https://www.agendaweek.com/c/2863703/355523/from_woman_three_networks_expand_women_join_boards.

52 Anne Steele, "California Rolls Out Diversity Quotas for Corporate Boards," *Wall Street Journal*, October 1, 2020, https://www.wsj.com/articles/california-rolls-out-diversity-quotas-for-corporate-boards-11601507471.

53 Boris Groysberg, Yo-Jud Cheng and Deborah Bell, *2016 Global Board of Directors Survey*, Spencer Stuart, 2016, https://www.spencerstuart.com/-/media/pdf%20files/research%20and%20insight%20pdfs/wcd-board-survey-2016_041416.pdf.

54 Groysberg and Bell, "Dysfunction in the Boardroom."

(2008): 145–164.

36 Paul Shukovsky, "Washington State Mandates Gender Diversity on Corporate Boards," Bloomberg Law, March 6, 2020, https://news.bloomberglaw.com/business-and-practice/washington-state-mandates-gender-diversity-on-corporate-boards.

37 Jennifer Rankin, "EU Revives Plans for Mandatory Quotas of Women on Company Boards," *The Guardian*, March 5, 2020, https://www.theguardian.com/world/2020/mar/05/eu-revives-plans-for-mandatory-quotas-of-women-on-company-boards.

38 Ruth Mateos de Cabo, Siri Terjesen, Lorenzo Escot, and Ricardo Gimeno, "Do 'Soft Law' Board Gender Quotas Work? Evidence from a Natural Experiment," *European Management Journal* 37, no. 5 (2019): 611–624; Siri Terjesen, Ruth V. Aguilera, and Ruth Lorenz, "Legislating a Woman's Seat on the Board: Institutional Factors Driving Gender Quotas for Boards of Directors," Journal of Business Ethics 128, no. 2 (2015): 233–251.

39 John Beshears, Iris Bohnet, and Jenny Sanford, "Increasing Gender Diversity in the Boardroom: The United Kingdom in 2011 (A)," Harvard Business School Case 918-006, October 2017 (revised July 2019).

40 D. Thomas, "Top UK Groups Reach Board Gender Target but Smaller Companies Trail," *Financial Times*, February 8, 2020, https://www.ft.com/content/47d7cba0-49b2-11ea-aeb3-955839e06441.

41 Corilyn Shropshire, "Illinois Bill Requiring Minorities on Corporate Boards 'Gutted'; Lawmakers Pass Version Calling for Disclosure, Report Card," *Chicago Tribune*, June 4, 2019, https://www.chicagotribune.com/business/ct-biz-corporate-diversity-bill-passed-gutted-20190603-story.html.

42 Victor E. Sojo, Robert E. Wood, Sally A. Wood, and Melissa A. Wheeler, "Reporting Requirements, Targets, and Quotas for Women in Leadership," *Leadership Quarterly* 27, no. 3 (2016): 519–536.

43 Marta Geletkanycz, Cynthia E. Clark, and Patricia Gabaldon, "Research: When Boards Broaden Their Definition of Diversity, Women and People of Color Lose Out," *Harvard Business Review*, October 3, 2018, https://hbr.org/2018/10/research-when-boards-broaden-their-definition-of-diversity-women-and-people-of-color-lose-out; Aaron A. Dhir, "Diversity in the Boardroom: A Content Analysis of Corporate Proxy Disclosures," *Pace International Law Review* 26, no. 1 (2014): 6–12; Christiane Schwieren, "The Gender Wage Gap—Due to Differences in Efficiency Wage Effects or Discrimination?," Maastricht University, Maastricht Research School of Economics of Technology and Organization (METEOR), January 1, 2003.

Uparna, "Diversity as Knowledge Exchange: The Roles of Information Processing, Expertise, and Status," in *The Oxford Handbook of Diversity and Work*, ed. Quinetta M. Roberson (Oxford: Oxford University Press, 2013), 157–178; Daan van Knippenberg and Michaéla C. Schippers, "Work Group Diversity," *Annual Review of Psychology* 58, no. 1 (2007): 515–541.

26 Robin J. Ely, Irene Padavic, and David A. Thomas, "Racial Diversity, Racial Asymmetries, and Team Learning Environment: Effects on Performance," *Organization Studies* 33, no. 3 (2012): 341–362; Robin J. Ely and David A. Thomas, "Cultural Diversity at Work: The Effects of Diversity Perspectives on Work Group Processes and Outcomes," *Administrative Science Quarterly* 46, no. 2 (2001): 229–273.

27 "La vie en rose," *The Economist*, May 6, 2010, https://www.economist.com/business/2010/05/06/la-vie-en-rose.

28 Tonello, "Corporate Board Practices in the Russell 3000 and S&P 500."

29 Ross Kerber, "Women's Share of U.S. Corporate Board Seats Rises, but Not Top Roles: Study," Reuters, February 3, 2020, https://www.reuters.com/article/us-usadirectors-women/womens-share-of-us-corporate-board-seats-rises-but-not-top-roles-study-idUSKBN1ZX1K3.

30 Laura Casares Field, Matthew E. Souther, and Adam S. Yore, "At the Table but Can't Break through the Glass Ceiling: Board Leadership Positions Elude Diverse Directors," *Journal of Financial Economics* (forthcoming, last revised October 7, 2019), 2nd Annual Financial Institutions, Regulation and Corporate Governance Conference, http://dx.doi.org/10.2139/ssrn.2810543.

31 同上。

32 Boris Groysberg and Deborah Bell, "Dysfunction in the Boardroom," *Harvard Business Review*, June 2013, 88–95.

33 Andy Logan and Brendan Gill, "For Love," *New Yorker*, April 16, 1954.

34 Stefanie K. Johnson, David R. Hekman, and Elsa T. Chan, "If There's Only One Woman in Your Candidate Pool, There's Statistically No Chance She'll Be Hired," *Harvard Business Review*, April 26, 2016, https://hbr.org/2016/04/if-theres-only-one-woman-in-your-candidate-pool-theres-statistically-no-chance-shell-be-hired; Larissa Myaskovsky, Emily Unikel, and Mary Amanda Dew, "Effects of Gender Diversity on Performance and Interpersonal Behavior in Small Work Groups," *Sex Roles* 52, nos. 9–10 (2005): 645–657.

35 Alison M. Konrad, Vicki Kramer, and Sumru Erkut, "Critical Mass: The Impact of Three or More Women on Corporate Boards," *Organizational Dynamics* 37, no. 2

Women," CNN, March 6, 2020, https://www.cnn.com/2020/03/04/perspectives/warren-buffett-annual-letter-corporate-governance/.

20 Ethan Wolff-Mann, "Buffett Rejects Diversity Measure for Berkshire, but Throws Support behind Its Goal," *Yahoo! Finance*, May 3, 2020, https://finance.yahoo.com/news/buffett-rejects-diversity-measure-but-throws-support-behind-its-goal-001730183.html.

21 Anja Kirsch, "The Gender Composition of Corporate Boards: A Review and Research Agenda," *Leadership Quarterly* 29, no. 2 (2018): 346–364; Renée B. Adams, "Women on Boards: The Superheroes of Tomorrow?," *Leadership Quarterly* 27, no. 3 (2016): 371–386; Alice H. Eagly, "When Passionate Advocates Meet Research on Diversity, Does the Honest Broker Stand a Chance?," *Journal of Social Issues* 72, no. 1 (2016): 199–222; David A. Carter, Frank D'Souza, Betty J. Simkins, and W. Gary Simpson, "The Gender and Ethnic Diversity of US Boards and Board Committees and Firm Financial Performance," *Corporate Governance: An International Review* 18, no. 5 (2010): 396–414; Deborah Rhode and Amanda K. Packel, "Diversity on Corporate Boards: How Much Difference Does Difference Make?," *Delaware Journal of Corporate Law* 39, no. 2 (2014): 377–426.

22 Kimberly D. Krawiec, John M. Conley, and Lissa L. Broome, "A Difficult Conversation: Corporate Directors on Race and Gender," *Pace International Law Review* 26, no. 1 (2014): 13–22.

23 Anita Williams Woolley, Christopher F. Chabris, Alex Pentland, Nada Hashmi, and Thomas W. Malone, "Evidence for a Collective Intelligence Factor in the Performance of Human Groups," *Science* 330, no. 6004 (2010): 686–688; Clint A. Bowers, James A. Pharmer, and Eduardo Salas, "When Member Homogeneity Is Needed in Work Teams: A Meta-Analysis," *Small Group Research* 31, no. 3 (2000): 305–327.

24 Cristian L. Dezsö and David Gaddis Ross, "Does Female Representation in Top Management Improve Firm Performance? A Panel Data Investigation," *Strategic Management Journal* 33, no. 9 (2012): 1072–1089.

25 Ye Dai, Gukdo Byun, and Fangsheng Ding, "The Direct and Indirect Impact of Gender Diversity in New Venture Teams on Innovation Performance," *Entrepreneurship Theory and Practice* 43, no. 3 (2019): 505–528; Sarah E. Gaither, Evan P. Apfelbaum, Hannah J. Birnbaum, Laura G. Babbitt, and Samuel R. Sommers, "Mere Membership in Racially Diverse Groups Reduces Conformity," *Social Psychological and Personality Science* 9, no. 4 (2018): 402–410; Katherine W. Phillips, "How Diversity Makes Us Smarter," *Scientific American*, October 1, 2014, https://www.scientificamerican.com/article/how-diversity-makes-us-smarter; Katherine W. Phillips, Michelle Duguid, Melissa Thomas-Hunt, and Jayaram

That Put Women on Their Boards," *Harvard Business Review*, November 25, 2019, https://hbr.org/2019/11/why-investors-react-negatively-to-companies-that-put-women-on-their-boards.［イザベル・ソラル、カイサ・スネルマン著「投資家はなぜ、女性取締役の登用を歓迎しないのか」https://dhbr.diamond.jp/articles/-/6413］

12 Marianne Bertrand, Sandra E. Black, Sissel Jensen, and Adriana Lleras-Muney, "Breaking the Glass Ceiling? The Effect of Board Quotas on Female Labor Market Outcomes in Norway," National Bureau of Economic Research, June 2014 (revised July 2017), https://www.nber.org/papers/w20256.pdf.

13 Lauren Rivera, Ann Shepherd, and Gené Teare, "Research: Gender Diversity on Start-Up Boards Is Worse Than You Think," *Harvard Business Review*, December 11, 2019, https://hbr.org/2019/12/research-gender-diversity-on-start-up-boards-is-worse-than-you-think.［ローレン・リベラ、アン・シェパード、ジェネ・ティア著「スタートアップで女性取締役が想像以上に少ない理由」https://dhbr.diamond.jp/articles/-/6450］

14 Department for Business, Energy, & Industrial Strategy and Andrew Griffiths, "Revealed: The Worst Explanations for Not Appointing Women to FTSE Company Boards" [Press release], GOV.UK, May 13, 2018, https://www.gov.uk/government/news/revealed-the-worst-explanations-for-not-appointing-women-to-ftse-company-boards.

15 Matteo Tonello, "Corporate Board Practices in the Russell 3000 and S&P 500: 2019 Edition," The Conference Board, https://www.conference-board.org/topics/board-practices-compensation/Corporate-Board-Practices-2019.

16 Patrick Durkin, "Gender Diversity Claims Undermined as Eight Women Dominate Top Boards," *Australian Financial Review*, February 3, 2019, https://www.afr.com/leadership/gender-diversity-claims-undermined-as-eight-women-dominate-top-boards-20190201-h1aqay.

17 Edward H. Chang, Katherine L. Milkman, Dolly Chugh, and Modupe Akinola, "Diversity Thresholds: How Social Norms, Visibility, and Scrutiny Relate to Group Composition," *Academy of Management Journal* 62, no. 1 (2019): 144–171.

18 Marion Hutchinson, Janet Mack, and Kevin Plastow, "Who Selects the 'Right' Directors? An Examination of the Association between Board Selection, Gender Diversity and Outcomes," *Accounting & Finance* 55, no. 4 (2015): 1071–1103; Szymon Kaczmarek, Satomi Kimino, and Annie Pye, "Antecedents of Board Composition: The Role of Nomination Committees," *Corporate Governance: An International Review* 20, no. 5 (2012): 474–489.

19 Rosabeth Moss Kanter, "Warren Buffett Has the Right Answer to Crony Capitalism:

トマス著「彼女たちはなぜキャリアで成功できたのか」『DIAMOND ハーバード・ビジネス・レビュー』2018年12月号]

第3章

1 Olga Emelianova and Christina Milhomem, *Women on Boards: 2019 Progress Report*, MSCI, December 2019, https://equileap.com/wp-content/uploads/2020/01/MSCIs-Women-on-Boards-2019-Progress-Report.pdf.

2 James Thorne, "Moves to Lift Board Diversity Highlight Inaction among Private Companies," Pitchbook, February 28, 2020, https://pitchbook.com/news/articles/moves-to-lift-board-diversity-highlight-inaction-among-private-companies.

3 Deloitte and the Alliance for Board Diversity, *Missing Pieces Report: The 2018 Board Diversity Census of Women and Minorities on Fortune 500 Boards*, https://www2.deloitte.com/us/en/pages/center-for-board-effectiveness/articles/missing-pieces-fortune-500-board-diversity-study-2018.html.

4 Daniel Thomas, "Company Boards Pressed to Improve Ethnic Minority Representation," *Financial Times*, July 1, 2020, https://www.ft.com/content/022b3540-39ca-4f47-b409-5a15cca6d2aa.

5 Emma Hinchliffe, "GM's Board Will Have More Women Than Men. It's Not the Only One," *Fortune*, May 20, 2019, http://fortune.com/2019/05/20/women-boards-fortune-500-2019/.

6 Anja Kirsch, "The Gender Composition of Corporate Boards: A Review and Research Agenda," *Leadership Quarterly* 29, no. 2 (2018): 346–364.

7 PricewaterhouseCoopers, *The Collegiality Conundrum: Finding Balance in the Boardroom: PwC's 2019 Annual Corporate Directors Survey*, https://www.pwc.com/us/en/services/governance-insights-center/assets/pwc-2019-annual-corporate-directors-survey-full-report-v2.pdf.pdf.

8 PricewaterhouseCoopers, *Turning Crisis into Opportunity: PwC's 2020 Annual Corporate Directors Survey*, https://www.pwc.com/us/en/services/governance-insights-center/assets/pwc-2020-annual-corporate-directors-survey.pdf.

9 Amanda Gerut, "Appointments of Black Board Members Skyrocket," *Agenda*, November 6, 2020, https://www.agendaweek.com/c/2951303/368723/appointments_black_board_members_skyrocket.

10 PricewaterhouseCoopers, *The Collegiality Conundrum*.

11 Isabelle Solal and Kaisa Snellman, "Why Investors React Negatively to Companies

of Patronizing Environments: The Stereotype-Based Behaviors of the Powerful and Their Effects on Female Performance in Masculine Domains," *Journal of Personality and Social Psychology* 88, no. 4 (2005): 658–672.

16 Katherine B. Coffman, Christine L. Exley, and Muriel Niederle, "When Gender Discrimination Is Not about Gender," Working Paper, Harvard Business School, 2017.

17 Rachel Thomas, Marianne Cooper, Ellen Konar, et al., *Women in the Workplace 2018*, https://womenintheworkplace.com/2018.

18 Courtney L. McCluney and Verónica Caridad Rabelo, "Conditions of Visibility: An Intersectional Examination of Black Women's Belongingness and Distinctiveness at Work," *Journal of Vocational Behavior* 113 (2019): 143–152; Alison Cook and Christy Glass, "Above the Glass Ceiling: When Are Women and Racial/Ethnic Minorities Promoted to CEO?," *Strategic Management Journal* 35, no. 7 (2014): 1080–1089.

19 Victoria L. Brescoll and Eric Luis Uhlmann, "Can an Angry Woman Get Ahead? Status Conferral, Gender, and Expression of Emotion in the Workplace," *Psychological Science* 19, no. 3 (2008): 268–275.

20 Ashleigh Shelby Rosette and Robert W. Livingston, "Failure Is Not an Option for Black Women: Effects of Organizational Performance on Leaders with Single versus Dual-Subordinate Identities," *Journal of Experimental Social Psychology* 48, no. 5 (2012): 1162–1167.

21 Stephanie Forshee, "Women CEOs Negotiate Higher Severance Pay," *Agenda*, 2020, https://www.agendaweek.com/c/2674993/325193; Felice B. Klein, Pierre Chaigneau, and Cynthia E. Devers, "CEO Gender-Based Termination Concerns: Evidence from Initial Severance Agreements," *Journal of Management*, November 21, 2019, doi:0149206319887421.

22 Joan C. Williams, Mary Blair-Loy, and Jennifer L. Berdahl, "Cultural Schemas, Social Class, and the Flexibility Stigma," *Journal of Social Issues* 69, no. 2 (2013): 209–234; Pamela Stone, *Opting Out? Why Women Really Quit Careers and Head Home* (Berkeley: University of California Press, 2007).

23 Irene Padavic, Robin J. Ely, and Erin M. Reid, "Explaining the Persistence of Gender Inequality: The Work–Family Narrative as a Social Defense against the 24/7 Work Culture," *Administrative Science Quarterly* 65, no. 1 (2020): 61–111.

24 Laura Morgan Roberts, Anthony J. Mayo, Robin J. Ely, and David A. Thomas, "Beating the Odds," *Harvard Business Review*, April 2018, 126–131.［ローラ・モーガン・ロバーツ、アンソニー・J・メイヨー、ロビン・イーリー、デイビッド・

5 Dominic-Madori Davis, "One of the Only 4 Black Fortune 500 CEOs Just Stepped Down—Here Are the 3 That Remain, *Business Insider*, July 21, 2020, https://www.businessinsider.com/there-are-four-black-fortune-500-ceos-here-they-are-2020-2.

6 Dion Rebouin, "Only 1 Fortune 500 Company Is Headed by a Woman of Color," Axios, January 15, 2019, https://www.axios.com/fortune-500-no-women-of-color-ceos-3d42619c-967b-47d2-b94c-659527b22ee3.html.

7 Ellen McGirt, "PwC Releases Its First-Ever Diversity Report," *Fortune*, August 28, 2020, https://fortune.com/2020/08/27/pwc-diversity-report-first-ever/.

8 Madeline E. Heilman, "Gender Stereotypes and Workplace Bias," *Research in Organizational Behavior* 32 (2012): 113–135; Anne M. Koenig, Alice H. Eagly, Abigail A. Mitchell, and Tiina Ristikari, "Are Leader Stereotypes Masculine? A Meta-analysis of Three Research Paradigms," *Psychological Bulletin* 137, no. 4 (2011): 616–642.

9 Heather Murphy, "Picture a Leader. Is She a Woman?," *New York Times*, March 16, 2018, https://www.nytimes.com/2018/03/16/health/women-leadership-workplace.html.

10 Cira Cuberes and Boris Groysberg, "Success Strategies of Star Women in Consulting" (unpublished manuscript, Harvard Business School, 2012).

11 Jane Stevenson, "Presentation on 'Women CEOs Speak' Report" (Harvard Business School, November 29, 2017).

12 Jamie Tarabay, "Julie Bishop Quits Australian Politics, Adding to Exodus of Conservative Women," *New York Times*, February 21, 2019, https://www.nytimes.com/2019/02/21/world/australia/julie-bishop-liberals.html.

13 Kara Swisher, "Hitting the Glass Ceiling, Suddenly, at Pinterest," *New York Times*, August 14, 2020, https://www.nytimes.com/2020/08/14/opinion/pinterest-discrimination-women.html.

14 Cuberes and Groysberg, "Success Strategies of Star Women in Consulting."

15 Lily Jampol and Vivian Zayas, "Gendered White Lies: Women Are Given Inflated Performance Feedback Compared with Men," *Personality and Social Psychology Bulletin*, doi:10.1177/0146167220916622; Shelley J. Correll and Caroline Simard, "Research: Vague Feedback Is Holding Women Back," *Harvard Business Review*, April 29, 2016, https://hbr.org/2016/04/research-vague-feedback-is-holding-women-back; Eden B. King, Whitney Botsford, Michelle R. Hebl, et al., "Benevolent Sexism at Work: Gender Differences in the Distribution of Challenging Developmental Experiences," *Journal of Management* 38, no. 6 (2012): 1835–1866; Theresa K. Vescio, Sarah J. Gervais, Mark Snyder, and Ann Hoover, "Power and the Creation

Mathematics Stereotype Threat through Salience of Group Achievements," *Journal of Experimental Social Psychology* 39, no. 1 (2003): 83–90; Ioana M. Latu, Marianne Schmid Mast, Joris Lammers, and Dario Bombari, "Successful Female Leaders Empower Women's Behavior in Leadership Tasks," *Journal of Experimental Social Psychology* 49, no. 3 (2013): 444–448.

42 Leonardo Bursztyn, Thomas Fujiwara, and Amanda Pallais, "'Acting Wife': Marriage Market Incentives and Labor Market Investments," *American Economic Review* 107, no. 11 (2017): 3288–3319.

43 Amy J. C. Cuddy, Peter Glick, and Anna Beninger, "The Dynamics of Warmth and Competence Judgments, and Their Outcomes in Organizations," *Research in Organizational Behavior* 31 (2011): 73–98.

44 Alice H. Eagly and Steven J. Karau, "Role Congruity Theory of Prejudice toward Female Leaders," *Psychological Review* 109, no. 3 (2002): 573–598.

45 Caroline T. Zhang, "Barbara Hackman Franklin HBS '64, Former Secretary of Commerce," *Harvard Crimson*, May 29, 2014, https://www.thecrimson.com/article/2014/5/29/barbara-hackman-franklin-hbs/.

46 Lee Stout, *A Matter of Simple Justice* (University Park: Pennsylvania State University Libraries, 2012).

第2章

1 U.S. Bureau of Labor Statistics, "Women in the Labor Force: A Databook," *BLS Reports*, https://www.bls.gov/opub/reports/womens-databook/2018/home.htm; "Pyramid: Women in S&P 500 Companies," Catalyst, January 15, 2020, https://www.catalyst.org/research/women-in-sp-500-companies/.

2 Emma Hinchliffe, "The Number of Female CEOs in the Fortune 500 Hits an All-Time Record," *Fortune*, May 18, 2020, https://fortune.com/2020/05/18/women-ceos-fortune-500-2020/.

3 "Historical List of Women CEOs of the Fortune: 1972–2020," Catalyst, May 28, 2020, https://www.catalyst.org/research/historical-list-of-women-ceos-of-the-fortune-lists-1972-2020/.

4 Claire Cain Miller, Kevin Quealy, and Margot Sanger-Katz, "The Top Jobs Where Women Are Outnumbered by Men Named John," *New York Times*, April 24, 2018, https://www.nytimes.com/interactive/2018/04/24/upshot/women-and-men-named-john.html.

Suzanne M. Bianchi, and John P. Robinson, "Are Parents Investing Less in Children? Trends in Mothers' and Fathers' Time with Children," *American Journal of Sociology* 110, no. 1 (2004): 1–43.

28 Ely, Stone, and Ammerman, "Rethink What You 'Know.'"

29 Caitlyn Collins, Liana Christin Landivar, Leah Ruppanner, and William J. Scarborough, "COVID-19 and the Gender Gap in Work Hours," *Gender, Work & Organization*, 2020, doi:10.1111/ gwao.12506.

30 Erin Reid, "Why Some Men Pretend to Work 80-Hour Weeks," *Harvard Business Review*, April 28, 2015, https://hbr.org/2015/04/why-some-men-pretend-to-work-80-hour-weeks.

31 Sreedhari D. Desai, Dolly Chugh, and Arthur P. Brief, "The Implications of Marriage Structure for Men's Workplace Attitudes, Beliefs, and Behaviors toward Women," *Administrative Science Quarterly* 59, no. 2 (2014): 330–365.

32 "Voice of the Female Millennial."

33 Joan C. Williams, Mary Blair-Loy, and Jennifer L. Berdahl, "Cultural Schemas, Social Class, and the Flexibility Stigma," *Journal of Social Issues* 69, no. 2 (2013): 209–234.

34 Pamela Stone, *Opting Out? Why Women Really Quit Careers and Head Home* (Berkeley: University of California Press, 2007).

35 Williams, Blair-Loy, and Berdahl, "Cultural Schemas, Social Class, and the Flexibility Stigma."

36 Shelley J. Correll, Stephen Benard, and In Paik, "Getting a Job: Is There a Motherhood Penalty?," *American Journal of Sociology* 112, no. 5 (2007): 1297–1338.

37 Melissa J. Hodges and Michelle J. Budig, "Who Gets the Daddy Bonus? Organizational Hegemonic Masculinity and the Impact of Fatherhood on Earnings," *Gender & Society* 24, no. 6 (2010): 717–745.

38 Fran Worden Henry, *Toughing It out at Harvard: The Making of a Woman MBA* (New York: McGraw-Hill Book, 1983).

39 Matt Hazenbush, *Application Trends Survey Report 2019*, Graduate Management Admission Council, 2019, https://www.gmac.com/-/media/files/gmac/research/admissions-and-application-trends/application-trends-survey-report-2019.pdf.

40 Forté Foundation, fortefoundation.org.（2019年にアクセス）

41 Rusty B. McIntyre, René M. Paulson, and Charles G. Lord, "Alleviating Women's

"Gender Gaps in Venture Capital Performance," SSRN, June 4, 2014, https://papers.ssrn.com/sol3/papers.cfm?abstract_id=2445497.

16 Boris Groysberg, *Chasing Stars: The Myth of Talent and the Portability of Performance* (Princeton, NJ: Princeton University Press, 2010).

17 Kathleen L. McGinn and Katherine L. Milkman, "Looking Up and Looking Out: Career Mobility Effects of Demographic Similarity among Professionals," *Organization Science* 24, no. 4 (2013): 1041–1060.

18 Rachel Thomas, Marianne Cooper, Ellen Konar, et al., *Women in the Workplace 2019*, https://wiw-report.s3.amazonaws.com/Women_in_the_Workplace_2019.pdf.

19 "Voice of the Female Millennial."

20 Thomas et al., *Women in the Workplace 2017*.

21 Robin J. Ely, Pamela Stone, Laurie Shannon, and Colleen Ammerman, *Life & Leadership after HBS*, Harvard Business School, 2015, https://www.hbs.edu/gender/faculty-research/life-and-leadership-after-hbs/Pages/default.aspx.

22 Ely, Stone, and Ammerman, "Rethink What You 'Know.'"

23 Lakshmi Ramarajan, Kathleen McGinn, and Deborah Kolb, *An Outside-Inside Evolution in Gender and Professional Work*, Working paper, Harvard Business School, November 2012, https://www.hbs.edu/faculty/Pages/item.aspx?num=43734.

24 Ely, Stone, and Ammerman, "Rethink What You 'Know.'"

25 Thomas et al., *Women in the Workplace 2017*.

26 Robin J. Ely and Irene Padavic, "What's Really Holding Women Back?," *Harvard Business Review*, March–April 2020, 58–67［ロビン・J・イーリー、アイリーン・パダビッチ著「女性の昇進を阻む不都合な真実」『DIAMONDハーバード・ビジネス・レビュー』2020年11月号］; Irene Padavic, Robin J. Ely, and Erin M. Reid, "Explaining the Persistence of Gender Inequality: The Work-Family Narrative as a Social Defense against the 24/7 Work Culture," *Administrative Science Quarterly* 65, no. 1 (2020): 61–111.

27 Gretchen Livingston and Kim Parker, "8 Facts about American Dads," Pew Research Center, June 12, 2019, https://www.pewresearch.org/fact-tank/2019/06/12/fathers-day-facts/; Clare Lyonette and Rosemary Crompton, "Sharing the Load? Partners' Relative Earnings and the Division of Domestic Labour," *Work, Employment and Society* 29, no. 1 (2015): 23–40; Suzanne M. Bianchi, Liana C. Sayer, Melissa A. Milkie, and John P. Robinson, "Housework: Who Did, Does or Will Do It, and How Much Does It Matter?," *Social Forces* 91, no. 1 (2012): 55–63; Liana C. Sayer,

3 "Facts over Time—Women in the Labor Force," US Department of Labor, https://www.dol.gov/agencies/wb/data/facts-over-time.

4 David S. Pedulla and Sarah Thébaud, "Can We Finish the Revolution? Gender, Work-Family Ideals, and Institutional Constraint," *American Sociological Review* 80, no. 1 (2015): 116–139.

5 名前は変更している。

6 Shelley J. Correll, "SWS 2016 Feminist Lecture: Reducing Gender Biases in Modern Workplaces: A Small Wins Approach to Organizational Change," *Gender & Society* 31, no.6 (2017): 725–750; Monica Biernat, M. J. Tocci, and Joan C. Williams, "The Language of Performance Evaluations: Gender-Based Shifts in Content and Consistency of Judgment," *Social Psychological and Personality Science* 3, no. 2 (2012): 186–192; Eden B. King, Whitney Botsford, Michelle R. Hebl, et al., "Benevolent Sexism at Work: Gender Differences in the Distribution of Challenging Developmental Experiences," *Journal of Management* 38, no. 6 (2012): 1835–1866.

7 Madeline E. Heilman and Michelle C. Haynes, "No Credit Where Credit Is Due: Attributional Rationalization of Women's Success in Male-Female Teams," *Journal of Applied Psychology* 90, no. 5 (2005): 905–916.

8 Madeline E. Heilman and Julie J. Chen, "Same Behavior, Different Consequences: Reactions to Men's and Women's Altruistic Citizenship Behavior," *Journal of Applied Psychology* 90, no. 3 (2005): 431–441.

9 Robin J. Ely, Pamela Stone, and Colleen Ammerman, "Rethink What You 'Know' about High-Achieving Women," *Harvard Business Review*, December, 2014, 100–109.

10 "Voice of the Female Millennial."

11 Rachel Thomas, Marianne Cooper, Ellen Konar, et al., *Women in the Workplace* 2017, https://womenintheworkplace.com/2017.

12 Alice H. Eagly and Linda L. Carli, *Through the Labyrinth: The Truth about How Women Become Leaders* (Boston: Harvard Business Review Press, 2007).

13 "List: Women CEOs of the S&P 500," Catalyst, October 2, 2019, https://www.catalyst.org/research/women-ceos-of-the-sp-500/.

14 Klaus Schwab, Richard Samans, Saadia Zahidi, Till Alexander Leopold, and Vesselina Ratcheva, *The Global Gender Gap Report 2017*, World Economic Forum, 2017, http://www3 .weforum.org/docs/WEF_GGGR_2017.pdf.

15 Paul A. Gompers, Vladimir Mukharlyamov, Emily Weisburst, and Yuhai Xuan,

原注

はじめに

1 Likhitha Butchireddygari, "Historic Rise of College-Educated Women in Labor Force Changes Workplace," *Wall Street Journal*, August 20, 2019, https://www.wsj.com/articles/historic-rise-of-college-educated-women-in-labor-force-changes-workplace-11566303223; Jonnelle Marte, "Women Gained in Income and Jobs in 2018, U.S. Census Data Shows," Reuters, September 11, 2019, https://www.reuters.com/article/us-usa-economy-census-women/women-gained-in-income-and-jobs-in-2018-us-census-data-shows-idUSKCN1VV2IQ.

2 "Quick Take: Women in the Workforce–Global," Catalyst, January 30, 2020, https://www.catalyst.org/research/women-in-the-workforce-global/.

3 Michelle Stohlmeyer Russell, Matt Krentz, Katie Abouzahr, and Meghan Doyle, "Women Dominate Health Care──Just Not in the Executive Suite," Boston Consulting Group, January 7, 2019, https://www.bcg.com/en-us/publications/2019/women-dominate-health-care-not-in-executive-suite.aspx.

4 Emma Hinchliffe, "A New Low for the Global 500: No Women of Color Run Businesses on This Year's List," *Fortune*, August 10, 2020, https://fortune.com/2020/08/10/a-new-low-for-the-global-500-no-women-of-color-run-businesses-on-this-years-list/.

5 Paula England, Andrew Levine, and Emma Mishel, "Progress toward Gender Equality in the United States Has Slowed or Stalled," *Proceedings of the National Academy of Sciences* 117, no. 13 (2020): 6990–6997.

6 "Degrees Conferred by Race/Ethnicity and Sex," National Center for Education Statistics, 2019, https://nces.ed.gov/fastfacts/display.asp?id=72.

第1章

1 "Voice of the Female Millennial," in "*The Female Millennial: A New Era of Talent*," Pricewater houseCoopers, 2015, https://www.pwc.com/jg/en/publications/the-female-millennial_a-new-era-of-talent.pdf.

2 Robin J. Ely, Pamela Stone, Laurie Shannon, and Colleen Ammerman, *Life & Leadership after HBS*, Harvard Business School, 2015, https://www.hbs.edu/gender/faculty-research/life-and-leadership-after-hbs/Pages/default.aspx.

◆ 著者

コリーン・アマーマン

Colleen Ammerman

ハーバード・ビジネス・スクール（HBS）のジェンダー・イニシアティブのディレクター。同イニシアティブは、最先端の研究を活用して慣習を変え、リーダーが変革を牽引するのを助け、ビジネスと社会におけるジェンダーや人種などの不平等を根絶することを目指している。アマーマンは、このイニシアティブの活動（イベント、実務家向けプログラム、研究成果の発表など）を統括。また、ジェンダーや仕事について、さまざまな論文や教材を執筆しており、HBS 卒業生の MBA 取得後の歩みをたどる長期研究「ライフ・アンド・リーダーシップ・アフター・HBS」にも参加し、人種やジェンダーなどの要因が彼らの人生とキャリアにどのように影響を与えるかを調べている。

◈ 著者

ボリス・グロイスバーグ

Boris Groysberg

ハーバード・ビジネス・スクール経営学教授（Richard P. Chapman Professor of Business Administration）。同スクールのジェンダー・イニシアティブにも参加している。世界中の組織における人的資本管理の課題を研究し、数々の賞を受賞。著書に、Chasing Stars: The Myth of Talent and the Portability of Performance があるほか、マイケル・スリンドとの共著に Talk, Inc.: How Trusted Leaders Use Conversation to Power Their Organizations がある。ハーバード・ビジネス・レビュー誌に頻繁に寄稿しているほか、企業がインクルーシブな文化を構築するための多様な人材の活かし方について、記事やケースを数多く執筆。2016 年より、National Academy of Human Resources のフェロー。HBS に加わる前は、IBM に勤務していた。

◈ 訳者

藤原朝子

Tomoko Fujiwara

学習院女子大学非常勤講師。訳書に『中国経済の謎』『THE LONELY CENTURY』（ダイヤモンド社）、『集まる場所が必要だ』『プラットフォーム革命』（英治出版）など。慶大卒。

● 英治出版からのお知らせ

本書に関するご意見・ご感想を E-mail（editor@eijipress.co.jp）で受け付けています。また、英治出版ではメールマガジン、Web メディア、SNS で新刊情報や書籍に関する記事、イベント情報などを配信しております。ぜひ一度、アクセスしてみてください。

メールマガジン：会員登録はホームページにて
Web メディア「英治出版オンライン」：eijionline.com
Twitter / Facebook / Instagram：eijipress

ガラスの天井を破る戦略人事

なぜジェンダー・ギャップは根強いのか、克服のための3つの視点

発行日	2023 年 6 月 15 日　第 1 版　第 1 刷
著者	コリーン・アマーマン、ボリス・グロイスバーグ
訳者	藤原朝子（ふじわら・ともこ）
発行人	原田英治
発行	英治出版株式会社
	〒 150-0022 東京都渋谷区恵比寿南 1-9-12 ピトレスクビル 4F
	電話　03-5773-0193　　FAX　03-5773-0194
	http://www.eijipress.co.jp/
プロデューサー	平野貴裕
スタッフ	高野達成　藤竹賢一郎　山下智也　鈴木美穂　下田理
	田中三枝　上村悠也　桑江リリー　石﨑優木　渡邉吏佐子
	中西さおり　関紀子　齋藤さくら　木本桜子
印刷・製本	中央精版印刷株式会社
装丁	竹内雄二
校正	株式会社ヴェリタ

ISBN978-4-86276-330-3　C0034　Printed in Japan